O QUE IMPORTA AGORA

CB131810

Preencha a **ficha de cadastro** no final deste livro
e receba gratuitamente informações
sobre os lançamentos e as promoções da Elsevier.

Consulte também nosso catálogo
completo, últimos lançamentos
e serviços exclusivos no site
www.elsevier.com.br

GARY HAMEL

O QUE IMPORTA AGORA

COMO CONSTRUIR EMPRESAS À PROVA DE FRACASSO

Tradução
Afonso Celso da Cunha Serra

ELSEVIER

CAMPUS

Do original: *What Matters Now*
Tradução autorizada do idioma inglês da edição publicada por Jossey-Bass
Copyright © 2012, by Gary Hamel.

© 2012, Elsevier Editora Ltda.

Todos os direitos reservados e protegidos pela Lei nº 9.610, de 19/02/1998.
Nenhuma parte deste livro, sem autorização prévia por escrito da editora, poderá ser reproduzida ou transmitida sejam quais forem os meios empregados: eletrônicos, mecânicos, fotográficos, gravação ou quaisquer outros.

Copidesque: Shirley Lima da Silva Braz
Revisão: Jayme Teotônio Borges Luiz e Cynthia Gaudard
Editoração Eletrônica: Estúdio Castellani

Elsevier Editora Ltda.
Conhecimento sem Fronteiras
Rua Sete de Setembro, 111 – 16º andar
20050-006 – Centro – Rio de Janeiro – RJ – Brasil

Rua Quintana, 753 – 8º andar
04569-011 – Brooklin – São Paulo – SP – Brasil

Serviço de Atendimento ao Cliente
0800-0265340
sac@elsevier.com.br

ISBN 978-85-352-4903-3
Edição original: ISBN: 978-1-118-12082-8

Nota: Muito zelo e técnica foram empregados na edição desta obra. No entanto, podem ocorrer erros de digitação, impressão ou dúvida conceitual. Em qualquer das hipóteses, solicitamos a comunicação ao nosso Serviço de Atendimento ao Cliente, para que possamos esclarecer ou encaminhar a questão.

Nem a editora nem o autor assumem qualquer responsabilidade por eventuais danos ou perdas a pessoas ou bens, originados do uso desta publicação.

CIP-Brasil. Catalogação-na-fonte
Sindicato Nacional dos Editores de Livros, RJ

H186q Hamel, Gary, 1954-
O que importa agora : como construir empresas à prova de fracassos / Gary Hamel ; tradução Afonso Celso da Cunha Serra. – Rio de Janeiro : Campus : Elsevier, 2012.
23 cm

Tradução de: What matters now
ISBN 978-85-352-4903-3

1. Administração de empresa. 2. Desenvolvimento organizacional. 3. Eficiência organizacional. 4. Planejamento estratégico. I. Título.

12-0801. CDD: 658.4012
CDU: 658.012.2

Aos meus irmãos,
Dr. Loren Hamel e Dr. Lowell Hamel,
por motivos que eles conhecem bem.

AGRADECIMENTOS

Não importa o que digam na orelha, um livro jamais é um projeto solo. Muitos dos capítulos deste volume foram lançados pela primeira vez em meu blog no *Wall Street Journal*. Sou muito grato a Erin White e a Francesca Donner, do *Journal*, pelo estímulo e a orientação editorial. Ao longo dos anos, também desfrutei de uma parceria muito proveitosa com Anand Raman, editor sênior da *Harvard Business Review*. Dois dos capítulos deste livro nasceram sob a forma de artigos na *HBR* e muito se beneficiaram com os conselhos sábios de Anand.

Polly LaBarre e Michele Zanini, minhas colegas na Management Lab, foram maravilhosas parceiras nos últimos anos, e as ideias delas se espargem por todo o livro. Umair Haque, autor de *The New Capitalist Manifesto* e meu ex-aluno na London Business School, também foi generoso com seus insights, revelando-se intelectual ágil e rápido no pugilato de ideias.

Também sou grato pelas contribuições generosas dos inovadores da gestão, cujas histórias narro neste livro. Chris Bayliss, Drew Williams, Chris Rufer, Paul Green, Jr., Terri Kelly, Vineet Nayar e Tim Brown merecem agradecimentos especiais.

Ainda expresso minha gratidão a Susan Williams, editora executiva da divisão de Negócios Jossey-Bass, da John Wiley and Sons. Ela e sua equipe superaram todas as expectativas. Sem a paixão e a dedicação delas, este livro não existiria.

Finalmente, à minha assistente pessoal, Grace Reim, também estendo meus agradecimentos mais calorosos. Felizmente, ela reúne todas as habilidades de que eu careço em administração de projetos, o que a tornou parceira indispensável em todas as fases.

O AUTOR

Recentemente, o *Wall Street Journal* classificou Gary Hamel como o pensador de negócios mais influente do mundo, e a revista *Fortune* o nomeou "principal especialista do mundo em estratégia de negócios".

Os livros paradigmáticos de Hamel, *Liderando a revolução* e *Competindo pelo futuro* (em coautoria com CK Prahalad), apareceram em todas as listas de best-sellers sobre administração e foram traduzidos para mais de 20 línguas. Seu último livro, *O futuro da administração*, foi selecionado pela Amason.com como o melhor livro de negócios do ano.

Ao longo dos últimos 20 anos, Hamel escreveu 17 artigos para a *Harvard Business Review*, destacando-se como o autor com mais pedidos de reimpressão da história da revista. Também escreve para *Wall Street Journal*, *Fortune*, *The Financial Times* e muitas outras publicações importantes em todo o mundo.

Hamel é membro do corpo docente da London Business School, onde hoje é professor visitante de gestão estratégica e internacional.

Como consultor e professor de Administração, Hamel prestou serviços a muitas das principais empresas do mundo. Seus conceitos pioneiros, como "intenção estratégica", "competência central", "revolução setorial" e "inovação gerencial" mudaram a prática da gestão em empresas de todo o mundo.

Hamel é palestrante frequente nas mais prestigiosas conferências gerenciais do mundo e é colaborador regular de emissoras como CNBC, CNN e outras. Também assessorou líderes governamentais em questões como políticas de inovação, empreendedorismo e competitividade industrial.

Atualmente, Hamel está liderando o primeiro projeto mundial de inovação aberta, cujo objetivo é reinventar a administração. O Management Innovation Exchange (www.managementexchange.com) foi concebido para acelerar de maneira radical a evolução do conhecimento e da prática gerenciais.

Hamel, Fellow do World Economic Forum e da Strategic Management Society, mora no norte da Califórnia e pode ser encontrado em ghamel@managementlab.org.

PREFÁCIO

Este não é um livro de uma nota só. Não é uma dissertação de 280 páginas sobre liderança, equipes ou motivação. É, isso sim, uma agenda multifacetada para a construção de organizações capazes de florescer em um mundo de esperanças reduzidas, de mudanças implacáveis e de competição predadora.

Também não é um livro sobre fazer melhor. Não é um manual para pessoas que queiram cerzir remendos marginais em suas organizações. É, isso sim, uma proposta passional de reinventar a gestão, tal como a conhecemos – de repensar nossas premissas fundamentais sobre capitalismo, instituições e vida no trabalho.

E não é um livro que festeja os vencedores de hoje. Não é uma celebração de empresas que têm sido ótimas *até agora*. É, sim, um projeto de criação de organizações ajustadas ao futuro e adaptadas aos seres humanos.

Evidentemente, muitas coisas agora importam, inclusive as mídias sociais, os "big data", os mercados emergentes, a colaboração virtual, a gestão de riscos, a inovação aberta e a sustentabilidade. Porém, em um mundo de certezas fraturadas e de confianças questionadas, algumas coisas importam mais que outras. Embora os desafios com que se defrontam as organizações sejam ilimitados, a largura de banda da liderança não o é. Eis por que é preciso ser claro sobre o que *realmente* importa agora. Portanto, faça-se a seguinte pergunta: Quais são as questões fundamentais, de vida ou morte, que determinarão se sua organização florescerá ou fenecerá nos anos vindouros? Para mim, cinco questões são fundamentais: valores, inovação, adaptabilidade, paixão e ideologia. Aqui estão meus motivos lógicos para inserir esses tópicos na frente e no centro:

• **Valores:** Nas economias de livre mercado, sempre haverá excessos, mas, nos últimos anos, banqueiros gananciosos e CEOs inescrupulosos se mostraram cada vez mais obcecados por quebrar novos recordes de irresponsabilidade egocêntrica. Em um mundo justo, eles seriam processados por difamar o capitalismo. Não admira que, agora, as grandes empresas se incluam entre as instituições em que menos confiamos. À medida que declina a confiança, maior se torna o ônus regulatório imposto às empresas. A reversão dessa tendência exigirá nada menos que o renascimento moral dos negócios. Os interesses das partes envolvidas nas organizações de negócios nem sempre estão alinhados, mas em um ponto se constata unanimidade: os valores agora são mais importantes do que nunca.

• **Inovação:** Numa economia global densamente conectada, copiam-se com rapidez produtos e estratégias bem-sucedidas. Sem inovação incessante, o sucesso é efêmero. Porém, não há uma empresa sequer em 100 que trate a inovação como tarefa de todos, o tempo todo. Na maioria das organizações, a inovação ainda ocorre "apesar do sistema", em vez de "como parte do sistema". A constatação dessa realidade me deixa perplexo, pois a inovação é a *única* estratégia sustentável para a criação de valor duradouro. Depois de uma década de *conversas* sobre inovação, é hora de fechar a lacuna entre retórica e realidade. Para tanto, precisaremos reconsiderar nossas prioridades e reformular nossas mentalidades. A tarefa não é fácil, mas não há escolha, pois a inovação agora é mais importante do que nunca.

• **Adaptabilidade:** Com a aceleração da mudança, também a renovação da estratégia deve acelerar-se. O problema é que as mudanças profundas quase sempre são induzidas por crises, o que as torna tardias, traumáticas e dispendiosas. Nas organizações, muitas coisas perpetuam o passado e poucas coisas estimulam mudanças proativas. O "partido do passado" é, em geral, mais poderoso que o "partido do futuro". É por isso que as empresas tradicionais frequentemente perdem para as empresas emergentes, não oneradas pelo passado. Em um mundo em que os líderes setoriais podem tornar-se retardatários da noite para o dia, a única maneira de sustentar o sucesso é reinventá-lo. Eis por que a adaptabilidade agora é mais importante do que nunca.

• **Paixão:** A inovação e a vontade de mudar são produtos da paixão. São frutos de uma insatisfação legítima com o *status quo*, ou da situação vigente. Infelizmente, os ambientes de trabalho, em média, são assassinos do entusiasmo. Regras mesquinhas, objetivos comezinhos e estruturas piramidais drenam do trabalho toda a vitalidade emocional. Essa espoliação talvez não importasse na economia do conhecimento, mas decerto importa na economia da criatividade. Os clientes hoje esperam o excepcional, mas poucas organizações entregam o extraordinário. O problema não é falta de competência, mas falta de entusiasmo. Nos negócios, como na vida, a diferença entre "insípido" e "inspirado" é paixão. Com os rendimentos da mediocridade em declínio acelerado, a paixão agora é mais importante do que nunca.

- **Ideologia:** Por que será que nossas organizações parecem menos adaptáveis, menos inovadoras, menos animadas e menos dignas que as pessoas que trabalham nelas? O que será que desperdiça todo esse potencial humano? Resposta: uma ideologia gerencial que enaltece o controle. Qualquer que seja a retórica em contrário, o controle é a principal preocupação da maioria dos gestores e de quase todos os sistemas gerenciais. Embora a conformidade (com orçamentos, metas de desempenho, políticas operacionais e normas de trabalho) ainda crie valor econômico, os rendimentos dessa fonte são cada vez mais escassos. O que cria valor hoje é o produto inesperado e brilhante, a campanha de mídia inusitada e maravilhosa e a experiência do cliente inovadora e surpreendente. O problema é que, em um regime no qual impera o controle supremo, o ineditismo e a singularidade não têm hora nem vez. Nessas condições, a escolha é inequívoca: ou nos resignamos com o fato de que nossas organizações jamais serão mais adaptáveis, mais inovadoras e mais inspiradoras do que são hoje ou partimos em busca de uma alternativa para o credo do controle. Melhores processos internos e melhores modelos de negócios não são suficientes – precisamos de melhores princípios de negócios. Eis por que a ideologia agora é mais importante do que nunca.

Esses são temas complexos e espinhosos. Para lidar com eles, teremos de nos aventurar fora das dependências familiares da "gestão rotineira". Essas questões também envolvem nuances e furta-cores. Portanto, em vez de reduzi-las a uns poucos modelos heurísticos triviais ("todos remando na mesma direção"), reuni um quinteto de perspectivas complementares sobre cada um desses tópicos cruciais. Se você estiver seguindo o raciocínio, isso significa 25 capítulos. Não se preocupe – eles são (na maioria) breves e modulares. Não é necessário transpor todas as 280 páginas de uma vez. Você pode mergulhar em cada tópico como preferir, dependendo de seus interesses. Evidentemente, não se trata de um banquete supimpa; é apenas um tira-gosto num pé-sujo.

SUMÁRIO

SEÇÃO 1

O que importa agora são os valores

DEDICANDO-SE PRIMEIRO ÀS PRIORIDADES

1.1

Se você for líder, em qualquer nível, em qualquer organização, é um intendente – de carreiras, de capacidades, de recursos, do meio ambiente e de valores organizacionais. Infelizmente, nem sempre os gestores são intendentes sábios. Não raro, eles se comportam como mercenários – hipotecando o futuro para inflar o lucro no curto prazo, considerando a carreira à frente da empresa, explorando as vulnerabilidades dos empregados, cevando-se na ignorância dos clientes, manipulando o sistema político de maneira a reduzir a competição. O que importa agora, mais do que nunca, é que os gestores assumam as atribuições e as responsabilidades da intendência.

Em minha opinião, a intendência implica cinco coisas:

1. *Lealdade:* Propensão a ver os talentos e os tesouros sob seu comando como um depósito em custódia, e não como espólio para ganhos pessoais.
2. *Caridade*: Disposição para pôr os interesses alheios à frente dos próprios.
3. *Prudência*: Compromisso em proteger o futuro, mesmo quando se auferem vantagens no presente.

4. *Prestação de contas*: Senso de responsabilidade pelas consequências sistemáticas das próprias ações.
5. *Equidade*: Empenho em garantir que as recompensas sejam distribuídas de maneira proporcional às contribuições, não conforme o poder de cada um.

Essas virtudes parecem sobremodo escassas nos anos recentes, quando ziguezagueamos da contabilidade diabólica da Enron até a chicana financeira da Parmalat, das reservas sobreavaliadas da Shell até os padrões de segurança à deriva da BP, das empulhações épicas de Bernie Madoff até os escândalos de bisbilhotice da Hewlett-Packard, das práticas de empréstimos predatórios da Countrywide Financial até os desregramentos desastrosos do Lehman Brothers, da venda pela Índia de radiofrequência, eivada de corrupção, até a tormenta ígnea desencadeada pelas escutas telefônicas ilegais da News Corp. Apesar de essas e de outras malfeitorias pestilentas, duvido que os magnatas de hoje sejam mais desprovidos de princípios que seus colegas de décadas anteriores. A palavra alemã *raubritter*, ou "barão ladrão", remonta à Idade Média e foi aplicada pela primeira vez aos sôfregos coletores de pedágios do Rio Reno. No século XIX, o termo foi ressuscitado como epíteto adequado para designar os bucaneiros e, vez por outra, os industriais insaciáveis da América.

Se, no século XXI, os líderes parecem ainda mais amorais, é porque a economia globalizada amplia os efeitos da malversação pelos executivos. Veja o caso da crise de dívida soberana que engolfou a Europa, em 2011. Em um mundo de instituições confinadas às fronteiras nacionais, os problemas de crédito de um país como a Grécia representariam uma catástrofe de pequena escala. Não mais em um mundo interconectado, em que estratégias usurárias são logo arremedadas e riscos desmesurados se alastram como vírus. Essa dinâmica estava em atuação quando bancos franceses e alemães derramaram mais de US$900 bilhões nas economias quase insolventes dos países PIGS, na sigla em inglês de Portugal, Irlanda, Grécia e Espanha. Ocorre que os banqueiros americanos não são os únicos suscetíveis ao risco moral. Porém, não devemos preocupar-nos apenas com os banqueiros. No mundo em rede, padrões de segurança negligentes podem ameaçar informações confidenciais de 100 milhões de consumidores ou mais. Falhas no exercício da supervisão e do controle sobre os fornecedores podem resultar em contaminações alimentares em escala mundial. E decisões que comprometem a qualidade podem desencadear recalls em âmbito global.

O ponto crítico é o seguinte: uma vez que as decisões dos atores globais produzem impacto sem igual, também seus padrões éticos devem servir como exemplos sem par. É fácil se condoer de Mark Hurd, ex-CEO da Hewlett-Packard, que foi expulso do poleiro em consequência do que parecia uma infração relativamente insignificante das normas éticas da empresa. Não sei se, nesse caso particular, realmente se fez justiça, mas sei que é bom quando se impõe a líderes influentes a observância de padrões rigorosos.

Se a economia global amplia o impacto das escolhas éticas, também a Web produz o mesmo efeito. A propaganda a clique de mouse, variante tecnológica da propaganda boca a boca, é capaz de rapidamente converter uma pequena contravenção local em um grande escândalo global. Nike, Apple e Dell são apenas umas poucas das numerosas empresas que foram castigadas por fazer ouvidos moucos e olhos cegos às práticas sub-reptícias de seus fornecedores asiáticos. Não há cantos escuros na Web – os malfeitores sempre serão rejeitados.

A Web também está gerando um novo tipo de consciência global: a percepção exacerbada de nossa interconectividade. Compreendemos com nitidez cada vez maior que vivemos no mesmo planeta, respiramos o mesmo ar e compartilhamos os mesmos oceanos. Na vida cívica e comercial, esperamos que os mesmos altos padrões de equidade e de jogo limpo se apliquem a todos e nos sentimos ofendidos quando constatamos o contrário. E, graças à Web, o desprazer inicial pode degenerar em clamor de indignação global. Em todo o mundo, percebe-se o nivelamento das expectativas, se não dos comportamentos éticos.

A promiscuidade das empresas com os governos é outra força que traz os valores para a ribalta. Como cidadãos e consumidores, somos inteligentes o suficiente para saber que quando lobistas e legisladores se empanturram na mesma mesa, nossos interesses não estarão no cardápio. Instintivamente, sabemos que democracia *e* economia produzem melhores resultados quando o poder é descentralizado, mas, como, em geral, ocorre o oposto, é preciso fazer o possível para garantir que os ocupantes de posições de confiança sejam, de fato, confiáveis.

Por todas essas razões, precisamos de uma revolução de valores nos negócios – tão urgente e necessária que jamais seria deflagrada cedo demais. Em estudo da Gallup, de 2010, apenas 15% dos respondentes classificaram os padrões éticos dos executivos como "altos" ou "muito altos". (Paramédicos ficaram em primeiro lugar, com 81%, enquanto lobistas de empresas ficaram em último lugar, com 7%.)[1] Essa falta de confiança impõe uma ameaça existencial ao capitalismo. As empresas *não* são titulares de direitos inalienáveis, concedidos pelo Criador; seus direitos são construções sociais e, como tais, podem ser *re*construídos a qualquer momento, ao alvitre da sociedade. (Fato que ficou muito claro com a aprovação, nos Estados Unidos, do Sarbanes-Oxley Act, de 2002, e do Dodd-Frank Act, de 2010 – duas leis americanas que reduziram drasticamente as prerrogativas das empresas.)

A boa notícia é que a revolução dos valores já começou. Ninguém espera que os executivos sejam alvo de manifestação ou revelação divina. Uma estatística esclarecedora: entre 2005 e 2010, os recursos americanos investidos em fundos "socialmente responsáveis", conforme definição da Social Investment Forum Foundation, cresceu 34%, enquanto os recursos totais sob gestão aumentaram em apenas 3%. Hoje, dos mais de US$25 trilhões sob gestão nos Estados Unidos, cada US$1 em US$8 está investido em fundos com orientação social.[2] E há outros presságios. Uma década atrás, nenhum periódico sobre automobilismo fazia referência às emissões de CO_2 dos veículos. Agora a maioria destaca esse dado – ao menos na Europa. Uma década atrás, "Fair Trade" não seria argumento de marketing, agora é. Uma década atrás, pouca gente se ligava na remuneração dos executivos, agora, milhões de pessoas se interessam pelo tema.

Considerando tudo isso, a questão para você e sua organização é simples: Você será um desbravador de valores ou um retardatário de valores? É fácil execrar CEOs estelionatários e banqueiros usurários, mas e quanto a *você*? (E, para ser muito honesto, e quanto a *mim*?) Não podemos esperar que os outros sejam bons intendentes se não o somos. Embora alguns executivos projetem sombra moral maior que a de outros, todos devemos assumir a responsabilidade por proteger o capitalismo contra os vândalos éticos. De Adam Smith a Ayn Rand, os defensores do capitalismo argumentam que se maximiza o bem comum quando todos os indivíduos têm liberdade para buscar seus interesses próprios. Acredito que essa afirmação seja verdadeira, com uma advertência básica. Da mesma maneira que ocorre com a fissão nuclear, o interesse próprio só funciona quando existem vasos de contenção – um conjunto de princípios éticos a garantir que o interesse próprio esclarecido não degenere em egocentrismo obscurantista. Infelizmente, os lençóis freáticos das empresas, hoje, estão intensamente contaminados pelos despejos da egomania refratária à moral.

Na condição de pais, não poupamos esforços para promover a integração social de nossos filhos. Embora um adolescente rebelde talvez ache que atenderá melhor a seus interesses próprios se abandonar a escola e fugir de casa com a namorada, a visão dos pais provavelmente será diferente. Este é o papel dos pais: ensinar os filhos a serem intendentes da própria vida.

O problema é que, no caso dos gestores e executivos, as obrigações de intendência vão muito além de si próprios e da família, embora, nos últimos anos, muitos líderes empresariais tentem esquivar-se, levianamente, dessas responsabilidades. Eis por que os executivos estão chapinhando quase na base da pirâmide da confiança.

Portanto, antes de prosseguir neste livro, pergunte a si mesmo: Sou de fato um *intendente*?

1. Quanto à *lealdade*? Como o inventariante de um espólio, vejo-me na condição de fiduciário perante os herdeiros e legatários?
2. Quanto à *caridade*? Como o pai que se sacrifica pelos filhos, estou disposto a dar prioridade às necessidades alheias?
3. Quanto à *prudência*? Como conservacionista zeloso, sinto-me incumbido de proteger e de melhorar o legado natural que herdei?
4. Quanto à *prestação de contas*? Como o capitão de um navio, será que me considero responsável pela esteira de meu barco – pelas ondulações distantes provocadas por minhas decisões?
5. Quanto à *equidade*? Como um mediador consciencioso, será que realmente me esforço para encontrar a solução mais equânime para todos?

Se você estiver refletindo sobre o que tudo isso significa na prática, apresento-lhe algo que talvez seja útil. Durante muito tempo, lecionei no segundo ano de um curso de MBA na London Business School. Na última aula, eu sempre oferecia aos alunos alguns conselhos de despedida.

"Quando você conseguir seu primeiro emprego depois deste MBA, parta do pressuposto de que as seguintes premissas são verdadeiras:

Primeiro, sua mãe viúva investiu toda a poupança da vida em sua empresa. Ela é a única acionista e não tem outra fonte de renda, além desse investimento. Obviamente, você fará tudo que estiver ao seu alcance para garantir que ela tenha uma aposentadoria segura e feliz. Por isso, a ideia de sacrificar o longo prazo pelos resultados imediatos nunca lhe ocorrerá.

Segundo, seu chefe é um parente mais velho. Você sempre será respeitoso, mas não hesitará em lhe fazer recomendações francas e honestas quando as considerar necessárias – e jamais o bajulará.

Terceiro, seus empregados são seus amigos de infância. Você sempre lhes concederá o benefício da dúvida e jamais poupará esforços para lhes facilitar o caminho. No entanto, quando necessário, lembrará a eles que a amizade é responsabilidade recíproca. Você nunca os tratará como 'recursos' humanos.

Quarto, seus filhos são os principais clientes da empresa. Você quer agradá-los e surpreendê-los. Isso significa que você chegará às vias de fato com alguém que lhe sugira ludibriá-los e explorá-los. Você jamais se aproveitará de um cliente.

Quinto, você é uma pessoa rica e independente. Você trabalha porque quer, não porque precisa. Portanto, nunca sacrificará sua integridade por uma promoção nem por uma avaliação de desempenho deslumbrante. Você se demitirá antes de fazer concessões."

Essas suposições, se servirem como base para a ação, ajudarão a alimentar as sementes da intendência em sua vida de negócios e, pelo exemplo, na vida dos outros.

Ao nos defrontarmos com os desafios complexos e singulares do século XXI, é bom lembrar que o mais importante agora é o que sempre importou: *nossos valores fundamentais*.

APRENDENDO COM AS TRIBULAÇÕES DAS CRISES 1.2

Ao escrever esta página, a economia dos Estados Unidos está rateando. Embora, tecnicamente, a grande recessão tenha terminado dois anos atrás, o desemprego continua persistentemente alto. A porcentagem da população trabalhadora americana nunca esteve tão baixa nos últimos 25 anos. Com 125 mil pessoas em busca de emprego ingressando na força de trabalho a cada mês, talvez demore uma década para que os Estados Unidos retornem aos níveis de emprego anteriores à recessão. Numerosos países europeus enfrentam agruras semelhantes: os preços dos imóveis desabaram, o desemprego disparou e o crescimento estagnou.

O que estamos vivenciando é a pior de todas as ressacas – o desfecho inevitável e, portanto, previsível de uma farra de gastos épica e insana. Infelizmente, nesse caso, os bêbados não eram adolescentes irresponsáveis numa praia de Fort Lauderdale, mas, sim, os capitães do capitalismo. As autoridades do Federal Reserve atuaram como fabricantes de bebidas; os legisladores do Congresso, como contrabandistas; e os CEOs dos grandes bancos, como garçons de bares. Sem dúvida, muita gente comum que se embriagou nos botecos deveria ter saído no momento certo, mas boa parte foi induzida à bebida pelos "adultos". Se você estiver à procura de uma analogia, imagine um baile de escola em que os pais e os professores estejam enchendo a cara, incitando as "crianças" a se desinibirem com umas e outras.

É difícil imaginar adultos agindo de maneira tão irresponsável. No entanto, uma década atrás, também seria difícil conceber os financistas e as autoridades públicas mais inteligentes do mundo estimulando a idiotice financeira em escala global.

A pior recessão econômica desde a década de 1930 não foi uma crise bancária, nem uma crise creditícia, tampouco uma crise hipotecária – foi uma crise moral, um acesso de negligência consciente *in extremis*. Pouca gente se surpreende ao tomar conhecimento de comportamentos aviltantes em lugares altaneiros (como um congressista "sexting" que divulga conteúdo erótico pela Internet), mas a implosão do setor financeiro dos Estados Unidos revelou transgressões em escala bíblica, cujas proporções nos lembram o relato do Êxodo, em que multidões de judeus se prostraram diante do "bezerro de ouro".

Todas as instituições se erguem sobre alicerces morais; porém, não há força capaz de erodir essas fundações com mais rapidez que as enxurradas do interesse próprio. Em *The Radicalism of the American Revolution*, Gordon Woods observa reiteradamente que os patriarcas do país exaltaram o "desinteresse", no sentido de altruísmo, como virtude. Ao se dedicarem à invenção dos Estados Unidos da América, aquela primeira safra de patriotas se empenhou em descartar as preocupações egoístas com ganhos e perdas pessoais. Seria uma luta inglória encontrar evidências de "desinteresse" no comportamento de Dick Fuild, do Lehman Brothers; de Stan O'Neal, do Merrill Lynch; ou de qualquer outro dos chefes de quadrilha que pilharam a economia dos Estados Unidos, em busca de ganhos pessoais.

Embora muito já se tenha escrito sobre os antecedentes da *debacle* bancária (muitas dessas narrativas extremamente opacas e enfadonhas), talvez valha a pena dedicar alguns momentos à execução de uma autópsia moral, necropsia que talvez exija uma breve revisão dos fatos. O propósito aqui não é jogar mais culpa em cima dos banqueiros (pelo menos não é meu *principal* objetivo), mas, sim, compreender o que acontece quando o interesse próprio se desenleia das amarras éticas. É fácil desancar os banqueiros e reguladores que precipitaram a crise, mas não tenho muita certeza de que, se nos víssemos diante das mesmas tentações, você e eu nos comportaríamos de maneira muito diferente. Seja como for, responsabilizemos os banqueiros, mas também inspiremo-nos em seu infortúnio calamitoso para nos dedicarmos a algumas reflexões morais.

Então, o que aconteceu? Concentremo-nos, primeiro, e sucintamente, nas causas próximas do desastre.

DINHEIRO FÁCIL

Depois da bolha pontocom, em 2000, o Federal Reserve dos Estados Unidos, sob a liderança, primeiro, de Alan Greenspan e, depois, de Ben Bernanke, derrubou os custos dos empréstimos para níveis desastrosamente baixos. O dinheiro muito barato estimulou os consumidores americanos a se chafurdarem em dívidas, aumentando drasticamente o risco de calotes generalizados nos empréstimos hipotecários.

As poupanças asiáticas também contribuíram para a situação. Ao atrelarem o iuan ao dólar americano, as autoridades chinesas mantiveram as exportações altas e o consumo baixo, acumulando, assim, reservas gigantescas. Como precisava ser reciclada, boa parte desse dinheiro foi direcionada para a compra de certificados de recebíveis imobiliários americanos.

SECURITIZAÇÃO

Ao enfardarem empréstimos hipotecários em "collateralized debt obligations" e ao venderem essas CDOs a terceiros, os banqueiros expurgaram seus livros de volumes maciços de créditos indigestos. Entre 2005 e 2007, mais de 85% de todos os empréstimos hipotecários americanos estavam securitizados.

Historicamente, os empréstimos estão vinculados a depósitos. Ao desengatar o freio imposto pelo levantamento de fundos a serem emprestados, a securitização desencadeou um surto sem precedentes de empréstimos hipotecários. Resultado final: um grave relaxamento nos padrões de empréstimos, à medida que os bancos competiam entre si na corrida para o fundo do poço, concedendo empréstimos a quem quer que estendesse as mãos.

No entanto, como se constatou, a securitização não imunizava totalmente os bancos contra os riscos dos empréstimos subprime. Muitas instituições financeiras acumularam grandes posições em CDOs, por meio de "special investment vehicles" extracontábeis. Os bancos comerciais também emprestaram bilhões de dólares aos maiores compradores de CDOs, bancos de investimento e fundos de hedge.

SEGURO

Os credit default swaps (CDSs) possibilitavam que os investidores em CDOs se protegessem contra o colapso do mercado habitacional – na teoria. Como ocorre em todos os mercados de seguro, a prudência na emissão de apólices exige um rico veio de dados históricos. No entanto, considerando tanto o crescimento sem precedentes do mercado subprime quanto o afrouxamento concomitante dos padrões de concessão de empréstimos, as taxas de inadimplência passadas não tinham poder preditivo. Em consequência, as seguradoras de CDOs, como a AIG, subestimaram drasticamente os riscos de inadimplência. Esse erro foi agravado ainda mais quando os especuladores aumentaram a demanda por contratos de CDSs. Surpreendentemente, o mundo acabou com US$62 trilhões em CDSs, nenhum desses papéis negociado em qualquer bolsa de valores.

COMPLEXIDADE

Os novos instrumentos financeiros conjuminados pelos bancos eram de uma complexidade espantosa. As hipotecas eram empacotadas em porções, fatiadas em tranches e vendidas a incautos. Muitas CDOs eram fardos de outras CDOs. Essas convoluções dificultavam para os investidores e para as agências de classificação de risco de crédito a estimativa dos riscos reais.

Deve-se observar que toda essa complexidade não aconteceu por acaso. Os bancos amam a complexidade, na medida em que ela cria a ilusão de valor adicionado e oferece um véu atrás do qual escondem sua carranca porcina. É até melhor quando um produto financeiro não é negociado em bolsas de valores, o que torna ainda mais difícil para o comprador estimar seu verdadeiro valor. Infelizmente, como o mundo veio a constatar, a complexidade também pode obscurecer o risco.

ALAVANCAGEM

Nos mercados em alta, quanto maior for a alavancagem, melhor será o retorno. Eis por que os grandes compradores de certificados de recebíveis mobiliários tomavam grandes empréstimos para engordar seus portfólios. Com índices de alavancagem de 30 para 1, ou mais, a maioria dos principais bancos de investimento fez grandes apostas na valorização contínua dos imóveis residenciais nos Estados Unidos.

Infelizmente, boa parte dessa alavancagem decorreu de empréstimos concedidos por bancos comerciais. Quando os calotes começaram a acelerar, esses bancos comerciais passaram a denunciar seus empréstimos – forçando os bancos de investimento e os fundos de hedge a se desalavancar em condições de mercado em baixa. Para tanto, essas instituições tiveram de liquidar outros ativos, o que derrubou o mercado de ações.

ILIQUIDEZ

Em virtude de sua complexidade e ineditismo, não havia mercado secundário para muitas CDOs. Assim, quando a situação começou a azedar, foi difícil para as instituições com falta de caixa reduzir suas exposições.

Em condições de iliquidez, os compradores não tinham como estimar o valor de mercado de seus instrumentos exóticos. Tampouco era fácil para os investidores e para os reguladores avaliar a verdadeira ameaça para os balanços patrimoniais das instituições financeiras. Na falta de dados confiáveis sobre preços, os banqueiros não tinham escolha senão assumir grandes baixas contábeis em seus certificados de recebíveis imobiliários.

Na busca de desculpas, muitos dos principais banqueiros alegaram que a crise do subprime não poderia ter sido prevista – que se tratava, como afirmou categoricamente o presidente da Comissão de Inquérito da Crise Financeira, de uma "calamidade imaculada".[1] Discordo. Qualquer um que estivesse observando a aceleração sem precedentes nos preços das moradias nos Estados Unidos (ver Figura 2.1) não podia deixar de antever a crise que se formava no horizonte. Na verdade, em 2005, comprei um derivativo financeiro de meu corretor, que era, com efeito, uma aposta contra o mercado habitacional. O instrumento estava atrelado a um índice de ações que rastreava o desempenho das maiores construtoras dos Estados Unidos. Para cada 1% de queda no índice, o valor de meu investimento aumentava em 3%. O instrumento venceu em 2008 e me remunerou com prodigalidade. Meu único arrependimento foi não ter apostado mais.

Ao observar o desenrolar da crise, minha reação inicial foi de descrença. Como tantas pessoas superinteligentes poderiam estar tão erradas? Quando a porcaria bateu no ventilador, próceres de todas as laias se apressaram em

Figura 1.2.1: S&P/Índice Case-Shiller dos preços das moradias nos Estados Unidos*

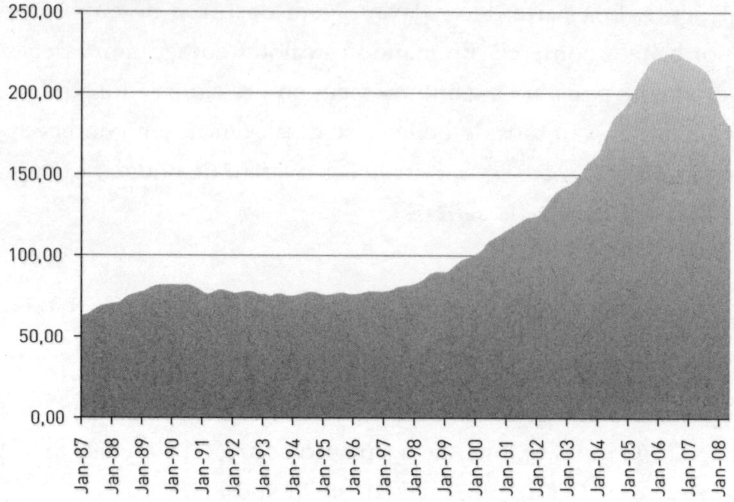

*Os preços de 2000 equivalem ao índice 100.

prescrever sua terapia preferida (converta o Fed em super-regulador, prepare--se para a liquidação dos maiores bancos, aumente significativamente as reservas de capital, limite o pagamento de bônus aos executivos dos bancos, e assim por diante). Na época, fiquei pensando se a solução não poderia ser mais simples. Que tal tatuar algumas frases simples na testa de todos os banqueiros que receberam dinheiro das operações de socorro:

A alquimia não funciona. O que era verdade para Isaac Newton há tantos séculos continua sendo verdade hoje: não se pode transformar escória (empréstimos podres) em ouro (títulos mobiliários com classificação triplo A), por mais inteligentes que sejam os "alquimistas".

Coisas que não podem durar para sempre geralmente não duram. Se a extrapolação de uma tendência produz resultados absurdos (como vender casas de US$1 milhão para casais jovens, de classe média), o curso, em breve, se reverterá – portanto, não aposte na tendência.

Riscos e retornos são sempre correlatos. Talvez haja alguém por aí capaz de produzir um "alfa" positivo ano após ano, mas, dificilmente, é você mesmo ou alguém que você conheça.

A burrice é contagiosa. Reflita sobre a obsessão louca por alavancagem e por complexidade que dominou você e seus amigos do banco. Apesar de toda a sua inteligência, você é tão vulnerável aos modismos ingênuos quanto um grupo de adolescentes volúveis.

Evidentemente, as tatuagens teriam de ser escritas ao contrário. Assim, sempre que um banqueiro ególatra se olhar ao espelho, ocorrerá um momento de autoconsciência e aprendizado.

Com ou sem tatuagens, os banqueiros *realmente* compreendem essas verdades simples. Assim, por que será que os melhores e mais brilhantes de Wall Street não atentaram para essas obviedades? Ou, mais objetivamente, por que cargas-d'água relegaram tão completamente suas responsabilidades como guardiães das cidadelas mais importantes do capitalismo?

Como se veio a constatar, a crise bancária do subprime revelou um catálogo shakespeariano de torpeza moral. Foi uma tempestade perfeita de delinquência humana. Entre esses vícios mais notáveis, destacam-se fraude, arrogância, miopia, ganância e negação.

FRAUDE

Agora sabemos que muitos bancos hipotecários, os que concederam aqueles empréstimos subprime, conspiraram com os mutuários de primeira viagem para superestimar as rendas e subestimar as dívidas. Além disso, táticas de vendas enganosas e falta de transparência induziram muitos mutuários a contrair empréstimos que nunca seriam capazes de pagar. Em 2009, o FBI investigou 2.794 casos suspeitos de fraude hipotecária, em comparação com 721 casos em 2005.[2] Lição simples: qualquer instrumento financeiro com base em embustes e falsidades será frágil no próprio núcleo.

ARROGÂNCIA

Os gênios de Wall Street que foram incumbidos de empacotar os refugos subprime em títulos mobiliários negociáveis superestimaram tremendamente sua capacidade de picar e fatiar os riscos. E acabaram aprendendo, para seu desespero, que diluição de riscos não é o mesmo que eliminação de riscos, mormente quando os riscos são agravados por alavancagem estonteante. Inebriados pela própria genialidade, não discerniram entre sofisticação autêntica de manipulação fraudulenta.

MIOPIA

Ao elaborar e precificar todos esses admiráveis "produtos estruturados" novos, as crianças-prodígio de Wall Street recorreram a modelos financeiros intricados para estimar os riscos potenciais. Como os modelos se baseavam em dados extraídos de tendências recentes, abrangendo um período em que os valores dos ativos aumentavam cada vez mais, elas não consideraram a hipótese de forte queda dos preços dos ativos. Os mutuantes e os bancos de investimentos poderiam argumentar que o mercado habitacional americano nunca passara por queda acentuada e prolongada em âmbito nacional, porém, mais uma vez, jamais ocorrera valorização tão íngreme e duradoura como a que se estendeu de 2000 a 2007. Mais uma vez, essa realidade também contém uma lição: só porque você não se lembra da tempestade de 100 anos atrás, isso não significa que ela não tenha ocorrido e que outra não esteja em formação.

GANÂNCIA

Não precisa dizer que todos os foliões do trio elétrico do subprime estavam ganhando muito dinheiro: os mutuantes hipotecários, que aprovavam todos aqueles empréstimos "ninja" (**n**o **in**come, no **j**ob, no **a**ssets), concedidos a mutuários "sem renda, sem emprego e sem garantias"; os banqueiros de Wall Street, que empacotavam os empréstimos em belos embrulhos de títulos mobiliários; os fundos de hedge, que compravam os modernos instrumentos financeiros e que cobravam altas taxas de administração de seus clientes endinheirados, por lhes oferecer retornos acima da média; e as agências de classificação de risco de crédito, cuja sede por novos negócios comprometeu sua objetividade outrora tão enaltecida. A sedução dos bônus multimilionários transformou sóbrios banqueiros engravatados em insólitos especuladores desvairados. Como sempre, a ganância revelou-se líder de torcida incansável da insanidade humana.

NEGAÇÃO

Vez por outra, as organizações são tomadas de assalto por acontecimentos de fato imprevisíveis. Esse foi o caso do setor de aviação civil, no rescaldo dos ataques terroristas de 2001 às Torres Gêmeas. Em geral, contudo, a estupefação é produto da negação. As empresas são surpreendidas pelo futuro não porque os acontecimentos fossem imprevisíveis, mas porque eram impalatáveis. Relutantes em encarar os fatos, quase todos os interessados financeiramente no boom habitacional preferiram ignorar o inevitável. Até certo ponto, o futuro sempre será opaco, porém, mais que isso, ele se torna invisível para quem fecha os olhos.

A catástrofe do subprime revelou que os Estados Unidos tinham um sistema financeiro dos banqueiros, pelos banqueiros e para os banqueiros – os consumidores e acionistas que se esfolem. Em grande parte, isso *ainda* é verdade. Nenhum banqueiro de escol está preso, os maiores bancos ficaram ainda maiores, o pagamento de bônus aos executivos de instituições financeiras mais uma vez está batendo recordes e, neste momento, mais de 3 mil lobistas de bancos estão trabalhando duro em Washington, na tentativa de diluir as reformas que foram promulgadas na esteira da crise financeira.[3]

Essa falta de prestação de contas e de responsabilidade continuará sendo estupefaciente e desconcertante até que se perceba que muitos dos cães de guarda que deveriam proteger a economia contra os descomedimentos dos banqueiros – indivíduos como o ex-chairman da SEC, Christopher Cox, e o Deputado Barney Frank, presidente do Comitê de Serviços Financeiros da Câmara dos Representantes, de 2007 a 2011 – atuaram como cúmplices da conspiração.

Também aqui deparamos com rendições faustianas e prevaricações hediondas.

Como cidadãos e pagadores de impostos, esperávamos que o governo protegesse a economia de bonanças e recessões insustentáveis. Em vez disso, as autoridades públicas forneceram o combustível monetário para uma bolha habitacional inédita.

Como cidadãos e pagadores de impostos, supúnhamos que o governo evitasse a criação de incentivos econômicos perversos. Em vez disso, as autoridades públicas subsidiaram agressivamente as hipotecas subprime. Nos anos anteriores à crise, a Fannie Mae e a Freddie Mac, entidades patrocinadas pelo governo que respondiam a seus mestres no Congresso, compraram bilhões de dólares em empréstimos hipotecários subprime de mutuantes como New Century Financial Corp. e First

Franklin Financial Corp. Com o apoio implícito do governo americano, a Fannie e a Freddie tomaram empréstimos a taxas preferenciais e, por fim, acumularam um portfólio de US$1,4 trilhão em certificados de recebíveis imobiliários.

Contávamos com o governo para garantir a observância de práticas bancárias prudentes. Em vez disso, nossos mandatários permitiram que os bancos de investimento se alavancassem perigosamente. Em 2004, com o boom habitacional já bem avançado, os grandes bancos de investimento dos Estados Unidos resistiam a restrições da SEC que limitavam seus níveis de endividamento. Ansiosos para turbinar seus retornos por meio de maior alavancagem, os principais bancos de Wall Street se mancomunaram no lobby pela atenuação das limitações regulatórias. Acuada pela frente unida dos maiores bancos de investimento do país, a SEC capitulou. Ofuscados pela crença na onisciência dos banqueiros bilionários e obliterados pela fé na autorregulação do setor, os reguladores não cumpriram o dever de diligência que teria evitado o Katrina financeiro.

Como cidadãos e pagadores de impostos, esperávamos que o governo assegurasse mercados transparentes e ordeiros. Em vez disso, nossos representantes não exerceram a atribuição de criar um arcabouço regulatório para os credit default swaps – CDS e outros produtos derivativos. Graças aos legisladores transviados, o mundo acabou como um bazar mundial de certificados de recebíveis imobiliários, menos organizado que o mercado da eBay de enfeites de Natal.

Como cidadãos e pagadores de impostos, confiávamos em que o governo resguardasse os contribuintes contra as falências bancárias. Em vez disso, as autoridades públicas se limitaram a observar, enquanto um boom de fusões e aquisições criou bancos que eram "grandes demais para quebrar". Na década de 1990, o setor bancário liderou todos os demais em termos de atividades de fusões e aquisições, e, em 2004, 74% dos depósitos bancários nos Estados Unidos eram controlados por apenas 1% dos bancos americanos.

A verdade é que os reguladores americanos tinham todos os poderes necessários para conter a "exuberância irracional" que precipitou a crise bancária – mas não o fizeram. Mais uma vez, essa omissão foi um descalabro moral. Alguns dos lapsos mais flagrantes foram:

Indiferença cega aos custos humanos do fervor ideológico. Nos anos que culminaram com a crise, predominava a crença ingênua entre muitos reguladores de que era possível confiar no autopoliciamento dos bancos. Esses fanáticos pelo livre mercado não discerniam entre liberdade de negociar (em geral, algo positivo) e ausência de fiscalização (em geral, algo negativo). Em outubro de 2008, Christopher Cox observou, pesarosamente: "Os últimos seis meses deixaram sobejamente claro que a regulação voluntária não funciona." À exceção do nazismo e do comunismo, é difícil pensar em outra obsessão ideológica que tenha custado tão caro ao mundo.

Renúncia às responsabilidades públicas a bem dos ganhos políticos. Wall Street usava seus lucros colossais para comprar poderosas vantagens políticas e poucos legisladores tinham estofo para se opor a seus benfeitores de Wall Street. Considere o seguinte: entre 1990 e 2008, a AIG pagou mais de US$93 milhões em contribuições para campanhas e gastou mais de US$70 milhões em iniciativas de lobby para derrubar obstáculos regulatórios, segundo a revista *Time*.[4] Praticamente todos os guardas de fronteiras de Wall Street estavam recebendo dinheiro dos contrabandistas.

Todos os reguladores "gasparzinhos" estavam mais preocupados em tirar o seu da reta que em disparar o alarme. Sem dúvida, havia funcionários em Washington (de órgãos como SEC, Fed, Office of the Comptroller, Departamento de Justiça, Office of Thrift Supervision e FDIC), atentos ao risco de contágio do subprime, que perceberam patogenias em rápida proliferação nas rachaduras regulatórias. No entanto, em vez de rosnar, ladrar e arreganhar os dentes, os cães de guarda viraram de lado e se deixaram afagar pelos banqueiros. Sim, havia lacunas na cobertura regulatória – mas, quando você está incumbido de proteger a economia de um país, seu dever é identificar e preencher essas lacunas, em vez de se refugiar no santuário dos silos funcionais. No rol das desculpas execráveis, "isso não é comigo" se situa perto do topo.

O fato é que os legisladores e reguladores americanos foram tão culpados quanto os banqueiros. A bomba que explodiu na economia americana pode ter sido montada em Wall Street, mas os componentes foram fabricados em Washington, DC.

Da mesma maneira que em relação aos banqueiros, ainda estamos esperando um *mea culpa*. Mas é improvável que deparemos com algo parecido. (Entre os poderosos, a evasão da culpa é competência essencial.) O que recebemos, em vez disso, foi uma avalanche de propostas para ampliar os poderes regulatórios dos que foram covardes demais ou que estavam comprometidos demais para exercer a autoridade de que já estavam investidos.

Neste ponto, precisamos ser claros: na crise bancária, a falha não foi do capitalismo em si, mas dos guardiões do capitalismo. Os que deviam estar lutando para proteger os mais altos padrões morais baixaram as armas e licitaram sua integridade aos banqueiros bárbaros.

Restam-nos, então, duas perguntas críticas: O que será que produziu um lapso tão desastroso no julgamento moral coletivo? E que lições extrair de tudo isso, por quem não é banqueiro nem autoridade pública? Vejamos um ensinamento de cada vez.

Parece-me que a corrosão moral tem origem na egomania doentia que aflige a todos nós. Para cada um de nós, todo santo dia, a batalha entre interesse próprio escrachado e dever de diligência zeloso não raro termina em impasse. Nosso anjo da guarda nem sempre leva a melhor. Se assim não fosse, a ideia de "pecado" não seria tão difundida nem tão atemorizante.

Outro fator contributivo é a natureza incremental de nossa decadência moral. Os padrões nunca caem de uma vez; eles tombam aos poucos, numa sucessão de concessões quase inócuas. Eis por que é fácil não perceber, ou deixar de perceber, a corrosão. Como no caso de pontes que se enferrujam aos poucos, jamais se ouvem alarmes da ferrugem, até toda a estrutura desabar. Ao se defrontarem com a carnificina, as pessoas coçam a cabeça e se perguntam como aquilo aconteceu. Resposta: aos poucos.

Finalmente, há uma dinâmica social que, se não questionada, nivela por baixo os padrões. Como seres humanos, geralmente olhamos para as outras pessoas, em busca de paradigmas morais. Quando deparamos com a escolha entre expedientes em benefício próprio e cumprimento do dever funcional, mesmo contra o interesse próprio, quase sempre nos sentimos aliviados ao constatar que outras pessoas já baixaram o nível para nós. Em outras palavras, tendemos a procurar e a supervalorizar precedentes que nos ajudem a aceitar nossas próprias concessões éticas. Somos catadores de desculpas. Eis por que os equívocos morais são tão infecciosos.

Um exemplo: em julho de 2007, apenas semanas antes de a bomba do endividamento explodir, Chuck Price, executivo-chefe do Citigroup, defendeu a ousadia da gestão de riscos de seu banco, numa entrevista ao *Financial Times*. "Quando a música para, em termos de liquidez, fica complicado. Mas enquanto a música está tocando, é preciso levantar-se e dançar. Ainda estamos dançando." A última vez em que ouvi desculpa tão esfarrapada foi de uma criatura de 13 anos: "Mas, papai, todo o mundo está fazendo isso."

A liberdade de todo ser humano para perseguir seus interesses próprios é pré-requisito essencial de uma economia aberta, mas não é fundamento moral adequado para o capitalismo. Em *A riqueza das nações*, o santo padroeiro do capitalismo, Adam Smith, expôs um argumento convincente, embora um tanto deprimente, em favor do interesse próprio:

> **Não é por benevolência do açougueiro, do cervejeiro ou do padeiro que esperamos nosso jantar, mas pelo zelo com que cuidam de seus interesses próprios. Dirigimo-nos não à humanidade, mas ao amor-próprio deles, e nunca conversamos com eles sobre nossas próprias necessidades, mas, sim, sobre as vantagens para eles.**

A superioridade moral do capitalismo se fundamenta no fato de que, nos mercados livres, a única maneira de ser bem-sucedido é fazer algo benfeito para outras pessoas. Em termos críticos, contudo, o dono do restaurante não nos alimenta para saciar nossa fome – ele nos alimenta para lucrar com ela. O capitalismo é movido pelo interesse próprio; porém, quando não é amansado pela autodisciplina moral, pode facilmente tornar-se pérfido. Nesse caso, o fraco é maltratado e o ignorante é ludibriado, os legisladores são subornados e as garantias são pisoteadas. A "mão invisível" do mercado é algo maravilhoso, mas quando não é orientada por um profundo senso de dever moral, pode infligir todos os tipos de danos.

Embora seus acólitos raramente o reconheçam, a filosofia de Adam Smith envolvia muito mais nuances do que sugere a citação anterior. Em *The Theory of Moral Sentiments*, Smith começa nos seguintes termos:

> **Por mais egoísta que se suponha seja o ser humano, há evidentemente alguns princípios em sua natureza que o induzem a se interessar pela sorte dos outros e que tornam a felicidade alheia necessária para ele, mesmo que dela nada extraia, a não ser o prazer de vê-la.**

Ainda bem que há benevolência em cada um de nós. A compaixão, contudo, pode fenecer. Para os líderes, isso acontece de duas maneiras. Primeiro, a compaixão se perde durante a *busca* do sucesso. Em nosso esforço, passamos a ver os colegas, os empregados, os acionistas e os clientes como acessórios de nossa ambição pessoal, como instrumentos a serem usados e abusados quando necessário. Segundo, a compaixão depois da *conquista* do sucesso. O poder, uma vez alcançado, nos isola das consequências de nossas ações. Como líderes do século XXI, devemos estar atentos a esses riscos e cultivar conscientemente nossa compaixão.

Não tenho nenhum plano grandioso para a renovação moral do capitalismo, mas oferecerei algumas ideias avulsas nos próximos capítulos. Como as renovações ocorrem uma de cada vez, um plano grandioso seria, em todo o caso, irrelevante.

No entanto, devemos encarar de frente as deficiências do capitalismo. Para os fanáticos pelo livre mercado, eu diria o seguinte: não se desabona uma filosofia econômica ao reconhecer suas falhas. Portanto, saiam da defensiva! O capitalismo, tal como vem sendo praticado atualmente, apresenta certas características indefensáveis. Como campeão do capitalismo, fico preocupado quando vejo:

- Uma proporção cada vez maior da riqueza do mundo se concentrando numa elite global cada vez menor.[5]
- Empresas gastando milhões de dólares para inclinar o campo do jogo regulatório a seu favor.
- Diferenciais de 300 para 1 entre a remuneração de um CEO e a remuneração dos empregados de linha de frente.
- Estruturas de governança expressamente concebidas para rechaçar os interesses dos acionistas.
- Empresas que tratam os empregados como meros fatores de produção.
- Executivos que auferem recompensas desmesuradas por desempenho medíocre.
- Empresas que distribuem 90% de suas opções sobre ações a um punhado de altos executivos.
- Empresas que resistem a reivindicações de maior transparência e de proteção aos consumidores.
- Empresas que abrem mão de seus valores para fazer negócios com regimes repressivos.
- Campanha de relações públicas para empresas que confundem os fatos e demonizam as críticas.
- Executivos que, de alguma maneira, consideram os interesses da sociedade diferentes dos seus.

Se você não sentir ao menos alguma raiva pela maneira como sua empresa executa suas atribuições e encara as responsabilidades, não contribuirá em muito para recuperar o tecido moral do capitalismo.

Todos nós que temos interesse no futuro do capitalismo também temos a responsabilidade indelegável por torná-lo melhor – e devemos começar com a elevação de nossos próprios padrões éticos e com a arregimentação de outras pessoas dispostas a agir da mesma maneira.

A reabilitação do capitalismo não decorrerá de programas de "responsabilidade social das empresas", decretados de cima para baixo. Embora sejam bem-vindas, novas estratégias inteligentes para gerar ganhos privados e sociais em paralelo também se mostrarão insuficientes. Foi ótimo, por exemplo, que, em 2008, Neville Isdell, então CEO da Coca-Cola, tenha comprometido sua empresa a se tornar "water neutral" (neutra em relação ao consumo de água) até 2020 – isso depois de ativistas terem desafiado a empresa a melhorar sua intendência de recursos hídricos escassos. No entanto, iniciativas grandiosas de cima para baixo, por mais admiráveis e por mais lucrativas que sejam, jamais serão substitutas para o senso de responsabilidade moral de baixo para cima, que inspira todas as decisões. A moralidade empresarial deve ser proativa e difusa – e, em geral, não se caracteriza por nenhum dos dois atributos.

A maioria de nós não joga lixo pela janela do carro, não maltrata os animais, não sonega impostos, não mente nos currículos nem xinga os operadores de telemarketing (bem, quatro em cinco até que não seria um número ruim). Talvez seja difícil, muito difícil, traçar uma linha na areia do ambiente de trabalho, principalmente se essa linha sempre for transposta no topo. Por outro lado, se natureza humana significa alguma coisa, esse algo em comum é a responsabilidade moral, atributo que jamais será apanágio de caninos submissos. Foi esse senso de responsabilidade que levou Deitrich Bonhoeffer, teólogo alemão, a se juntar à resistência aos nazistas, decisão que lhe custou a vida. Foi esse senso de responsabilidade que empurrou os manifestantes pelos direitos civis em sua marcha pela estrada, rumo a Selma, não obstante o gás lacrimogêneo e os cassetetes da polícia. Foi esse senso de responsabilidade que encorajou Aung San Suu Kyi a desafiar o ditador da Birmânia.

Será que o aprimoramento do capitalismo justifica o mesmo tipo de coragem moral? Talvez não, mas, à exceção da democracia, nenhuma outra ideologia fez tanto para tantos. A capacidade de comprar e vender com liberdade, de aumentar o capital, de assumir riscos e de obter retornos, de começar uma nova empresa, de investir à vontade, de expandir ou contrair a empresa, de importar ou exportar, de inovar ou reduzir custos, de comprar outra empresa ou de vender a própria empresa – estes são privilégios econômicos extraordinários, cuja inibição acarreta perdas generalizadas.

Mas o que, você perguntaria, uma pessoa sozinha pode fazer? Talvez já lhe tenham dito que o valor de uma empresa emana do topo. Bobagem! Da mesma maneira como a torpeza, também a virtude se prolifera exponencialmente. E-mails, blogs e twitter – os três são exemplos de poderosos amplificadores da consciência moral, como o ex-presidente do Egito, Hosni Mubarak, pode dizer-lhe. No mundo em rede, quando uma alma corajosa se manifesta com contundência, encoraja as outras. Sim, os lapsos morais são contagiosos, mas a coragem moral também é tão ou mais contagiosa. Portanto, exerça a sua!

Evidentemente, há riscos. Você pode enfurecer algumas pessoas, ser rotulado de insatisfeito ou ser preterido numa promoção, mas ninguém o condenará a cumprir prisão domiciliar. Portanto, você deverá perguntar-se: Em minha esfera de liderança, quais padrões considero invioláveis? Até que ponto estou disposto a não sacrificar minha própria integridade? Qual é a minha "assinatura moral"? Que valores pretendo transmitir com minhas ações? E, no sentido oposto, até que ponto fui vítima da ganância, da arrogância ou da concupiscência do poder? Em que extensão tive de silenciar quando deveria ter gritado? Falhas morais em grande escala, do tipo que vimos no escândalo bancário, são impossíveis sem uma epidemia de aquiescência moral – portanto, se você está indignado com o que Wall Street (os interesses da elite financeira) fez com Main Street (os interesses da maioria), com as imposturas que os banqueiros impingiram aos cidadãos comuns, e você deve estar, erga-se à altura dos padrões morais em que *você* acredita.

E sabe de uma coisa? Acho até que ainda há esperança para a elite das instituições financeiras. A redenção é possível. Penso em Mikhail Gorbachev, ao aderir à *glasnost* e à *perestroika*, em 1984, pouco antes de ser nomeado secretário-geral do Partido Comunista. Penso no discurso de F. W. de Klerk, em fevereiro de 1990, quando, contra todas as expectativas, anunciou o desmantelamento do apartheid. Todo mundo pode recuperar a própria compaixão.

Meu amigo John Ortberg, psicólogo e autor, argumenta que, se quisermos construir um mundo digno de ser habitado, cada qual deve ter a coragem de fazer um "inventário moral destemido". Se você for líder de alguma espécie, em algum tipo de organização, agora é hora de partir para a ação.

REDESCOBRINDO OS VALORES DOS AGRICULTORES

1.3

Em meio à crise bancária, minha sogra faleceu. Ela passara boa parte de seus 85 anos trabalhando com o marido na fazenda da família. Começando com um único trator alugado e um pedaço de terra arrendado, o casal conseguiu ampliar seu rancho para 405 hectares de terras agrícolas férteis, no Vale de San Joaquin, na Califórnia, totalmente quitadas e livres de quaisquer ônus. Como conseguiram esse feito: trabalhando 14 horas por dia, seis dias por semana. Tirando poucas férias e renunciando à maioria dos luxos. Acumulando reservas financeiras nos anos de vacas gordas para sobreviver nos anos de vacas magras. Diversificando as safras para reduzir os riscos de flutuação dos preços. E remunerando-se com modéstia e investindo quase tudo o que podiam em terras e equipamentos.

Como muitas outras pessoas de sua geração, Ferne e Eldon Findley detestavam dívidas. Para eles, a condição de devedor era como a de servo. Embora os empréstimos para capital de giro fossem inevitáveis, considerando as dificuldades de fluxo de caixa da atividade agrícola, o casal trabalhou incansavelmente para reduzir seu endividamento de longo prazo e para conquistar o título de propriedade de suas terras, objetivo que alcançaram depois de 30 anos de casamento.

Meu sogro e minha sogra se sentiam mais felizes quando estavam mergulhados até o pescoço no estrume da fazenda – alegria que compartilhavam com todos os que subscreviam o "Credo dos Fazendeiros":

> **Creio que o mais importante atributo das pessoas é a dignidade e que em nenhum outro trabalho se cultiva mais essa qualidade que na agricultura. Creio que trabalho duro e labuta honesta são os fundamentos do caráter pessoal. Creio que a agricultura, apesar de todas as suas dificuldades e decepções, é a maneira mais honesta e honrosa de os seres humanos passarem seus dias na Terra...**

O estilo de vida de meus sogros, de gastar na medida dos ganhos, permitiu que comprassem nossa primeira casa, que financiassem projetos de nossa igreja em todo o mundo e que legassem um negócio próspero para o filho deles.

Mais alavancagem talvez lhes tivesse possibilitado a expansão de sua empresa agrícola com mais rapidez, ou que vivessem com mais fartura, mas as lições que aprenderam na infância, durante a Grande Depressão, os imunizou, assim como a milhões de pessoas da mesma geração, contra essas tentações.

As virtudes que construíram a fazenda dos Findley – prudência, frugalidade, autodisciplina e sacrifício – são as mesmas virtudes que construíram os Estados Unidos, a Inglaterra, a Alemanha e o Japão. Mas, nas últimas décadas, essas virtudes se tornaram notoriamente escassas, com milhões de consumidores substituindo a austeridade pela extravagância. Como proposta de marketing, esperar com o bolo no prato é muito mais atraente que apenas imaginar a torta ao longe. Assim, os banqueiros nos estimularam a nos afundar em dívidas, e nós fizemos isso.

Embora eu tenha procurado, não consegui encontrar nenhuma prova documental da existência de um credo dos banqueiros, mas acredito que a maioria adota uns poucos princípios comuns:

Comprarei os concorrentes e construirei um banco de "importância sistêmica", criando condições para que eu privatize os ganhos e socialize os prejuízos.

Explorarei os clientes em todas as oportunidades e defenderei meu direito de lucrar com sua confiança indevida.

Assumirei grandes riscos para a situação financeira de meu banco e ignorarei os interesses dos acionistas, na expectativa de auferir uma remuneração de sete ou oito dígitos.

Atribuirei as consequências de minha negligência aos defeitos do "sistema financeiro global" e, assim, me eximirei de qualquer responsabilidade por ter ludibriado os investidores, os clientes e os reguladores.

Continuarei a exigir as recompensas a que me acostumei, mesmo depois de uma operação de socorro de meu banco, com recursos públicos.

Cerrarei fileiras com meus compatriotas banqueiros para garantir que qualquer tentativa de reforma do sistema financeiro seja derrotada nas mais altas esferas decisórias.

Os banqueiros de hoje não são os primeiros de sua estirpe a adotar esse credo mercenário. Quase 70 anos atrás, nas profundezas da Grande Depressão, o Presidente Roosevelt, em seu discurso de posse, proclamou:

> **(...) As práticas inescrupulosas dos mercadores de dinheiro foram condenadas nos tribunais da opinião pública e rejeitadas pelos corações e mentes dos americanos...**
>
> **Os mercadores de dinheiro abandonaram seus lugares de honra no templo de nossa civilização. Agora, estamos em condições de restaurar as antigas verdades. A medida dessa restauração depende da extensão em que adotarmos valores sociais mais nobres que o mero lucro financeiro...**
>
> **A felicidade consiste não na mera posse de dinheiro, mas, sim, na alegria das realizações, no entusiasmo do esforço criativo. O júbilo e o estímulo moral do trabalho não mais devem ser relegados pela busca insana de lucros evanescentes...**
>
> **(...) É preciso dar um basta à má conduta dos bancos e das empresas, que, com muita frequência, eivam a confiança sagrada com malfeitorias empedernidas e egocêntricas. Não admira que a confiança se estiole, pois ela só floresce na honestidade, na honra e na sacralidade das obrigações, na proteção da lealdade e no desempenho altruísta; sem isso, a confiança não sobrevive.**

Hoje, como em 1933, os banqueiros são alvos fáceis. Mas não foram só os banqueiros que extrapolaram. Veja o seguinte: no começo da década de 1950, quando os baby boomers ainda eram criancinhas (e seus pais trabalhavam duro para pagar as hipotecas), o índice endividamento/renda da família americana média era inferior a 0,4. De meados da década de 1960 a meados da década de 1980, o índice pairou em torno de 0,7. No entanto, em 2008, esse barômetro fundamental disparou para 1,4. Nesse período, o endividamento em relação à renda das famílias americanas cresceu mais de 350% – e aumentou mais entre 2001 e 2008 que nos 39 anos anteriores. Antes de ser forçada pela recessão a se conter e a poupar, a família americana típica gastava mais com o pagamento de dívidas que com a compra de alimentos.

Todos somos adultos. Como essa farra poderia terminar senão com a retomada em massa de imóveis, perdas multibilionárias e um retrocesso econômico devastador? Mesmo com os chineses rolando nossas dívidas, era de prever que, em algum momento, teríamos de pagar a conta.

Nos últimos anos, formuladores de políticas em todo o mundo vêm trabalhando com afinco para estimular a economia global – obtendo poucos resultados. A desalavancagem, ou liquidação das dívidas, sempre dói. Milhões de americanos estavam viciados em dívidas e agora estão sendo submetidos a tratamentos de reabilitação – não como os das celebridades, com saladas orgânicas, travesseiros anatômicos e terapeutas sussurrantes, mas do tipo intimação judicial, com comida industrial, chuveiro frio e carcereiros carrancudos.

Será que daí pode resultar algum benefício? Certamente. O primeiro talvez seja a revalorização das virtudes eternas que engendram a *verdadeira* criação de riqueza e disseminam a prosperidade *duradoura*. À medida que os valores dos fazendeiros se valorizarem e os valores dos banqueiros se desvalorizarem, todos desfrutaremos de melhores condições – assim como a economia.

Uma segunda vantagem: nossos filhos talvez não se tornem "dividólatras", ou viciados em dívidas. Depois de verem os pais se endividarem até o pescoço e pagarem caro por suas extravagâncias, só se espera que tomem juízo e vivam de uma forma financeiramente mais prudente. (Sugestão de meu filho: impor como disciplina obrigatória nas escolas de ensino médio noções de finanças pessoais.) Se os filhos do terceiro milênio aprenderem algumas lições básicas sobre frugalidade, trabalho duro e disciplina fiscal, essa crise aparentemente interminável não terá sido em vão. E a trabalhadora vovó Fernes, que passou desta para a melhor, talvez olhe para baixo e sorria.

RENUNCIANDO ÀS PRESUNÇÕES PERIGOSAS DO CAPITALISMO

1.4

Como não é difícil adivinhar, sou capitalista por convicção e profissão. Acredito que o melhor sistema econômico é o que recompensa o empreendedorismo e a assunção de riscos, que maximiza as escolhas dos clientes, que depende do mercado para alocar os recursos escassos e que minimiza a carga regulatória sobre as empresas. Se existe melhor receita para semear a prosperidade, ainda não vi.

Assim, por que será que menos de 4 em cada 10 consumidores do mundo desenvolvido acreditam que as empresas fazem contribuições "um tanto" ou "em geral" positivas para a sociedade? (Isso de acordo com estudo de 2007 da McKinsey & Company.)[1] Por que será que apenas 19% dos americanos respondem aos pesquisadores de opinião pública com a afirmação de que têm "muita" ou "bastante" confiança nas grandes empresas? (Em pesquisa da Gallup, de 2010, apenas o Congresso obteve pior avaliação.)[2] Parece que a maioria das pessoas *espera* que as grandes empresas se comportem mal – que devastem o meio ambiente, que abusem dos empregados e que desorientem os clientes. Como gazeteiros éticos, as grandes empresas parecem perfilar ao lado de Charlie Sheen e Lindsay Lohan.

Obviamente, muita gente culpa Wall Street por essa situação. Em março de 2009, o *Financial Times* afirmou que a "crise de crédito destruíra a fé na ideologia do livre mercado, que havia um século dominava o pensamento ocidental". No rescaldo do desastre do subprime, jornalistas apressados e políticos farisaicos afirmaram que o mundo precisava de um novo modelo de capitalismo, algo em que os capitalistas fossem muito mais submissos ao Estado.

Embora nunca se deva subestimar a capacidade de financistas inebriados pelo risco explodirem de uma hora para a outra a economia global, a verdadeira ameaça para o capitalismo não é a cupidez financeira desenfreada. Com efeito, na pesquisa da Gallup, já mencionada, os bancos obtiveram melhor pontuação que as grandes empresas. Sim, os banqueiros gananciosos são uma ameaça, mas existe um perigo ainda maior: CEOs autoritários, relutantes em se ajustarem às mudanças de expectativas das diferentes partes interessadas (stakeholders) de suas empresas. Nos anos recentes, consumidores e cidadãos se tornaram cada vez mais ressentidos com o contrato implícito que governa os direitos e as obrigações dos atores econômicos mais poderosos da sociedade – as grandes empresas. Para muita gente, as relações de troca parecem desequilibradas – elas foram de fato muito favoráveis para os CEOs, bastante proveitosas para os acionistas e não tão vantajosas para todos os demais.

Você não precisa ser leitor da *Adbusters*, publicação bimensal da Adbusters Midia Foundation (www.adbusters.org), para se questionar sobre a quais interesses as grandes empresas realmente servem. Quando se fala em "livre mercado", há muito espaço para ceticismo: o prolongado e ilícito caso de amor da indústria de alimentos com as gorduras trans, a impostura da Merck sobre os riscos do Vioxx, a atitude por vezes negligente do Facebook em relação à privacidade dos consumidores, as reiteradas promessas postergadas dos executivos de empresas de aviação de melhorar os serviços aos clientes e a realidade cotidiana de ocultação de tarifas bancárias, de exageros nos atributos dos produtos e de tergiversação no atendimento aos clientes.

Se muita gente em todo o mundo perdeu a fé nas empresas, é porque as empresas abusaram da fé de que eram depositárias no passado. Nesse sentido, a ameaça ao capitalismo é, ao mesmo tempo, mais prosaica e mais profunda que a imposta por banqueiros saqueadores – mais prosaica, no sentido de que o perigo não vem dos financistas predadores de Wall Street, mas das frustrações e ansiedades, em lenta acumulação, de pessoas "comuns" em todo o mundo; e mais profundas, no sentido de que o problema é difuso e contagiante – ameaça onerar todas as grandes empresas com o mesmo zelo regulatório que outrora se reservava apenas às usinas nucleares.

Talvez haja quem lamente o fato de o capitalismo (em termos amplos) não enfrentar desafios à altura, mas não é bem assim. Como a democracia, o capitalismo é o pior dos sistemas, exceto todos os demais. Porém, se não reconhecermos suas deficiências, a insatisfação crescente com as empresas encorajará a reação dos que propõem a subordinação dos CEOs, em primeira, em segunda e em última instância, a servidores públicos – exatamente os que se mostram mais ansiosos em ampliar o poder do Estado.

Esse não é bem um desfecho a que todos daríamos as boas-vindas. Embora o aperto ainda maior da camisa de força regulatória nos protegesse dos piores desregramentos do capitalismo, esse excesso de rigor também nos privaria de suas recompensas. Portanto, devemos esperar que os gestores, em geral, enfrentem o fato consumado de que ocorreu uma revolução irreversível nas expectativas.

Milhões de consumidores e de cidadãos já estão convencidos da realidade que muitos capitães de empresas ainda relutam em admitir: o modelo tradicional de produção econômica que impulsionou a economia "moderna" nos últimos 100 anos está nas últimas. Como um velho motor mal conservado, ele está cheio de remendos e gatilhos, emite gases tóxicos e quebra a toda hora.

Embora sejamos gratos por alguém ter inventado essa máquina barulhenta e fedorenta um século atrás, também nos sentiremos felizes quando alguém a descartar como sucata e a substituir por algo menos instável e ameaçador.

Em nossos corações, sabemos que o futuro não pode ser extrapolação do passado. Como bisnetos da revolução industrial, aprendemos, finalmente, que a busca insensata cada vez mais é insustentável e, em última análise, destrutivo. Nosso planeta, nossa segurança, nosso senso de equidade e nossa própria alma exigem algo melhor, algo diferente.

Ansiamos por uma espécie de capitalismo mais generoso e mais benigno – que nos veja como algo mais que meros "consumidores", que compreenda a distinção entre maximizar o consumo e maximizar a felicidade, que não sacrifique o futuro pelo presente e que não veja o planeta Terra como fonte inesgotável de recursos naturais.

Assim, o que será que se interpõe na trajetória de criação de um tipo de capitalismo consciencioso, responsável e sustentável – um sistema que, no longo prazo, seja efetivamente habitável?

Suponho que seja uma matriz de crenças profundas sobre a natureza das empresas, sobre os interesses a que servem e sobre como criam valor. Muitas dessas empresas são quase canônicas (ao menos entre CEOs de determinada geração ou com certas tendências ideológicas). São também narcisistas e arcaicas. Entre as premissas mais venenosas, estão as seguintes:

1. O objetivo supremo das empresas é ganhar dinheiro (em vez de promover o bem-estar humano, com eficiência econômica).
2. Os líderes empresariais só devem ser responsabilizados pelos efeitos imediatos de suas ações (não pelas consequências, em segundo e em terceiro nível, da busca obstinada de crescimento e lucratividade).
3. Os executivos devem ser avaliados e remunerados com base no lucro de curto prazo (e não em função da criação de valor duradoura, em termos financeiros e sociais).
4. Definem-se as credenciais sociais de uma empresa por meio de declarações de missão eloquentes, produtos pintados de verde e verbas generosas para RSE – Responsabilidade Social das Empresas (não pelo compromisso inabalável e oneroso de se fazerem as coisas certas).
5. A justificativa básica para "ser responsável" (doing good) é ajudar a empresa a "ser próspera" (doing well). (Conclusão: Seja responsável apenas quando tirar vantagem.)
6. Os clientes se importam muito mais com o valor do dinheiro que com os valores que foram respeitados ou desrespeitados na produção e venda de um produto.
7. Os clientes da empresa são os caras que compram seus serviços (não todos aqueles cujas vidas são afetadas por suas ações).
8. É legítimo que a empresa ganhe dinheiro explorando os clientes, exagerando os benefícios do produto ou restringindo as escolhas dos clientes. (Será que se precisará de uma lei que obrigue as empresas de aviação a tratar com humanidade os passageiros?)
9. Poder de mercado e influência política são meios aceitáveis de se contrapor a uma ruptura tecnológica ou de se eliminar um concorrente não convencional.
10. A "marca" da empresa é uma trama de marketing, construída com dólares de propaganda (em vez de ser um retrato produzido com elementos sociais de seus *verdadeiros* valores).

Talvez esses conceitos fossem menos problemáticos 58 anos atrás, quando Charles Wilson, então chairman da General Motors, proclamou que "o que é bom para a General Motors é bom para a América". Mas, hoje, essas crenças são dissonantes e perigosas. Não é bom fingir que as percepções não mudaram e que os críticos do capitalismo estão desnorteados. Constata-se um consenso crescente de que o consumismo desenfreado avilta os valores humanos, que o crescimento desmedido ameaça o planeta; que o poder empresarial irrestrito subverte a democracia; e que os CEOs míopes, movidos a opções sobre ações, tendem mais a destruir que a criar valor. Evidentemente, como consumidores e cidadãos, precisamos reconhecer que as empresas não podem resolver todos os males sociais nem produzir todos os benefícios sociais. Também devemos encarar nossa própria esquizofrenia. Não há como esperar que as empresas se comportem com responsabilidade se deixarmos de lado nossos princípios para ganhar alguns tostões.

Quanto aos executivos: Se você achar que seu setor de atividade ainda é pouco regulado, continue fazendo o que está fazendo. Se, por outro lado, você já enfrenta sua cota de políticos farisaicos e de burocratas enxeridos, é bom encarar um fato simples: nos anos vindouros, as empresas serão capazes de preservar a própria liberdade apenas se adotarem uma nova visão, mais esclarecida, de suas responsabilidades. O presidente executivo da Google, Eric Schmidt, é um dentre muitos executivos que parecem dar-se conta dessa realidade.

Em 2010, a Google constituiu uma nova unidade de inovação social descrita como um think/do thank (centro de estudos e de ação). Localizado no núcleo social da empresa, não em sua fundação filantrópica, a Google Ideas tem como objetivo explorar a capacidade de inovação da empresa e acumular poder para lidar com alguns dos problemas mais prementes da sociedade – como não proliferação nuclear e estados em dificuldade. Uma das primeiras iniciativas lançadas pela Google Ideas foi a Conferência de Cúpula Contra o Extremismo Violento (Summit Against Violent Extremism – SAVE), realizada no Centro de Convenções de Dublin, em junho de 2011. O evento reuniu uma amostra representativa de ex-jihadistas, de defensores da supremacia branca e de líderes de gangues, assim como algumas de suas vítimas e numerosos acadêmicos. Por exemplo, um dos participantes, T. J. Leyden, era um ex-líder de skinheads e hoje é diretor executivo da Hate2Hope. A Google espera que fóruns como esse ajudem a inspirar novas abordagens radicais para a solução de problemas aparentemente intratáveis. Embora ainda seja muito cedo para se avaliar o sucesso do programa, vale observar os princípios em que parece basear-se a iniciativa da Google:

1. No longo prazo, os interesses dos acionistas e da sociedade em geral são convergentes. "Melhorar" o planeta atende aos interesses das empresas e "melhorar" as empresas atende aos interesses de todos os seres humanos.
2. Nunca se pode considerar inquestionável a legitimidade social da empresa – ela pode e será questionada, realidade com que se deve conviver.
3. Os cidadãos e os consumidores esperam que as empresas atuem não só com responsabilidade social, mas também como empreendedoras sociais.
4. Os problemas sistêmicos não podem ser resolvidos por uma única instituição nem por pessoas sentadas em torno de uma mesa de reuniões. As empresas dispõem de recursos singulares para mobilizar as partes relevantes e partir para a ação. Elas precisam atuar como parceiros vigorosos das instituições públicas e de Organizações não Governamentais.
5. "Não seja mau" (Don't be evil) é o padrão mínimo. Hoje, as empresas precisam adotar uma estratégia proativa para reforçar seu balanço patrimonial social. Aqui, como em tudo o mais, a única opção é *liderar*!

Visite o site de praticamente qualquer empresa e você descobrirá muitas platitudes sobre "ser responsável" e uma longa lista de "iniciativas responsáveis". Talvez ocorra o mesmo com a Google Ideas; talvez tudo seja mais embuste de relações públicas que proposta de mudanças paradigmáticas. Seja como for, em muitas empresas as velhas presunções ainda predominam. O que importa agora é mudar essa situação.

RETOMANDO AS VIRTUDES TRADICIONAIS 1.5

Sou um grande fã dos cartuns da revista *New Yorker*. Pelo menos um em cada edição provoca um sorriso ou um gesto de autorreconhecimento quase imperceptível. Embora eu nunca tenha participado das competições semanais de legendas, às vezes imagino algumas possibilidades. Semana passada, o concurso apresentava o desenho de um casal refestelado na sala. O marido (talvez?) estava lendo um jornal no sofá enquanto a mulher se recostava numa poltrona próxima. Ela era uma sereia – nua da cintura para cima, com a longa cauda languidamente se estendendo pelo chão. Com a cabeça inclinada em direção ao companheiro e a boca semiaberta, como no meio de uma frase, imaginei-a dizendo: "Depois de 10 anos, acho que você poderia aprender a mergulhar com escafandro." Ou "Passear nos Alpes de novo? Pensei que passaríamos as férias na praia este ano."

Um de meus cartuns favoritos da *New Yorker* mostra um funcionário de escritório encostado na parede, meio derreado, apertando o peito, como que sentindo dor. Quando os colegas assustados correm para ajudar, ele murmura: "Não se preocupem! Foi só um acesso repentino de senso de propósito."

Esses retratos sardônicos da condição humana repercutem nas pessoas por refletirem algo profundo e verdadeiro. A sereia fora d'água fala dos desafios de adaptação mútua com que se defronta qualquer casal num relacionamento duradouro, enquanto o ardor momentâneo (e implausível) do empregado nos lembra que o ambiente de escritório típico das empresas é um vácuo emocional. Não posso oferecer-lhe nenhum conselho se você estiver tentando ajustar-se com seu consorte, mas tenho algumas observações sobre a falta de propósito na maior parte dos cubículos das organizações de negócios.

Em capítulo posterior, veremos com mais profundidade alguns dados de pesquisa sobre o envolvimento dos empregados. Por enquanto, basta observar que uma pesquisa global recente descobriu que apenas um em cada cinco empregados está de fato engajado, de corpo e alma, no próprio trabalho. Como estudioso da administração, sinto-me triste pelo fato de tantas pessoas considerarem deprimente o local de trabalho.

No estudo, os respondentes atribuíram boa parte da culpa por essa lassidão a gestores introspectivos e egocêntricos, mas eu me pergunto se alguma realidade organizacional mais profunda não está exaurindo a vitalidade e o entusiasmo das pessoas no trabalho.

Proponho aqui uma experiência. Reúna o último relatório anual de sua empresa, a declaração de missão ou a transcrição de um discurso recente do CEO. Leia esses documentos e prepare uma lista de palavras ou frases repetidas com frequência. Agora, faça alguma análise do conteúdo. Quais são as ideias que ocupam mais tempo em sua organização? Provavelmente são aspectos como superioridade, vantagem, liderança, diferenciação, valor, foco, disciplina, responsabilidade, prestação de contas e eficiência. Nada de errado nisso, mas será que esses objetivos de fato aceleram sua pulsação? Será que falam a seu coração? Será que são "bons" em algum sentido cósmico?

Agora pense em Michelangelo, Galileu, Gandhi, William Wilberforce, Martin Luther King Jr., Madre Teresa de Calcutá e Sir Edmund Hillary. Quais foram os ideais que inspiraram essas pessoas a praticar tamanhos atos de grandeza? Será que foi alguma coisa que integra sua lista de valores comerciais? Provavelmente não. Em geral, as contribuições notáveis se propagam pelo compromisso passional com os valores humanos eternos, como beleza, verdade, justiça, caridade, fidelidade, alegria, coragem e honra. Converso com muitos CEOs e todos professam o compromisso com o desenvolvimento de uma organização de "alto desempenho" – mas será que isso é possível, se os valores centrais da empresa foram venais, em vez de transcendentais? Acho que não. E essa é a razão pela qual a humanização da linguagem e da prática da administração é um imperativo empresarial (e também ético).

Os propósitos nobres inspiram sacrifício, estimulam a inovação e encorajam a perseverança. Assim atuando, eles transformam grandes talentos em realizações excepcionais. Isso é um fato – e, portanto, fico pensando: Por que será que palavras como "amor", "devoção" e "honra" raramente são ouvidas entre as paredes dos reinos empresariais? Por que será que os ideais mais importantes para os seres humanos são exatamente aqueles mais ostensivamente ausentes do discurso gerencial?

John Mackey, cofundador da Whole Foods Markets, já observou que seu objetivo era construir uma empresa baseada no amor, e não no medo. Mackey não é um idealista utópico, e suas visões libertárias destemidas são desconcertantes e repulsivas para alguns interlocutores. No entanto, pouca gente questionaria o objetivo de criar uma organização que incorpore os valores de confiança, generosidade e tolerância. Contudo, o compromisso profundo com a construção de uma empresa imbuída do espírito de caridade é muito mais radical e excêntrico do que pode parecer.

Para quem duvidar dessa afirmação, eis outra proposta de experiência. Na próxima vez em que você estiver enfastiado numa reunião interna de sua organização, espere até que todos os presentes já estejam com aquele olhar esgazeado típico dos participantes de apresentações em PowerPoint e, então, declare que sua empresa, na verdade, precisa é de muito mais *amoooooor*. Ao me dirigir a um grupo mais amplo de gestores, quase sempre os desafio a pregar o amor (ou a beleza, ou a justiça, ou a verdade) exatamente dessa maneira. "Ao voltarem para o trabalho, digam a seu chefe que, em sua opinião, a empresa sofre de déficit de amor." Essa sugestão sempre provoca um espasmo de risadas nervosas, o que sempre me pareceu estranho.

Por que será que, como gestores, sempre estamos perfeitamente dispostos a aceitar a ideia de uma empresa dedicada a valores humanos eternos, mas, em geral, relutamos em nos tornar, na prática, proponentes desses ideais em nossas organizações? Tenho um palpite. Acho que a vida empresarial é tão flagrantemente profana – tão mecânica, mundana e materialista – que qualquer tentativa de injetar um mínimo de espiritualidade parece de todo inoportuna, inconveniente e imprópria – seria como ler a Bíblia num bordel.

Mais uma vez, não há nada de errado com os valores utilitários, como lucro, vantagem e eficiência, mas eles carecem de nobreza. E, como vimos tantas vezes nos últimos anos, quando os líderes empresariais e seus seguidores não são escravos de algum propósito social meritório, correm o risco de ser agrilhoados pelos próprios apetites ignóbeis. O senso de propósito edificante é mais que um impulso para as realizações individuais; é como uma apólice de seguro indispensável contra o oportunismo e a impropriedade. Por definição, todas as organizações são "movidas a valores". A única questão é quais são os verdadeiros condutores.

Houve época em que o negócio da Disney era oferecer alegria. Animadores, empregados de parques temáticos e executivos se uniam no propósito de criar experiências encantadoras para crianças de todas as idades. Acho que o negócio da Apple é produzir beleza. A empresa usa seus talentos prodigiosos para oferecer produtos e serviços que se destacam pela estética. Muita gente na Google acredita que a empresa opera no setor de sabedoria, e que sua tarefa é aumentar o QI do mundo, democratizar o conhecimento e tornar as pessoas mais capazes por meio da informação. No entanto, esse tipo de dedicação a objetivos empolgantes e a ideais fascinantes é muito raro no mundo dos negócios. Acredito que o sucesso duradouro, tanto pessoal quanto empresarial, deriva da lealdade ao sublime e ao majestoso.

Viktor Frankl, neurologista e psicólogo austríaco, sustenta opinião semelhante, veementemente expressa em *Man's Search for Meaning*: "O sucesso, como a felicidade, não é algo que se busque, mas que se segue; é coisa que só se alcança como consequência não premeditada da dedicação pessoal a uma causa maior que a própria pessoa."

O que me reconduz à minha preocupação. Considerando tudo isso, por que será que a linguagem dos negócios é tão estéril, tão insossa, tão irremediavelmente banal? Será que é porque os negócios são coisa de engenheiros e de economistas, não de artistas nem de teólogos? Será porque a ênfase na racionalidade e no pragmatismo sufoca o idealismo? Não sei ao certo. Mas sei o seguinte: clientes, investidores, pagadores de impostos e formuladores de políticas acreditam que falta alguma coisa na alma das empresas, e a única maneira de os gestores mudarem essa realidade e reconquistar elevado patamar moral é abraçar o que Sócrates denominou o bom, o justo e o belo.

SEÇÃO 2

O que importa agora é a inovação

DEFENDENDO A INOVAÇÃO

2.1

Não admira que se manter nas trincheiras seja a nova normalidade. Milhares de empresas em todo o mundo estão enfrentando economias estagnadas, concorrentes hipereficientes e clientes muquiranas. Quando você tem a impressão de estar emaranhado num círculo vicioso infindável de retraimento, não é fácil ser otimista – mesmo quando acredita que o mundo oferece mais promessas que perigos. Se você for campeão da inovação, é ainda mais difícil exibir uma fisionomia feliz. Se você for um vice-presidente de nível médio, é provável que um de seus projetos de estimação já tenha sido rejeitado por um contador ou burocrata qualquer, há pouco investido de novos poderes para reduzir despesas e investimentos. Se você for um empreendedor em apuros, é possível que já tenha sido obrigado a demitir metade de seu pessoal e a cortar os gastos até o osso. E, se for um consultor que ajuda os outros a inovar, é possível que esteja a apenas mais um "congelamento de despesas" para se postar em uma esquina movimentada, com um cartaz manuscrito, no qual se lê: "Faço brainstorms em troca de comida."

Nos anos recentes, os caras que raciocinam mais com o lado esquerdo do cérebro, primando pela lógica convencional e pelo raciocínio linear, estão com a faca e o queijo nas mãos, enquanto os inovadores nefelibatas mal conseguem ser ouvidos. No entanto, antes que a inovação desça ainda mais na lista de prioridades das empresas, precisamos lembrar-nos de que devemos *tudo* a ela.

DEVEMOS NOSSA EXISTÊNCIA À INOVAÇÃO

Nossa espécie sobrevive graças a bilhões de anos de inovação genética. Desde tempos imemoriais, a vida experimenta novas combinações genéticas, em consequência da miscigenação contínua e da mutação aleatória. Como seres humanos, somos a elite genética, a soma senciente e consciente, contemplativa e inovadora de inúmeros acidentes genéticos e de incontáveis erros de transcrição. Ainda bem que às vezes ocorrem imprevistos e desvios. Se a vida tivesse aderido às regras do Seis Sigma, ainda seríamos uma geleia viscosa. Não importa o que o futuro reserve para nós, bípedes racionais, podemos ter a certeza de que acidentes felizes sempre serão essenciais para a inovação revolucionária.

DEVEMOS NOSSA PROSPERIDADE À INOVAÇÃO

A maioria das pessoas vai além da subsistência. Em comparação com a de nossos ancestrais, a vida hoje é muito mais fácil, graças, mais uma vez, à tecnologia. Mil anos de *inovação social* proporcionaram a milhões de pessoas o direito à autodeterminação. Não mais somos vassalos nem súditos, mas cidadãos. Vivemos em sociedades democráticas, nas quais temos liberdade de pensamento e ação – pré-requisitos essenciais para a inovação. Surtos reiterados de *inovação institucional* – inclusive a invenção dos mercados de capitais, da sociedade anônima e da propriedade intelectual – pavimentaram o caminho para o progresso econômico, facilitando o comércio, a formação de capital e o empreendedorismo. E mais de 100 anos de *inovação tecnológica* frenética nos abençoaram com a mobilidade pessoal, com a comunicação instantânea, com um arsenal de medicamentos poderosos e com um poder de computação inédito. À medida que as tecnologias se multiplicavam e se aprimoravam, também os níveis de renda disparavam. Entre os anos 1000 e 1820, a renda *per capita* global aumentou em não mais que 50%. Nas últimas 12 décadas, o aumento foi superior a 800%.[1] Em termos simples, a inovação salvou a humanidade da privação.

DEVEMOS NOSSA FELICIDADE À INOVAÇÃO

Os seres humanos são os únicos que criam pelo simples prazer de criar. Não importa qual seja a atividade específica – construção de um novo jardim, composição de uma música, produção de poesias, manipulação de fotos digitais, decoração de um ambiente ou invenção de nova receita gastronômica –, a criação é fonte de felicidade. Sim, inovamos para resolver problemas, para ganhar dinheiro e para avançar. Mas, para a maioria das pessoas, a inovação é um fim em si mesmo, não um meio para algo. Não precisamos de justificativas práticas para inovar. Criamos porque nascemos como criadores – e não temos escolha. De Mihaly Csikszentmihalyi[2] a Tal Ben-Shahar,[3] os especialistas concordam: os seres humanos são mais felizes quando exercem sua engenhosidade. Em toda a história, milhões de seres humanos não tiveram oportunidade para aplicar seus dons criativos – porque as ferramentas da criatividade eram proibitivamente dispendiosas ou porque viviam geograficamente isolados de outros inovadores. Nossa geração, em contraste, é privilegiada. Temos acesso a ferramentas incrivelmente baratas (como programas de edição de vídeo a US$100), podemos conectar-nos com companheiros criativos em todo o mundo e temos condições de compartilhar nossas inovações com toda e qualquer pessoa (graças à Internet). Esqueça o Renascimento, o Iluminismo e a Revolução Industrial – a verdadeira Era de Ouro da inovação é o presente, e devemos curtir esse fato.

DEVEMOS NOSSO FUTURO À INOVAÇÃO

Hoje, os seres humanos se defrontam com um aparato assustador de problemas que exigem novas soluções. Mudança climática, pandemias globais, Estados falidos, narcocriminalidade, terrorismo, proliferação nuclear e degradação ambiental – o enfrentamento desses desafios demandará *sistemas* de inovação totalmente novos. (A ideia por trás da Google Ideas.) Precisamos aprender a resolver problemas multidimensionais e multijurisdicionais. Nos primeiros anos do século XX, Thomas Edison e a General Electric inventaram o moderno laboratório de P&D e, com ele, um conjunto de protocolos a toda hora imitados, que muito contribuiriam para um século de progresso tecnológico. Hoje, os problemas mais prementes não são meramente tecnológicos; são sociais, culturais e políticos – além de globais no escopo. É por isso que, como Edison, precisamos reinventar a inovação. Necessitamos de novas metainovações (como mercados de ideias, crowdsourcing e folksonomia) que facilitarão a inovação entre disciplinas, fronteiras, instituições e ideologias. Essa é a única maneira de resolver os desafios de vida ou morte com que hoje se defronta nossa espécie. Nosso futuro, não menos que nosso passado, depende de inovação.

Portanto, não desista. A inovação não é moda – é a verdadeira solução, a única solução. Hoje, nem todo mundo acredita nisso, mas acreditarão – mesmo todos os cortadores de custos com atrofia no lado direito do cérebro

CATALOGANDO OS MAIORES INOVADORES DO MUNDO

2.2

Se você tivesse de preparar uma lista das empresas mais inovadoras do mundo, quais seriam suas 10 primeiras? Ninguém se surpreenderia se você escolhesse Google, Apple ou Amazon, mas e se você optasse por Wal-Mart (O quê? Será que descobriram uma nova maneira de esmagar os pequenos varejistas?) ou PG&E (Uma concessionária de serviços públicos? Fala sério!). Ou que tal a chinesa Huawei, fabricante de equipamentos de processamento de dados? (Nem pensar!) Embora algumas dessas empresas talvez não tivessem entrado nas *10 primeiras* de sua lista, todas se destacaram em classificação recente de astros da inovação da revista *Fast* Company.[1]

As 10 primeiras da *Fast Company*:

1. Facebook
2. Amazon
3. Apple
4. Google
5. Huawei
6. First Solar
7. PG&E
8. Novartis
9. Wal-Mart
10. Hewlett Packard

Como seria de se esperar, a *BusinessWeek* também tem sua própria lista[2] de destaques da inovação:

1. Apple
2. Google
3. Microsoft
4. IBM
5. Toyota
6. Amazon
7. LG Electronics
8. BYD
9. General Electric
10. Sony

Apple, Google e Amazon são as únicas empresas que aparecem entre as 10 primeiras de ambas as listas. Três das escolhas da *BusinessWeek* (Toyota, LG Electronics e Sony) nem entram entre as *25 primeiras* da *Fast Company*, e a Facebook, número 1 da lista da *Fast Company*, situa-se apenas na 48ª posição da *BusinessWeek* (ou seja, cinco posições atrás da Fiat, acredite se quiser). No sentido oposto, três das 10 primeiras da *Fast Company* – Huawei, First Solar e Novartis – não aparecem entre as 50 primeiras da *BusinessWeek*.

Como entender essa discrepância? Será que a definição de inovação é tão obscura que até os editores de revistas de negócios não chegam a um acordo quanto às empresas verdadeiramente inspiradas? À primeira vista, sim.

Mas há uma razão para esse desencontro. A tentativa de classificar as empresas mais criativas do planeta é um pouco como tentar enumerar os melhores atletas do mundo. Como é possível comparar a alta carga de energia física de Sidney Crosby, jogador de hockey, com a velocidade explosiva de Usain Bolt, corredor olímpico de curta distância, com a força e o equilíbrio de Yang Wei, ginasta campeão mundial, com o extraordinário condicionamento de Petter Northug, ganhador dos 50 quilômetros da prova de esqui dos Jogos Olímpicos de Inverno de 2010? Resposta: não é possível – mas isso não impede as tentativas dos maníacos por listas. Uns dois anos atrás, um grupo de cinco pessoas, selecionadas pelo *Wall Street Journal*, nomeou Roman Sebrle atleta de maior destaque no mundo.[3] (Sim, Roman Serble.) Embora sempre divertidos, esses tipos de listas em geral provocam mais controvérsias que concordâncias.

O mesmo acontece com as classificações de empresas mais bem-dotadas em inovação. Elas não são muito úteis para alguém que realmente esteja tentando aprender algo sobre inovação – pois não distinguem entre os seguintes cinco tipos de inovadores.

FOGUETES

Primeiro, há os foguetes, jovens empresas que foram impulsionadas por novos modelos de negócios excêntricos. Exemplos recentes (da lista ampliada da Fast

Company) incluem a Gilt Group, varejista de luxo on-line; Hulu, que fornece programas de televisão via Internet; e Spotify, serviço de streaming de música. Como outras novatas, a maioria dessas empresas em crescimento acelerado ainda está refinando sua estratégia inicial. Nenhuma dessas emergentes já enfrentou o desafio de reinventar o próprio modelo de negócio – teste em que, como sugere a história, muitas fracassarão. Como as crianças-prodígio do cinema, cuja fama esmaece com o passar dos anos, muitas empresas que já foram inovadoras se tornam menos criativas à medida que amadurecem.

O fato é que deparar com um modelo de negócio inovador é, em geral, uma questão de serendipidade. Apesar disso, o empreendedor bem-sucedido por mero acaso não raro acaba sendo venerado como eterno profeta visionário. Em consequência, a empresa adolescente se torna dependente demais da visão de uma ou duas pessoas afortunadas e nunca desenvolve a capacidade ampla de promover a inovação contínua do modelo de negócio em curso. Quando a visão do empreendedor se desvanece, o ritmo da inovação desacelera e a empresa despenca na lista das inovadoras.

Em 2006, Starbucks, Southwest, IKEA e eBay se incluíam entre as 25 primeiras da *BusinessWeek*. No entanto, quatro anos depois, nenhuma dessas empresas se destacava em posições tão altas. Como pimpolhos, eram revolucionárias em suas áreas de atuação, mas, ao amadurecerem, ficaram para trás na vanguarda da inovação (embora todas ainda sejam empresas bem dirigidas).

Para você ter uma ideia de como é difícil *manter-se* inovadora, considere o seguinte: dois terços das empresas da lista das 50 primeiras de 2009 da *Fast Company* não entraram na edição de 2010. Quando se trata de inovação, poucas empresas continuam no pódio das vencedoras durante muito tempo.

No entanto, vale a pena prestar atenção nas principiantes. Embora não tenham muito a ensinar sobre como construir de maneira sistemática empresas inovadoras, suas estratégias de mudança de jogo não raro esclarecem novas categorias importantes de inovação de modelos de negócios. Por exemplo, embora a inovação na Starbucks talvez tenha esfriado, passando de quente a morna, ainda há muito a aprender com o sucesso da empresa em converter um produto de baixo valor em experiência de alto valor

LAUREADAS

Em seguida, vêm as *laureadas*. Essas empresas inovam ano após ano. Embora em áreas tecnológicas mais estreitas, elas gastam bilhões com pesquisa e desenvolvimento e empregam milhares de cientistas brilhantes. Esses paradigmas perenes são, entre outras, General Electronics, Intel, LG Electronics, Samsung, Novartis, Microsoft e Cisco.

As laureadas aparecem com regularidade nas listas das "mais inovadoras" e também dominam as classificações das empresas com mais registros de patentes, credencial inequívoca não só de sua inventividade fecunda, mas também das barreiras de entrada com que se defrontam as recém-chegadas, no desenvolvimento de organizações de pesquisa de classe mundial. A IBM, por exemplo, se situa no topo das detentoras de patentes há 18 anos consecutivos.[4]

Avanços fundamentais em física, bioquímica e ciências da computação não são assim tão comuns – para tanto, precisa-se de dezenas de PhDs, de muita paciência e de dinheiro em profusão. É mais fácil inventar um novo modelo de varejo on-line, por exemplo, que dominar a complexidade da fabricação em escala atômica – razão pela qual Intel, Samsung e Toshiba juntaram forças para produzir chips de 10 nanômetros.

Por mais inventivas que sejam, as laureadas são um pouco unidimensionais – excelentes em ampliar as fronteiras da ciência, nem sempre se destacam na inovação em outras áreas. A Intel, por exemplo, enfrentou dificuldades em avançar para mercados adjacentes. Embora seus chips sejam dominantes em servidores e PCs, a empresa, até agora, não conseguiu cravar um ponto de apoio em smartphones e tablets, não obstante as reiteradas tentativas nos últimos anos.[5] Ocorre que as habilidades necessárias para projetar processadores ultrapoderosos não são as únicas necessárias para desenvolver chips menos potentes para dispositivos de alta mobilidade.

Veja o caso da Samsung. Embora tenha recebido 4.551 registros de patentes nos Estados Unidos, em 2010[6] essa empresa não é a marca mais importante de aparelhos de televisão de LCD no país. Essa honra pertence à Vizio – empresa fundada em 2002, com menos de 200 empregados e mais de US$2,5 bilhões em vendas. Ao contrário de seus concorrentes, centrados em pesquisa e desenvolvimento e praticantes da integração vertical, a Vizio compra telas planas de fornecedores asiáticos independentes. Seguindo o manual da Dell, a Vizio "desverticalizou" seu nicho no setor de produtos eletrônicos de consumo. Por vezes, um modelo de negócio brilhante pode tripudiar sobre um orçamento de pesquisa multibilionário.

Entretanto, quem quiser aprender alguma coisa sobre a maximização da produtividade de P&D ou sobre a gestão de um portfólio de patentes decerto terá muito a aprender com as laureadas.

ARTISTAS

As artistas são uma terceira categoria muito menor de empresas heroínas da inovação. Essas empresas atuam no negócio de criatividade – inovação é seu principal produto. Entre elas, as mais celebradas são IDEO, BMW DesignWorks e Grey New York (de publicidade) – todas elas se incluem entre as 50 melhores da *Fast Company*.

As artistas estão apinhadas de formadores de preferências, que usam jeans pretos, têm máquinas de café expresso de US$1 mil e produzem vídeos virais (como aqueles em que um bebê faz propaganda de uma corretora on-line). Embora as empresas artistas mereçam todos os prêmios que ganham todos os anos, realmente desfrutam de uma espécie de vantagem implícita. Afinal, tudo sobre elas – a maneira como contratam pessoal, como desenvolvem talentos, como distribuem colaboradores entre os diferentes projetos e organizam os espaços de trabalho – foi projetado para impulsionar saltos laterais de genialidade. Já no caso da *sua empresa*, tudo foi projetado para algo diferente. Assim, as artistas vendem os frutos de suas ideias produzidas com o lado direito do cérebro a clientes que, recorrendo a um eufemismo, sofrem de deficiência hemisférica.

Mas não se iluda: conceber um projeto não convencional, como uma latrina de US$25 para populações rurais pobres, parte do trabalho de Jeff Chapin, da IDEO, sempre será um desafio – porém, muito mais fácil no contexto de uma empresa de projetos vigorosa e vibrante como a IDEO do que num cubículo incolor, que mais parece um ataúde, na profundezas de um colosso obcecado por custos.

A especialização tem suas vantagens. Quando você trabalha para uma artista, não precisa passar a metade do dia defendendo a *ideia* da inovação em si, contra a mentalidade de um chefe crente convicto de que os pinguins também poderiam voar se tentassem um pouco mais.

A maioria das empresas não se dá ao luxo de se concentrar exclusivamente em inovação. Elas precisam inovar enquanto produzem milhões de coisas ou processam milhões de transações. No entanto, temos muito a aprender com as artistas. Mesmo que sua empresa não seja um paraíso para os inovadores, você ainda deve incluir alguns dos princípios de inovação da IDEO[7] no enredo de sua próxima reunião com a equipe:

1. Estimule ideias ousadas
2. Desenvolva as ideias alheias

3. Mantenha-se focado no tópico
4. Uma conversa de cada vez
5. Seja visual
6. Quantifique
7. Adie os julgamentos

CYBORGS

O quarto tipo são as *cyborgs*, como Google, Amazon e Apple, construídas com o propósito de realizar façanhas sobre-humanas em inovação. Você não encontrará DNA da era industrial nessas organizações. As práticas gerenciais dessas empresas se desenvolveram em torno de princípios como liberdade, meritocracia, transparência e experimentação. Elas se pautam por inventividade tão inesgotável e por flexibilidade tão estratégica que parecem ter vindo de outro sistema solar – no qual os diretores financeiros são servos em vez de senhores.

Além de se basearem em modelos de negócios exóticos, as cyborgs estão recheadas de práticas gerenciais alienígenas – como o alcance de controle 60:1, da Google, ou como a obsessão pela "alegria com o uso", da Apple. Como as principiantes, muitas das cyborgs são dirigidas por fundadores carismáticos, mas, ao contrário de outros empreendedores, esses visionários não se tornaram reféns de determinado modelo de negócio. Eles se empenharam em impregnar em suas organizações a capacidade de renovação contínua – no que quase todos foram bem-sucedidos. Nos últimos anos, a Amazon se metamorfoseou, primeiro, de livraria on-line em gigantesca loja na Internet e, depois, em líder na computação em nuvem. A Google disseminou dezenas de novos serviços on-line que complementam seu motor de busca central. E a Apple conquistou uma série de negócios (como música digital e smartphones), muito distantes de suas raízes originais em computadores pessoais.

Ao contrário das laureadas, as cyborgs são inovadoras de todas as maneias possíveis e, ao contrário das principiantes, elas, provavelmente, aparecerão na lista *deste* ano das empresas "mais inovadoras" e, quase certamente, também na do *próximo* ano.

O problema é que, com sua capacidade biônica, as cyborgs podem fazer com que as empresas e os indivíduos comuns se sintam estúpidos. Se você trabalha numa empresa que é apenas humana – uma organização eivada de práticas gerenciais rançosas, que induzem à conformidade –, é bem possível que regurgite se ouvir mais uma daquelas histórias sobre a cultura libertária da Google. Sua organização não foi construída, desde os alicerces, para ser inovadora. Você talvez imagine que seria mais fácil sair com uma supermodelo ou com George Clooney que transformar sua empresa em uma filoneísta obsessiva – e é nisso que você está errado.

INOVADORAS REDIVIVAS

A verdade é que alguns geriatras por aí desvendaram o código da inovação. As inovadoras *redivivas* – empresas como Procter & Gamble, IBM e Ford – são, talvez, as mais notáveis de todas. Durante décadas, esses mamutes foram autoritários, convencionais, hierárquicos e castradores. Várias vezes, essas empresas foram superadas por emergentes menos ortodoxas. Até que um dia se arrependeram de seus pecados e se converteram ao credo da inovação – não ao estilo dos "fiéis" que se persignam duas vezes por ano, nos dias santos, mas nos moldes das verdadeiras experiências de redenção, dos que se ajoelham em contrição, renascidos de dentro para fora. E, imbuídas do espírito da fé, essas empresas reordenam suas prioridades e reavaliam seus hábitos de toda a vida.

Na Ford, Alan Mulally trabalhou sem descanso para desmantelar os silos funcionais e para reacender a paixão por fazer automóveis ótimos. Antes de apear como chairman da Procter & Gamble, em 2010, A. G. Lafley lançou uma grande iniciativa, com o propósito de desobstruir as tubulações de inovação da empresa, acelerando o fluxo de ideias oriundas de todo o mundo. A IBM foi ainda mais ousada na reconstrução de seus processos de inovação. Nos últimos 10 anos, seus métodos para incubar "Novas Oportunidades de Negócios" (Emerging Business Opportunities) e suas sessões de "Improvisos em Inovação" (Innovation Jams) contribuíram para que a empresa, outrora introvertida e sorumbática, gerasse bilhões de dólares em receitas com novos produtos e serviços. (O processo EBO da IBM foi detalhado em meu livro anterior, *O futuro da administração*.)

Se você mergulhar nesses casos, verá que cada um deles destaca o mesmo ponto fundamental: passar de incompetente a paradigma exige uma reformulação completa dos processos *gerenciais* da empresa – a maneira como planeja, elabora, orçamenta, organiza, distribui recursos, avalia o desempenho e contrata, remunera e demite pessoal. Quase todos os rituais administrativos foram inventados, muito tempo atrás, para promover disciplina, controle, coordenação e previsibilidade – todos objetivos louváveis. No entanto, para superar as emergentes em inovação, a empresa deve fazer a reengenharia de todos os processos, para que facilitem tanto o pensamento ousado quanto a execução radical.

O que limita a inovação nas empresas tradicionais não é a falta de recursos ou a escassez de criatividade humana, mas a carência de processos pró-inovação. Por exemplo, na maioria das organizações constata-se que:

- Poucos empregados, se é que há algum, foram treinados como inovadores empresariais.
- Poucos empregados têm acesso aos tipos de insights referentes a clientes e tecnologias capazes de estimular a inovação.
- Os pretensos inovadores enfrentam um corredor polonês burocrático que restringe a disponibilidade de tempo e de recursos necessários para desenvolver suas ideias.
- Os gestores de linha não são incumbidos de mentorizar as novas iniciativas de negócios e não são responsabilizados por objetivos de inovação explícitos.
- Os esquemas de remuneração dos executivos não atribuem alta prioridade à inovação.
- Os critérios para monitoramento da inovação (inputs, processos e outputs) são uma colcha de retalhos mal costurada.
- Não existe definição comum de inovação e, portanto, não se dispõe de meios para comparar o desempenho da inovação entre equipes de projetos ou entre unidades organizacionais.

Estranhamente, nem a *BusinessWeek* nem a *Fast Company* incluem a Whirlpool entre as 50 empresas "mais inovadoras". Para mim, isso é surpreendente, pois não conheço nenhuma outra empresa cuja conversão tenha sido tão completa. Nos últimos 10 anos, essa fabricante de eletrodomésticos, com sede em Benton Harbor, Michigan, reformulou todos os seus processos gerenciais para servir à causa da inovação. Resultado: uma tubulação de inovações cujo valor aumentou de quase zero para mais de US$4 bilhões nos últimos sete anos, de acordo com uma conversa que tive com Nancy Snyder, vice-presidente de inovação da Whirlpool.[8] Se você quiser um guia detalhado de como sua empresa pode passar de retardatária a desbravadora em inovação, dê um olhada no livro recente de Nancy, *Unleashing Innovation*. É, sem dúvida, o melhor manual com que já deparei sobre o assunto. Se uma empresa manufatureira com 100 anos pode transformar a inovação em negócio de todos, o tempo todo, não há razão para que sua empresa não realize a mesma proeza.

INSPIRANDO O DESIGN EXCELENTE

2.3

Em decisão histórica de 1964, a Suprema Corte dos Estados Unidos revogou a condenação por obscenidade de um dono de cinema de Ohio, que havia apresentado o filme francês *Les Amants*. Em seu relatório, o Ministro Potter Stewart concluiu que, embora não fosse capaz de apresentar uma definição exata de pornografia, sabia muito bem quando estava diante de algo do gênero – sabemos que é quando vemos. O mesmo acontece com o design excelente. O problema é que vemos muito pouca coisa que se enquadre nessa categoria.

Eis um exemplo típico. Algumas semanas atrás, viajei 3.000km no assento do avião mais desconfortável do mundo, de Chicago a San Francisco. Embora estivesse na frente da aeronave, a ergonomia do assento era muito parecida com a de um banco de lona de campanha. Uma moldura de metal em forma de U sustentava o que já fora uma almofada, mas que agora não passava de um pedaço de pano afundado. A base do assento se inclinava de trás e para a frente e não oferecia nada que sustentasse as coxas. Durante quatro horas, por mais que me espremesse e me contorcesse, não consegui evitar a sensação de estar sendo comprimido de cima para baixo por um torno nem inibir a percepção de estar sendo cindido de baixo para cima por uma cunha. Por que cargas-d'água, em nome de todas as máquinas voadoras, alguém poderia ter projetado, conscientemente, algo tão desconfortável, como se fosse um instrumento de tortura excruciante? Sem dúvida, um design tão ruim só poderia ser proposital. Talvez Bill Stumpf, criador inspirado da poltrona Aeron, tivesse um irmão gêmeo sádico que extravasava toda a sua sanha no design de assentos de avião.

Antes, no mesmo mês, eu havia participado de um congresso em Milão. Lá, conheci a Tecnogym, empresa italiana fabricante de equipamentos de ginástica. Já estive em muitas academias de ginástica e a maioria dos equipamentos parece ter sido projetada por um mestre de guildas medievais com deficiência visual. Mas esse não é o caso do Kinesis, da Technogym, máquina com multipropósitos, mais ou menos do tamanho de uma mesa de bilhar, que se prende à parede em posição vertical. O Kinesis tem quatro braços brilhantes, que se projetam de cada canto do dispositivo. Cabos se estendem dos braços superiores até os braços inferiores e daí de volta à base. Seis dispositivos de acrílico deslizantes se posicionam em vários pontos dos cabos, possibilitando que os usuários façam mais de 200 movimentos de tonificação. Uma pequena roda sensível ao toque, como um iPod, instalada mais ou menos na altura do peito, serve para ajustar os níveis de resistência. Em sua versão mais elegante, o Kinesis é revestido de vidro, praticamente desaparecendo no ambiente. Projetado por Antonio Citterio, o Kinesis mostra que os italianos conseguem tornar sensuais até mesmo os equipamentos de ginástica.

O contraste radical dessas duas experiências me levou a pensar sobre o poder e a importância do design. Os bons designs suscitam reações quase viscerais, por serem...

Totalmente inesperados. Produtos que primam pela excelência do design são inteligentes e surpreendentes. Você depara com ele e exclama: "Cara, que legal!" Anexo A: pouco depois de seu lançamento nos Estados Unidos, levei comigo um iPhone novo para o Reino Unido, onde ele ainda não havia sido lançado. Durante uma entrevista com um jornalista da *Economist*, saquei meu novo brinquedo, com suas linhas elegantes, e o empurrei para o outro lado da mesa, diante de meu interlocutor. O escriba pegou-o, examinou-o e, depois de um minuto, estava rindo como uma criança de 10 anos. *Isso* é um design excelente.

Surpreendentemente competentes. Um produto bem concebido vai além do que faz. É funcionalmente impecável – como um saco Ziploc, um rádio de mesa da Tivoli Audio, uma escova de dentes Philips Sonicare, uma cafeteira Nespresso ou uma homepage da Google. O design excelente é engenhoso e intuitivo, perfeitamente adequado a seus propósitos e desprovido de qualquer aspecto supérfluo.

Esteticamente primoroso. No cume dos designs excelentes, encontram-se produtos tão sedutores e sensuais que você chega ao ponto de querer abraçá-los e lambê-los: um fulgurante Porsche 911, uma câmera Leica M9, uma poltrona Eames ou qualquer coisa de Loro Piana. O design excelente de verdade é para os olhos o que um sorvete *cioccolato* é para a língua.

Ostensivamente conscienciosos. Para se qualificar como de classe mundial, o design deve ser ostensivamente consciencioso. Seja o Toyota Prius ou o tênis Trash Talk, da Nike (que é feito de retalhos de tecido e de solas recicladas), os consumidores estão exigindo produtos imbuídos de responsabilidade social, que reflitam o senso de cuidado em preservar o meio ambiente e a paixão por fazer a diferença.

Infelizmente, o design ainda é uma consideração secundária na maioria das empresas. Para cada iPhone ou poltrona Aeron, há centenas de exemplos de designs idiotas – como a embalagem invulnerável que envolve quase todos os pequenos produtos eletrônicos; o aviso minúsculo e ilegível que adorna as amenidades de chuveiros e banheiras na maioria dos hotéis; a linguagem tortuosa e convoluta que pretende explicar os termos das apólices de seguro de vida; o menu de seis níveis dos serviços de atendimento ao consumidor de empresas de telefonia, que se recusam a encaminhar sua chamada para alguma forma de vida baseada em carbono; ou o processo totalmente não intuitivo para acertar o relógio digital de seu carro. Não sei onde o cosmo contém provas de design inteligente, mas posso garantir-lhe que centenas de produtos do dia a dia demonstram exatamente o contrário.

Tim Brown gostaria de mudar essa situação. Como CEO da IDEO, empresa de design de fama mundial, Tim acredita que o poder do design excelente ainda é subavaliado e subaproveitado na maioria das organizações – e ele está certo. Historicamente, a maior parte dos gestores vê o design como uma poção mágica, a ser salpicada sobre produtos insípidos para torná-los irresistíveis. O argumento de Tim: ao contrário, o design deve ser encarado como uma disciplina empresarial básica, capaz de conquistar a lealdade irrestrita dos clientes e de engendrar margens de lucro robustas.

Tim argumenta que a "mentalidade do design" deve permear toda a organização e moldar todas as suas interações com as partes interessadas. Considerando seu trabalho, não admira nem um pouco que Tim seja apóstolo do design, mas ele oferece numerosas evidências para sustentar sua tese.

Veja o caso da Apple. Como será que, nos últimos anos, a empresa conseguiu, com habilidade, superar as dificuldades da economia, considerando que há alternativas mais baratas para quase todos os seus produtos? A resposta, evidentemente, é o design excepcional. A Apple impregna tudo o que faz – hardware, software, embalagem, varejo e apoio técnico – com a mentalidade do design. Sempre que se toca em algo da Apple, também se toca em desenho atraente e amigável.

Assim, o que *é* mentalidade do design? Durante uma conversa,[1] Tim esboçou seus três elementos centrais – observação, experimentação e prototipagem.

> **É preciso começar com a observação, pois essa é a única maneira de esclarecer as nuances sutis sobre como as pessoas realmente fazem as coisas, ou não fazem as coisas, e são esses insights profundos que geram novas ideias poderosas. A experimentação intelectual é igualmente fundamental, pois não há outro modo de gerar verdadeiras rupturas se as pessoas não estiverem dispostas a explorar muitas alternativas divergentes. Finalmente, a prototipagem rápida e pouco dispendiosa é a alternativa mais eficaz para impulsionar uma ideia, do conceito à realidade. Ao "construir para pensar", em vez de "pensar no que construir", a organização pode acelerar drasticamente o ritmo da inovação.**

Tim acredita que o bom design é raro não porque exija habilidades esotéricas, mas porque muito poucas pessoas foram treinadas nos princípios básicos do design humanista.

Já não voo muito pela United Airlines, embora meu aeroporto local seja um dos "fortress hubs" da transportadora (Meu Deus, será que isso não diz tudo?). Em vez disso, entrego meu traseiro à Virgin America. Desde seu lançamento, em 2007, a Virgin conquistou quatro vezes consecutivas o título de "America's Best Domestic Airline", de acordo com pesquisa anual da revista *Travel and Leisure*. Os passageiros deparam com evidências de design cuidadoso em todos os lugares: poltronas que realmente os aconchegam, tela sensível ao toque que lhes permite pedir refeições de sua poltrona, salgadinhos saudáveis, iluminação amarelada e discreta, mesa retrátil que facilita o manuseio do iPad, fundo musical suave, inclusive nos banheiros, tomadas de energia em todas as poltronas, wi-fi em todos os voos e comissários de bordo bem-dispostos e divertidos. Num voo recente, um membro espirituoso da tripulação prometeu "fazer todo o possível para restaurar a dignidade perdida dos passageiros, durante a demonstração dos procedimentos de segurança a bordo". Tudo isso, e preços inferiores aos dos concorrentes menos zelosos em relação ao design.

Esse exemplo mostra que o design excelente tem menos a ver com genialidade que com empatia – e é, em geral, o elemento mais tênue que faz a grande diferença para os consumidores. Por exemplo, recentemente, topei com algo estranho em um boxe de chuveiro de hotel: um pequeno triângulo de mármore que fora sido afixado num canto, a cerca de 40 centímetros do chão. Hum, pensei comigo mesmo, baixo demais para ser uma saboneteira, o que será? E, então, o momento do "ah-ah": um lugar onde as mulheres poderiam colocar a ponta do pé para depilar as pernas. Multiplique pequenos gestos como esse por 10 ou por 100, e se tem uma empresa que, sem dúvida, superará os concorrentes. Portanto, eis aqui uma sugestão: se você for um gestor, poste a seguinte pergunta no wiki (site de colaboração coletiva) de ideias de sua empresa: primeiro, quais são nossas pequenas atitudes impensadas que irritam os clientes e o que podemos fazer para mudar essa situação? E, segundo, quais são os pequenos mimos inesperados que podemos oferecer a nossos clientes praticamente sem aumento de custos? Estimule 100 ou 1 mil pessoas a pensar sobre essas questões e você estará a caminho de incutir a mentalidade do design em *sua* organização.

TRANSFORMANDO CALOUROS EM PROFISSIONAIS DA INOVAÇÃO

2.4

Não há esporte no planeta que produza menos adrenalina por unidade de tempo que o golfe. Durante anos, essa constatação elementar me manteve afastado dos clubes de golfe e de seus sofisticados apetrechos. Em comparação com o esqui em pistas íngremes ou com o mergulho em destroços de naufrágios, a ideia de passar boa parte do dia empurrando um pequeno objeto redondo em direção a um buraco cercado de grama, com um dispositivo inadequado para a tarefa, me parecia meio insensata e pusilânime.

No entanto, poucos meses atrás, lá estava eu dando minhas tacadas em dois dos mais deslumbrantes campos de golfe do planeta. Kauri Cliffs e Cape Kidnappers, na Ilha Norte da Nova Zelândia, oferecem panoramas maravilhosos do Pacífico. E, em breve, me juntarei a alguns amigos ingleses para uma orgia de golfe, com uma semana de duração, na Ilha Príncipe Eduardo, no Canadá, onde a violência do meu swing mais uma vez será motivo de diversão e de chacotas. Minha jornada de cético jocoso a adicto inveterado começou 12 anos atrás, enquanto escrevia matéria de capa para a revista *Fortune*, sobre a Internet. No processo, visitei o novo site da então incipiente eBay e, mais ou menos ao acaso, fiz um lance por um conjunto de tacos de golfe. Estava confiante em que minha oferta baixa logo seria superada por muitas outras e nem me dei ao trabalho de conferir o resultado. Poucos dias depois, ao chegar ao escritório, deparei com uma caixa comprida, encostada em um canto. "Merda!", eu disse quando um conjunto de tacos de ferro Callaway se projetou para fora da embalagem. No entanto, poucos dias depois, lá estava eu na área de aquecimento e treinamento (driving range) do campo de golfe da Stanford University, com um ferro nº 7 nas mãos e um balde de bolas perto de meus pés. Minha primeira tacada bateu no chão a pouco mais de 30cm atrás da bola, lançando ao ar apenas torrões de grama com raiz. Outro espasmo hediondo lançou a bola para o lado, provocando olhares perplexos de outros companheiros de infortúnio, que também se arriscavam nas primeiras tacadas. "Cara", pensei comigo mesmo, "isso não é mole!". Até que, 10 ou 20 tentativas depois, ocorreu algo inesperado: com um zumbido prolongado, mais doce que a tomada de ar pelo motor de uma Ferrari, a pequena esfera branca começou a subir. E lá se foi ela, voando em alta velocidade, naquele luminoso céu de outono. E, então, depois de um voo de 140 metros, ela aterrissou suavemente na grama.

Eu lançara a bola mais longe que uma rebatida home run em beisebol! Eu ainda não sabia, mas, naquele primeiro momento de euforia, eu havia inalado uma droga mais poderosa que o crack. Como ocorre com todos os dependentes, o vício me custaria caro. Clubes de golfe, novos tacos a cada 18 meses ou algo em torno disso, treinadores, ajudantes e viagens a paragens exóticas.

O swing do golfe já foi considerado "o mais difícil movimento em esportes" – rótulo que pouco contribui para atenuar o próprio senso de inadequação. Para lançar a bola exatamente na direção almejada, você não pode pensar em absolutamente nada, a não ser no alvo, esvaziando a mente de todo o lixo supérfluo e resistindo até o fim à tentação de *olhar* para o alvo; você também deve manter os braços e as mãos no mais completo relaxamento, porém, ao mesmo tempo, é necessário retesar o dorso até o ponto de ruptura; e ainda precisa acelerar a cabeça do taco, do estado de repouso a mais de 140 quilômetros por hora, em menos de um segundo, sem ceder ao impulso de "bater forte". No entanto, por mais incrível que pareça, um ser humano comum, de meia-idade, sem grandes dons atléticos, é capaz de se tornar um golfista respeitável. E, uma vez ou duas por temporada, esse amador diligente dará uma tacada comparável às dos mais notáveis campeões. Essa conclusão é o ponto focal de todo este introito: embora o velho adágio diga o contrário, cachorros grisalhos realmente *podem* aprender novos truques astuciosos.

Eis por que sou otimista quanto à capacidade de sua empresa de melhorar drasticamente seu desempenho em relação à inovação. Ao longo dos anos, meus colegas e eu demonstramos sucessivamente que, com as ferramentas certas e o treinamento adequado, é possível converter pessoas comuns em inovadores extraordinários.

CEOs progressistas compreendem cada vez mais que a inovação é a corrente sanguínea das empresas, mas não muitos CEOs submeteram os empregados a programas de treinamento intensivos, com o objetivo de reforçar suas habilidades em inovação. Decerto, as empresas dispõem de caixas de sugestões eletrônicas, de verbas orçamentárias para novas ideias, de ferramentas de gestão de inovações e de prêmios para as ideias mais criativas – porém, na falta de um quadro de inovadores bem treinados e altamente qualificados, boa parte dos investimentos nesses capacitadores da inovação nada mais será que um desperdício.

Imagine que você convença um golfista ambicioso, mas desastradamente inexperiente, a tentar a sorte em Pebble Beach. Depois de municiar o novato com os mais modernos tacos de titânio, você o desafia a completar todos os 18 buracos do campo, prometendo-lhe US$100 por todos os drives, ou primeira tacada, que acertarem a bola no green, ou área em torno do buraco, onde a grama é fina, e mais US$100 por todos os buracos embocados abaixo do par, ou média de tacadas, da primeira até a embocadura. Mas você não faz o seguinte: dar treinamento ao seu aprendiz – nenhum livro, nenhuma dica de Dave Pelz ou David Ledbetter e nenhum feedback de vídeo de seus jogos. Você também não estipula nenhum programa de exercícios práticos. Considerando esse cenário, qual você imagina que será o desempenho dele? Quanto tempo essa pessoa perseverará no esporte? E que tipo de retorno você receberá pela compra dos tacos de alta tecnologia e pelas taxas de uso do gramado maravilhoso dos clubes de golfe? Respostas: péssimo; algumas semanas, se tanto; muito baixo, se positivo. E ninguém que tenha alguma experiência em golfe jamais fará algo tão insensato.

É por isso que fico estupefato ao constatar como as empresas investem pouco na capacidade de inovação dos empregados de linha de frente. A explicação menos filantrópica para essa omissão é que os gestores seniores sejam adeptos de uma espécie de *apartheid da inovação*. Eles acreditariam que umas poucas almas privilegiadas são mais bem-aquinhoadas geneticamente para se mostrar criativas, enquanto quase todo o resto são criaturas inferiores, desprovidas de criatividade e de imaginação, incapazes de conceber algo mais excitante que sugestões para melhorias incrementais.

Isso dito, compreendo como um CEO pode chegar a conclusões semelhantes. Todos os dias, os altos executivos são bombardeados com novas ideias, a maioria ainda em estágio muito inicial ou totalmente cruas. Depois de algum tempo, é fácil extrapolar que todas essas propostas estapafúrdias só podem ser oriundas de imbecis, não de pessoas que nunca tiveram a oportunidade de cultivar a capacidade de inovação.

Em geral, essa decepção se acentua ainda mais quando a empresa constitui seu primeiro "mercado de ideias". Os executivos logo descobrem que a maioria das sugestões se enquadra em uma de duas categorias: platitudes incrementais ou excentricidades inviáveis.

Quando tento convencer um CEO a investir em treinamento sistemático para a inovação, geralmente recebo a seguinte reação: "Não sei por que faríamos isso, já temos muitas ideias. Não posso financiar todas elas." "Mas", pergunto ao meu interlocutor, "quantas dessas ideias são radicais *e* práticas, capazes de mudar o jogo, realmente revolucionárias, mas também factíveis e práticas?". "Ah", a maioria dos executivos replica, "de fato não temos muitas ideias desse tipo". E esse é o problema. Embora a inovação seja um jogo de números em que a quantificação importa, a qualidade também é relevante, e, para melhorar a qualidade do estoque de inovações de uma organização, é preciso melhorar a qualidade da mentalidade de sua cultura de inovação.

OS HÁBITOS PERPÉTUOS DOS INOVADORES DE SUCESSO

Obviamente, você não pode ensinar ninguém a ser inovador se não souber de onde vêm as ideias que mudam o jogo. Você precisa de uma *teoria da inovação* – como a de Ben Hogan sobre o swing do golfe.[1] Por isso é que, poucos anos atrás, liderei um projeto que analisou mais de 100 casos de inovação em empresas. Objetivo: compreender por que alguns indivíduos veem oportunidades não detectadas por outras pessoas. Eis, em poucas palavras, o que aprendemos. Os inovadores de sucesso têm maneiras de ver o mundo que acentuam em alto relevo as novas oportunidades. Eles desenvolveram, geralmente por acaso, um conjunto de hábitos perceptivos que lhes permite ver além da neblina de "o que é" e vislumbrar o esboço de "o que poderia ser". Como conseguem isso? Prestando atenção a quatro aspectos que geralmente passam despercebidos.

Ortodoxias não questionadas

Para ser inovador, é preciso questionar as crenças que todos dão por certas – as premissas tradicionais que cegam as incumbentes do setor para novas maneiras de fazer negócios.

Em qualquer setor, os modelos mentais tendem a convergir ao longo do tempo. Os executivos leem as mesmas revistas de negócios, vão às mesmas conferências e conversam com os mesmos consultores. Com o passar do tempo, o pool genético intelectual se transforma em poça estagnada.

O sucesso acelera esse processo. As estratégias eficazes se traduzem em políticas operacionais, que disseminam melhores práticas, as quais, por sua vez, se consolidam em hábitos. Inevitavelmente, as estratégias fossilizadas criam oportunidades para concorrentes menos ortodoxos, dispostos a transgredir as regras setoriais. Uma dessas insurgentes heterodoxas é a Salesforce.com, importante fornecedor de software de gestão de clientes e um dos primeiros defensores do modelo de negócios "software-as-a-service". Tradicionalmente, as empresas clientes compravam o direito ao uso de programas de software e os instalavam em seus próprios servidores, pagando uma taxa anual para upgrades e manutenção. O modelo da Salesforce.com alterou tudo isso. Seu software se baseia na computação em nuvem e os clientes pagam uma taxa mensal pelo uso, modelo de entrega que reduz os custos e aumenta a flexibilidade.

Tipicamente, os inovadores nadam contra a corrente e pensam fora do quadrado ("Que quadrado?"). Com um pouco de prática, todo mundo pode aprender a identificar e a questionar as crenças de há muito estáticas. Aqui estão duas perguntas que despertarão o instinto questionador de sua equipe: primeiro, sob que aspectos nosso modelo de negócio não se diferencia do de nossos concorrentes? Até que ponto nossa proposta de valor, nosso pacote de serviços, nossos preços, nosso apoio aos clientes, nossos canais de distribuição ou nossa cadeia de fornecimento são indiscerníveis? Segundo, quais aspectos de nosso modelo de negócios se mantiveram inalterados nos últimos três a cinco anos? Sempre que você identificar uma crença convergente, pergunte: "Isso decorre de uma lei irrevogável da física ou é artefato de nossa devoção ao precedente? Ao trabalhar de maneira sistemática para trazer à tona esses dogmas invisíveis, você pode converter reacionários em rebeldes.

Tendências menosprezadas

Os inovadores prestam muita atenção às tendências emergentes e às descontinuidades nascentes, com potencial para revigorar velhas empresas e para fecundar novos negócios.

Com base em minha experiência, os inovadores não perdem muito tempo especulando sobre o que *poderiam* mudar; não são grandes planejadores de cenários. Por outro lado, observam com muita acuidade as pequenas coisas que *já* estão mudando, mas que não foram percebidas ou foram subestimadas pelos baluartes setoriais. Os inovadores estão sempre em estado de alerta quanto às inflexões iminentes – na tecnologia, na regulação, nos estilos de vida, nos valores e na geopolítica – passíveis de exploração para reverter as antigas estruturas setoriais. Para tanto, necessita-se menos de bola de cristal que de uma lente grande angular. Você precisa vasculhar quadrantes para os quais seus concorrentes nem mesmo estão olhando. O desenvolvimento de uma estratégia que explore tendências emergentes, mas poderosas, ainda mal percebidas pelos concorrentes, pode oferecer à empresa importante ponto de apoio para um grande salto rumo ao futuro.

Um exemplo: nos últimos 10 anos, tornava-se cada vez mais óbvio que uma grande mudança era inevitável na forma como as pessoas consomem mídias de vídeo. Hoje, na maioria dos países, os aficionados recebem suas programações de vídeo de fornecedores de TV a cabo ou satélite. Essas empresas embalam centenas de canais e cobram aos assinantes enormes taxas mensais pelo pacote total. O problema é que a maioria dos usuários assiste apenas a uma pequena fração dos canais disponíveis, embora pague por todos eles. Logo fica óbvio para algumas empresas – como YouTube, Roku, Vudu, Hulu, Netflix e Apple TV – que o modelo é extremamente ineficiente e clama por mudança. Um indício: na recessão recente, 50% dos consumidores americanos procuraram seus fornecedores na tentativa de reduzir seu custo mensal de subscrição.[2]

Por trás desse mar de mudanças potenciais, encontram-se duas descontinuidades capacitadoras: tubulações de banda larga cada vez mais gordas e tecnologias de entrega de vídeos longos pela Web cada vez melhores. É notável que os distribuidores convencionais de conteúdo de televisão não sejam, em grande parte, os exploradores mais vigorosos dessas tendências. A lassidão desses participantes abriu a porta para um novo bando de concorrentes centrados na Internet. Em um mundo caracterizado por mudanças vertiginosas, as empresas que não exploram a descontinuidade ou que hesitam diante das novas tendências do futuro, com receio de ameaçar o modelo de negócios do passado, terminarão como vítimas, e não como promotores de rupturas.

Nessas condições, como ajudar as pessoas a detectar os presságios de mudança? Empurrando-as para as fronteiras do presente, onde podem ter um contato imediato, em primeira pessoa, com o futuro. Isso talvez signifique levar uma equipe de marketing para o Vale do Silício, convidar um grupo de engenheiros finlandeses para comer peixe em uma discoteca de Tóquio ou convocar alguns adolescentes aficionados por tecnologia para dar algumas aulas práticas de mídias digitais a um grupo de gerentes de marca seniores.

Conforme minha experiência, cinco perguntas podem ajudar uma equipe a mirar em descontinuidades potencialmente importantes. Primeiro, ao refletir sobre cultura, política, tecnologia e assim por diante, o que você leu, viu ou experimentou nos últimos meses que o surpreendeu, que o desconcertou ou que o instigou? Segundo, quais dessas anomalias parecem ter algum impulso por trás delas? Ao observar o mundo no presente ou ao fazer uma breve retrospectiva dos últimos meses, você percebeu ampliação ou aceleração dessas tendências? Elas estão florescendo ou fenecendo? Terceiro, se você "avançar rápido" no filme, como essas descontinuidades se desenrolarão? Quais são as reações em cadeia que podem ser deflagradas? Quais dessas descontinuidades ainda não são tópicos de conversas em seu setor? Será que algumas não foram incluídas na agenda da última convenção de representantes da indústria? E, quinto, como explorar essas descontinuidades de modo a driblar os concorrentes? Ao instigar as pessoas com essas perguntas, de maneira disciplinada, e ao criar oportunidades para que escavem mais fundo, fortalece-se a capacidade delas de pegar a próxima onda de inovação.

Competências e recursos subaproveitados

Todas as empresas são fardos de habilidades e ativos. Tipicamente, esses recursos são componentes do modelo de negócios vigente, herdado do passado, mas, se forem reciclados, podem servir como plataforma para a inovação e para o crescimento.

A inovação é inibida quando a empresa se define pelo que faz, e não pelo que sabe ou tem – quando sua autoconsciência se baseia em produtos e tecnologias, em vez de em competências centrais e em ativos estratégicos. Para inovar, você precisa encarar a organização e o mundo em torno dela como um portfólio de habilidades e de ativos que podem ser recombinados em uma variedade infinita de novos produtos e negócios.

A Disney, numerosas vezes, demonstrou seu talento para remobilizar suas competências de novas maneiras. Entre os exemplos, incluem-se sua divisão teatral de grande sucesso (que produz espetáculos ao vivo como *Rei Leão*) e sua linha de navios de cruzeiro. Um dos empreendimentos recentes da empresa é a Disney English, negócio que emprega staff com treinamento especial para oferecer treinamento em língua inglesa a jovens chineses, com o apoio, evidentemente, de todo um elenco de personagens Disney. Lançada em 2008, a iniciativa agora tem centros de aprendizado em sete cidades chinesas. Andrew Sugarman, gerente-geral da Disney English, acredita que o mercado chinês para educação em inglês crescerá à taxa anual de quase 30% nos próximos anos.[3] Sob a perspectiva de parques temáticos ou de filmes animados, a Disney English talvez pareça um estranho no ninho. Mas quando se parte das competências centrais da Disney (que incluem o recrutamento de jovens dinâmicos e o desenvolvimento de conteúdo para crianças) e quando se consideram alguns de seus ativos estratégicos (como um plantel de personagens adorados de desenhos animados), o negócio de repente faz sentido. Acrescente-se a essas considerações uma descontinuidade poderosa – o crescimento acelerado da classe média chinesa, imbuída da crença comum de que o inglês é habilidade impulsora – e eis que surgem os alicerces de um novo negócio irresistível.

Também aqui algumas perguntas podem ajudar sua equipe a descobrir a riqueza oculta dentro da organização: para começar, você poderia perguntar: Quais são nossas habilidades e ativos (a) relativamente singulares e (b) importantes na criação de valor para o cliente. Segundo, onde mais essas habilidades e ativos agregariam valor? Como poderiam ser usados para mudar o jogo em outros setores? Foi esse tipo de raciocínio que, recentemente, levou a Procter & Gamble a estampar sua marca Tide em uma pequena cadeia de lojas de varejo de lavagem a seco. Embora ainda seja um experimento, esse empreendimento representa uma extensão lógica da marca venerável P&G a um setor altamente fragmentado. A pergunta de como aproveitar os próprios recursos estratégicos também pode ser feita ao contrário: Se empresas altamente admiradas, como Google, Facebook, Amazon, Virgin e outras, quisessem reinventar o setor, como usariam as respectivas competências e ativos, e o que você ganharia ao formar parcerias com elas? As oportunidades de inovação se multiplicarão à medida que as pessoas aprenderem cada vez mais a ver sua empresa e outras sob essa perspectiva.

Necessidades não definidas

As inovadoras contumazes são boas em identificar as inconveniências, os obstáculos e os embaraços que os clientes consideram inevitáveis e que as veteranas do setor em grande parte ignoram.

O objetivo da inovação é surpreender os clientes com algo que nunca imaginaram, mas que, depois de algumas experiências, torna-se indispensável. Para você, o que se enquadra nessa categoria? Minha lista incluiria gravação digital de vídeo (graças à TiVo), reservas on-line em restaurantes (OpenTable), videoconferências internacionais gratuitas (Obrigado, Skype!) e emissoras de rádio personalizadas (Bravo, Pandora!).

Para encantar os clientes com o inesperado, é preciso primeiro descobrir suas necessidades não definidas. Os clientes têm as próprias ortodoxias. Como todos nós, são prisioneiros do familiar. Portanto, perguntar-lhes o que querem raramente leva a novos insights fundamentais. Em vez disso, é preciso observá-los, de perto e com constância, e depois refletir sobre o que se constatou: Onde estamos desperdiçando o tempo dos clientes? Onde estamos fazendo coisas muito complexas? Onde estamos tratando os clientes como números, e não como pessoas? Onde os estamos forçando a resolver problemas que deveríamos resolver para eles?

Minha experiência sugere que duas habilidades são essenciais para escavar necessidades não definidas. Com um pouco de prática, quase todo mundo pode fortalecer essas aptidões. A primeira habilidade é a capacidade de ler o estado emocional dos clientes, à medida que interagem com a empresa e com seus serviços e produtos. A boa notícia é que quase todos somos muito bons em decifrar pistas emocionais. No entanto, precisamos de oportunidades para sair em campo e testemunhar, em primeira mão, essas emoções, antes que sejam filtradas e agregadas por especialistas em pesquisa de mercado. Dependendo do setor, é possível escalar pessoal para observar os clientes enquanto preenchem formulários de seguro on-line, percorrem os labirintos dos shopping centers, lutam para programar o GPS de seus automóveis ou protocolam um relatório em empresas de aviação referente a eventual perda de bagagem em viagens aéreas.

Em geral, uso uma ferramenta simples como fundamento desse tipo de pensamento "empático". Em um eixo, listo os vários estágios da "cadeia de experiência do cliente":

***Descoberta*:** Como o cliente toma conhecimento de nossos produtos e serviços? O que propicia a conscientização e o avanço?

***Aprendizado*:** Como o cliente se familiariza com nossos produtos e com os dos concorrentes? A que recorrem para aprender e comparar?

***Compra*:** Como o cliente transaciona com nossa empresa? Qual é a dinâmica do processo de compra?

***Aquisição*:** Como o cliente recebe nossos produtos ou serviços? Qual é a logística da movimentação de conduzi-lo daqui para lá?

***Uso*:** Como o cliente usa nossos produtos ou serviços na vida cotidiana? O que precisam fazer para tirar proveito de seus benefícios? Quais são os vários componentes da experiência do usuário?

***Conexão*:** Como o cliente interage com o pós-compra de nossa empresa? Quais são as interações que promovem lealdade e afeição ou frustração e desencanto?

E no outro eixo enumero os vários estados emocionais que o cliente pode experimentar em cada elo da cadeia de experiência. Costumo inseri-los numa coluna à esquerda, com os estados positivos em cima e os negativos embaixo.

Estados Emocionais Positivos

Sinto-me:

Valorizado	Confiado
Informado	Respeitado
Envolvido	Confiante
Divertido	Engajado
Capacitado	À vontade

Estados Emocionais Negativos

Sinto-me:

Negligenciado	Suspeito
Mal informado	Menosprezado
Ignorado	Confuso
Enfadado	Solitário
Desamparado	Ansioso

Você pode numerar cada célula e, então, pedir aos empregados para "codificar" os diferentes estados emocionais que constatam ao observar a passagem do cliente pelo elo da cadeia de experiência. Proporcionar aos empregados uma experiência simples, em que possam registrar tanto as emoções que testemunham nos clientes quanto as circunstâncias que as desencadearam, pode ser uma maneira poderosa de trazer à tona necessidades não definidas. Nesse contexto, talvez seja oportuno e proveitoso perguntar ao cliente o que provocou determinado sentimento: "Cara, você parece perplexo! O que aconteceu?" Captar as reações em tempo real pode contribuir com muitas nuances para a compreensão de necessidades insatisfeitas.

Ensinar as pessoas a agirem como antropólogos inquisitivos é apenas o primeiro passo. Também é necessário desenvolver ideias concretas para reengendrar a experiência do cliente, de modo a surpreendê-lo e cativá-lo. Para gerar essas ideias, as pessoas devem ser treinadas na identificação e exploração de analogias em outros setores. Uma pergunta pertinente seria, por exemplo, o que fazem Disneylândia, Singapore Airlines, Fandango ou Lexus, por exemplo, para proporcionar grandes experiências aos clientes e como essas práticas poderiam ser aplicadas ao nosso setor? Inovação nem sempre é invenção; não raro, consiste em tomar emprestadas grandes ideias de outros setores.

Mais uma vez, recomendo um exercício simples que pode ajudar a equipe a afiar essa habilidade. Reúna um grupo de colegas ou de clientes e peça a cada participante para identificar um produto ou serviço que reformulou significativamente suas expectativas – algo que os levou a balbuciar: "Uau! Que espetáculo!". O objetivo aqui, usando a matriz descrita, é identificar uma experiência que tenha provocado um jorro de vibração. Em seguida, pergunte a cada um quais foram os atributos únicos da experiência que a tornaram tão memorável? Como, exatamente, ela superou as expectativas? As respostas podem incluir:

"Foi incrivelmente fácil de usar. Eles me acompanharam em todos os passos." "Foi extremamente divertido. Até parecia um jogo." Ou "Tudo soou tão pessoal! Todos se lembravam do meu nome". Como podemos alavancar essa ideia para redefinir as expectativas dos clientes em nosso próprio setor?

Por exemplo, por que será que uma editora de livros-texto não poderia desenvolver um curso de álgebra on-line tão envolvente quanto o *World of Warcraft*? Por que um supermercado não deveria tratar seus clientes mais lucrativos tão bem quanto uma empresa de aviação em rotas internacionais – talvez caixas exclusivos e alguém para empurrar o carrinho de compras até o carro? Por que os agentes de seguros não poderiam divulgar suas comissões, como os corretores de imóveis ou de ações?

Ao construir uma teoria da inovação, conversei com vários desbravadores. Nem todos se destacavam pela inteligência privilegiada, nem pela inclinação artística, tampouco pela educação não convencional. Mas todos haviam desenvolvido rotinas perceptivas que os ajudavam a ver além do comum – virando de cabeça para baixo os dogmas setoriais, amplificando sinais quase inaudíveis ou invisíveis e se conectando com as emoções dos clientes.

Por meio do treinamento e da prática, você pode ajudar seus colegas a internalizar essas rotinas. Leva algum tempo, mas é absolutamente factível. O excelente desempenho da Whirlpool em inovação nos anos recentes é, em grande parte, consequência do fato de a empresa haver treinado mais de 30 mil de seus empregados para serem inovadores empresariais e de ter certificado mais de mil deles como "faixas pretas" em inovação.

Não há como enfatizar demais esse aspecto: o primeiro passo, e o mais importante, para qualquer organização que pretenda desenvolver a capacidade de inovação contínua, com impacto suficiente para mudar as regras do jogo, é ensinar as pessoas a ver o mundo com novos olhos. Enquanto *sua* empresa não enfrentar esse desafio, estará cheia de calouros da inovação, cujas ideias nem mesmo chegam ao green do primeiro buraco no campo de golfe ou, usando uma metáfora futebolística, sequer atingem a pequena área do gol adversário.

DESCONSTRUINDO A APPLE

2.5

Em 1997, comprei um e-tablet da A. T. Cross, empresa de canetas. Desenvolvido com o apoio da IBM, o CrossPad foi alardeado como produto revolucionário, que inauguraria toda uma nova categoria – blocos de anotações digitais portáteis. Como observador compulsivo e anotador minucioso, a ideia de converter meus rabiscos em arquivos digitais era boa demais para não ser aproveitada.

A verdade é que sou menos usuário pioneiro de novos produtos que vítima fácil da propaganda convincente. Quem sou eu para discutir com "Ozzie" Osborne, chefe da divisão Pen and Speech Business Systems da IBM, quando ele declarou que o CrossPad "redefiniria a forma como os usuários percebem a caneta e o papel"?[1] Então, corri à primeira loja e comprei o CrossPad. Mas, um mês depois, a engenhoca estava dividindo espaço de prateleira com todos os outros produtos "revolucionários" que, de alguma maneira, haviam prometido mudar minha vida, mas não conseguiram.

Com o passar do tempo, tornei-me menos sujeito às visões utópicas dos autoproclamados profetas da tecnologia. Recentemente, por exemplo, consegui sair de uma loja da Sony *sem* uma televisão 3-D. Aprendi, para minha decepção, que muitos projetistas, produtores e usuários de gadgets são mais mascates que oráculos.

Isso dito, talvez você esperasse que eu me sentisse no mínimo um pouco reticente em relação a toda a badalação que se seguiu ao anúncio pela Apple da primeira geração do iPad, em janeiro de 2010 – mas não foi bem assim. Houve quem questionasse a necessidade de um iPhone turbinado, outros lamentaram a falta de um stylus para manipulação da tela e não faltou quem rotulasse o dispositivo de leitor eletrônico extremamente caro. Em contraste, sempre tive dificuldade em apostar contra o orgulho da empresa de Cupertino. Não porque eu seja tiete inveterado, o que é verdade, mas porque a Apple está mais impregnada de inovação, como componente do próprio DNA, que qualquer outra empresa que conheço.

Em retrospectiva, o ceticismo em relação ao iPad hoje se revelou totalmente injustificado. Nos primeiros nove meses, o elegante tablet gerou quase US$10 bilhões de receita – ou seja, 10 com "b". Se o iPad fosse uma empresa, ela teria avançado do estágio de incubação ao status de membro intermediário da *Fortune 500* em menos de um ano! Feito que me parece sem precedentes nos registros da história das empresas.

Na última década, a Apple produziu um desfile admirável de realizações.

- Outrora descartada como nota de rodapé na indústria de computadores pessoais, a Apple hoje é líder do mercado em computadores de preço superior a US$1 mil. Estima-se que a fatia da empresa no segmento mais lucrativo do mercado seja de espantosos 90%.[2]
- Hoje, a Apple é o maior varejista de música do mundo, marco alcançado apenas seis anos atrás, depois do lançamento de sua loja de música on-line em 2003. A décima bilionésima música vendida pelo iTunes foi baixada em 24 de fevereiro de 2010.[3]
- Embora tenha sido retardatária no negócio de telefonia móvel, a Apple hoje ganha mais dinheiro com sua participação de aproximadamente 5% no mercado global de aparelhos manuais que a Nokia, com sua fatia superior a 30%.[4] Para avaliar a magnitude dessa proeza, pense no seguinte. De acordo com o site Asymco.com, na época do lançamento do iPhone, em junho de 2007, a Nokia abocanhava 63% do lucro do setor. Trinta

e seis meses depois, a parcela da Nokia no lucro global mergulhou para 22%, enquanto a do iPhone disparou para 48%.[5]

- A Apple abriu sua primeira loja de varejo em 2001. Na época, muitos analistas desancaram a estratégia. Hoje, contudo, as lojas espaçosas e elegantes da Apple geram quatro vezes mais receita por metro quadrado que seus concorrentes mais rentáveis.[6] Diz-se que sua loja da Quinta Avenida, em Nova York, é o espaço de varejo mais rentável do mundo.[7]
- Desde o lançamento da App Store, em 2008, a Apple se tornou o maior distribuidor de software do mundo. Até agora, os desenvolvedores criaram mais de 425 mil aplicativos para o sistema operacional iOS da Apple, ao que corresponderam os consumidores com a baixa de mais de 10 bilhões de aplicativos.[8]
- No momento em que escrevo esta página, o valor de mercado da Apple é de US$361 bilhões, o que a torna a empresa mais valiosa do mundo. Em comparação, a Hewlett-Packard, empresa com o dobro da receita da Apple, está avaliada em apenas US$54 bilhões.

Tudo isso é mais que extraordinário – é quase inimaginável. Equivale, no âmbito empresarial, a um atleta que bate recordes mundiais em meia dúzia de esportes diferentes. É possível que, um dia, a Apple seja vítima do próprio sucesso (o que ocorre com a maioria das empresas), mas, se isso acontecer, a Apple ainda se destacará como uma das empresas mais notáveis da história. Na verdade, se eu preparasse um lista das empresas mais importantes de todos os tempos, a Apple estaria entre as três melhores – ao lado da Ford, que inventou a fabricação em grande escala, e da General Electric, que tem sido pioneira e paradigma em gestão há mais de um século.

Como uma empresa pode realizar tudo isso? De que maneira se constrói uma organização capaz de reinventar não só um setor de atividade, mas cinco ou seis – como computação, música, varejo, telefonia móvel, software e (pode ser) até mídia e editoria? A maioria das empresas jamais reinventa um único setor; nenhuma outra empresa na história reinventou um punhado de setores.

Há quem diga que é preciso começar com Steve Jobs, o visionário inspirado e descompromissado que dirigiu a Apple de 1976 a 1985 e, depois, de 1997 a 2011. Nesse segundo período de 14 anos, o preço da ação da Apple aumentou 110 vezes. Quando Jobs renunciou ao posto de CEO, em agosto de 2011, apenas dois meses antes de perder a batalha contra o câncer, deixou atrás de si um legado quase sem paralelo na história empresarial. Como ícone dos negócios, ele se destaca no mesmo panteão de Henry Ford, Thomas Edison e, bem, não consigo pensar em nenhum outro. Igualmente óbvio é o fato inconteste de que a grandeza ímpar das conquistas da empresa são frutos de mais que apenas uma única mente fecunda. Mesmo que Jobs jamais tivesse dormido, nunca poderia ter disseminado sozinho todas as ideias engenhosas que transformaram a Apple na empresa mais inovadora do mundo.

Outros observadores talvez creditem à Apple um modelo de negócios sem igual. Peça a um analista setorial ou a um aluno de MBA para desconstruir o desempenho ímpar da Apple, e ele provavelmente destacaria alguns dos elementos diferenciadores da estratégia da empresa. Entre esses fatores, provavelmente se incluiriam:

Redefinição das bases da competição. A Apple se distingue pelo design e pela facilidade de uso. Seus concorrentes, em contraste, parecem determinados a criar produtos tão desajeitados e tão contraintuitivos quanto possível.

Fusão de hardware e software. Enquanto a maioria dos concorrentes da Apple se especializa em hardware *ou* software, a Apple buscou a excelência em ambos. Com a integração estreita de hardware e software, a empresa otimiza o desempenho do sistema para proveito e alívio dos clientes.

Domínio de ampla gama de tecnologias complementares. Com a possível exceção da Samsung, a Apple abarca um conjunto mais amplo de competências tecnológicas que qualquer um de seus concorrentes. Embora se encarregue de parcela pequena da fabricação de seus produtos, o domínio da Apple em projeto de semicondutores, em materiais avançados, em baterias, em gestão da energia, em embalagem de componentes, em desenvolvimento de aplicativos e em desenho industrial confere à empresa vantagem diferencial no lançamento de produtos desbravadores – e no controle do próprio destino.

Aprisionamento de clientes com algemas de veludo. A Apple é extremamente habilidosa em aprisionar clientes e em rechaçar concorrentes – tudo com o objetivo de proporcionar deliciosas experiências de ponta a ponta (e em ganhar carradas de dinheiro). É por isso que o único lugar onde você compra música para seu iPod ou aplicativos para seu iPad é numa loja Apple on-line.

Construção de uma rede gigantesca de desenvolvedores terceirizados. A Apple compreende que a competição não é de dispositivos contra dispositivos, mas de ecossistemas contra ecossistemas. Eis por que a empresa dedica tanta energia ao fomento de uma comunidade global de desenvolvedores apaixonados pelo iPhone e pelo iPad – uma rede que nenhum dos concorrentes consegue igualar.

Expansão das competências centrais da empresa para novos mercados. A autodefinição da Apple não se baseia em determinados produtos ou mercados, mas em um portfólio de competências profundas. Em janeiro de 2010, Jobs descreveu a Apple como a maior "empresa de dispositivos móveis do mundo" (à frente da Nokia, da Samsung e da Sony), não como uma empresa de computadores.[9] Dez anos antes, ninguém teria misturado a Apple com essas empresas – a comparação teria sido com a Microsoft e a Dell.

Por mais lógica que pareça essa análise, é insatisfatória. Ela revela algo sobre o "como", mas nada sobre o "porquê". Por que será que a Apple foi capaz de reescrever as regras do setor reiteradamente? Por que será que ela parece orgulhar-se tanto de desafiar a sabedoria convencional? Por que ela é tão capaz de rotineiramente entregar o excepcional?

Não acredito que sejam determinadas estratégias ou certas pessoas que fazem a Apple tão Apple, mas, sim, a devoção obstinada da empresa a um conjunto de ideais. No universo dos inventores, designers e artistas, esses ideais não são assim tão notáveis, mas, no universo das empresas da *Fortune 500*, são tão raros quanto água em deserto.

Antes de prosseguir, devo deixar claro que minha análise sobre os valores típicos da Apple não é produto de nenhuma pesquisa na empresa. Steve Jobs morava perto de minha casa, mas nunca me chamou para um bate-papo. No entanto, ao se perguntar "Que tipo de valores uma empresa deve venerar para imitar o sucesso da Apple?", as respostas parecem quase intuitivas.

SEJA APAIXONADO

Os grandes sucessos são produtos de grandes paixões; decorrem da busca incansável e inventiva de um ideal nobre. E, para a Apple, essa virtude é beleza. Em vários momentos durante seu discurso de apresentação do iPad, Jobs parou, olhou para o novo dispositivo e disse: "A sensação de segurá-lo é espantosa." Você pode imaginar um dos mais recentes presidentes da HP entusiasmar-se dessa maneira com um dos produtos de sua empresa – orgulhar-se tão jubilosamente de uma obra de arte tecnológica? Para gerar anos consecutivos de desempenho excepcional, a empresa deve primeiro dedicar-se à realização de um ideal excepcional.

LIDERE, NÃO SIGA

Aposto que a maioria do pessoal da Apple detesta ser caudatário. Decerto, vez por outra, copiam uma ideia da Microsoft ou da Amazon, mas o que os tira da cama de manhã é a chance de desbravar novos territórios. Duvido que alguém na Apple já tenha defendido a proposta de que seria melhor para a empresa atuar como seguidora rápida. Embora a Apple nem sempre seja a pioneira de nova categoria de produto – havia tocadores MP3 antes do iPod e smartphones antes do iPhone –, sempre se impõe o desafio de redefinir radicalmente o *status quo*.

ALMEJE SURPREENDER

Como empresa, a Apple parece empenhada em superar as expectativas – em arrancar breves suspiros de encantamento dos clientes mais insensíveis. Eis por que acho que a inclinação da empresa para preservar o clima de mistério antes dos lançamentos de novos produtos é mais que paranoia competitiva: é a maneira de produzir o tipo de ansiedade e deslumbramento que os pais almejam produzir nas manhãs de Natal. A Apple quer enfeitiçar-nos. A essa altura, ouça o que diz Jonathan Ives, chefe de design da empresa: "Quando alguma coisa supera sua capacidade de compreender como funciona, praticamente se torna mágica." Esse foi o desafio que a Apple impôs a si mesma. A propósito, qual foi a última vez em que seu banco fez algo mágico por você, em vez de alguma arte diabólica?

SEJA IRRACIONAL

A grandeza não deriva de concessões nem resulta de opções excludentes que outras empresas aceitam com resignação e complacência; decorre da superação de escolhas restritivas por meio da substituição do ou/ou pelo tanto/quanto. A Apple consegue isso e, não raro, se desafia a conquistar o impossível – como engendrar produtos que são, ao mesmo tempo, fascinantes e funcionais. A Apple demonstra que uma empresa não precisa escolher entre alto valor e baixo custo. Além de ser uma das empresas mais inovadoras do mundo, também é uma das mais eficientes – quando se trata de frugalidade, a Apple não deve nada a paradigmas como Toyota, Wal-Mart ou Dell. Aqui se encontra uma lição importante: nenhuma empresa supera os concorrentes quando se submete às mesmas opções excludentes. As pessoas racionais não provocam ruptura.

INOVE DE MANEIRA INCESSANTE E DIFUSA

Na Apple, a inovação não é estratégia nem departamento; é o estofo básico que integra tudo o que a empresa faz. Desde o delgado MacBook Air, passando pela App Store até a Genius Bar, a inovação é ubíqua. Obviamente, para muita gente na Apple, a inovação – em produtos, serviços e modelos de negócios – é a *única* estratégia para criar valor duradouro. Assim, essas pessoas devem sentir-se aliviadas ao constatar que a inovação é ainda algo secundário para muitos de seus concorrentes.

DESDOBRE-SE NOS DETALHES

Com razão, a Apple é exaltada por seu senso de estética – mas a excelência no design exige mais que apenas rápidas pinceladas; também requer que se cuide dos pequenos detalhes que conspiram em conjunto para tornar um produto verdadeiramente excepcional. No caso da Apple, é o fio elétrico que se prende magneticamente a todo laptop, é a embalagem maravilhosa de todo iPod, é a peça inteiriça de alumínio que confere integridade estrutural a todo MacBook – além de numerosos outros detalhes perceptíveis de imediato. "Ele funciona" – isso é outra coisa que se ouve com frequência dos altos executivos da Apple. A empresa almeja fazer produtos que funcionem intuitivamente, de maneira integrada e confiável – e isso só acontece quando centenas de pessoas se empenham nos detalhes.

PENSE COMO ENGENHEIRO, SINTA COMO ARTISTA

Nenhuma empresa pode fazer produtos maravilhosos se os contadores de feijões ganharem todas as discussões. Esse pensamento me ocorreu poucos anos atrás, quando visitei pela primeira vez a loja da Apple na Quinta Avenida, em Nova York, atração que agora é um dos marcos mais fotografados da cidade – um gigantesco cubo de vidro, com o logotipo da Apple flutuando no meio. Se você ainda não a visitou, procure-a no Google. Agora, pergunte-se se essa é a maneira mais barata de construir a entrada de uma loja? É evidente que não. Você pode imaginar algo tão extravagante passando pela censura de seu diretor financeiro? Nem pensar. Então, como isso aconteceu na Apple? A explicação é que tem muita gente lá cuja cavidade craniana contém um cérebro com os dois hemisférios – o esquerdo e o direito – e que, portanto, compreende que os clientes também são, ao mesmo tempo, lógicos e emotivos. Os executivos da Apple sabem que algo atraente, elegante e inesperado pode provocar reações viscerais nos clientes – reações que não se quantificam com facilidade, mas que, mesmo assim, se convertem rapidamente em dinheiro.

Para ser franco, não sei se a Apple programou tudo de forma consciente. Muita gente lhe dirá que a Apple tem todas as tendências monopolistas dos concorrentes, que seu sucesso se deve mais à intensidade da propaganda que à singularidade dos produtos. E ninguém acusará ninguém entre os altos executivos de humildade franciscana. No entanto, a única coisa inquestionável é que a Apple é uma das empresas mais bem-sucedidas de *todos os tempos*.

Portanto, façamos algumas comparações e cotejos. Se os valores da coluna à esquerda diferenciam a Apple (ou minha versão simplificada e melhorada dela), quais são os valores que caracterizam sua empresa? Aposto que é algo mais próximo do que aparece à direita.

Seja apaixonado	Seja racional
Lidere, não siga	Seja cauteloso
Almeje surpreender	Almeje satisfazer
Seja irracional	Seja prático
Inove de maneira incessante e difusa	Inove quando necessário
Desdobre-se nos detalhes	Acerte quase sempre
Pense como engenheiro e sinta como artista	Pense como engenheiro e sinta como contador

Ao contrário da Apple, a maioria das empresas tem contadores demais e artistas de menos. Elas são dirigidas por executivos que sabem tudo sobre custos e quase nada sobre valor para os clientes. Será que estou exagerando? Se parecer que estou, eis um exemplo recente: poucas semanas atrás, mais uma vez me encontrei a bordo de um avião da United Airlines. (Desculpe, mais uma arenga sobre empresa de aviação.) Como eu havia pago bem mais de US$1 mil por meu bilhete de primeira classe, apenas para um percurso, não pude deixar de inquirir com educação a comissária de bordo sobre a procedência do pior café descafeinado que eu já tomara em minha vida. "Ele vem de um 'sachê de chá'", explicou ela, em tom apologético. "Deixamos de servir café descafeinado feito na hora alguns meses atrás." Não sei quanto a United Airlines economizará com essa decisão, mas essa mesquinharia, essa mentalidade de tostões em relação aos serviços aos clientes, sem dúvida já lhe custou dezenas de milhares de dólares em perda de receita de pelo menos um viajante frequente – *eu*!

Como muitos outros gestores obcecados pelos custos, os contadores de feijões da United Airlines parecem ter esquecido que a produtividade é determinada por dois fatores: a eficiência com que as organizações usam os insumos e o valor que os clientes atribuem a seus produtos. Os executivos, erroneamente, não raro equiparam "valor alto" a "preço baixo". No entanto, "valor alto" sempre deve significar "valor *pelo* preço". Historicamente, o preço dos produtos da Apple tende a ser mais alto que o dos concorrentes, mas os clientes não deixam de comprá-los, porque também recebem, relativamente, mais diversão e mais funcionalidade. Em termos simples, os executivos muito racionais tendem a produzir produtos superenfadonhos.

Conclusão: o sucesso ímpar da Apple resulta de seus valores singulares, que são, acima de tudo, propensão inovadora e concentração nos clientes. Eis por que não acho que nenhuma outra empresa replicará em breve o tipo de corrida da Apple nos últimos 10 anos. Imagine se as paixões da Apple fossem a regra, não a exceção. E se as principais seguradoras, ou editoras, ou bancos, ou linhas aéreas, ou cadeia de hotéis fossem movidas por esses ideais? E se você deparasse com os mesmos ideais ao conversar com alguém da Receita Federal ou ao requerer uma licença para construção? Tudo bem, acho que agora estou devaneando. Porém, não posso deixar de sonhar com um mundo em que a Apple seja muito menos excepcional, pelo fato de seus valores centrais serem agora muito menos excepcionais. A Apple pode ter patenteado muitas coisas, mas decerto não patenteou os valores que a transformaram, pelo menos durante algum tempo, na empresa mais bem-sucedida do mundo. A Apple é a prova positiva de que a inovação agora importa.

SEÇÃO 3

O que importa agora é a adaptabilidade

MUDANDO COMO MUDAMOS 3.1

O que as pessoas dirão de nossa era daqui a mil anos? O que acharão mais notável no ocaso do segundo milênio e na alvorada do terceiro milênio? A invenção da Internet? O fato de os seres humanos haverem decodificado o próprio genoma ou de terem enviado um veículo a Marte? O surgimento de movimentos democráticos em todo o mundo, fortalecidos pela tecnologia digital? A maneira como respondemos, ou não, ao espectro da mudança climática? Tudo isso decerto será digno de menção, mas, acima de tudo, nossos pósteros ficarão impressionados com a aceleração vertiginosa do ritmo da mudança em nossa geração.

Na verdade, a mudança mudou. Estamos cercados por todos os tipos de coisas que estão mudando em ritmo exponencial: o número de telefones móveis no mundo, as emissões de CO_2, a capacidade dos chips de semicondutores, a quantidade de dispositivos conectados à Internet, a variedade de genes que foram sequenciados, o consumo de energia em todo o mundo e a amplitude e a profundidade do conhecimento em si. Como seres humanos, não temos muita experiência com a mudança exponencial. Não admira, por exemplo, que os órgãos reguladores de instituições financeiras e as agências classificadoras do risco de crédito tenham tido dificuldade em controlar o crescimento contagioso dos certificados de recebíveis imobiliários americanos. Em 1998, o valor dos CDSs (credit default swaps) em circulação nos Estados Unidos era relativamente pequeno – US$300 bilhões, mas, nos 10 anos seguintes, esse número disparou para US$62 trilhões, ou seja, cresceu a uma taxa anual composta superior a 70%.

Evidentemente, nada cresce de maneira exponencial para sempre; no entanto, enquanto algumas tendências desaceleram (como a taxa de expansão da telefonia móvel), outras arrancam impetuosamente (por exemplo, o crescimento explosivo das mídias sociais); e, quando essas tendências interagem, disseminam novos fenômenos radicais – como flash mobs (manifestações relâmpago), redes terroristas globais e aplicativos de Web para localidades específicas. Outros séculos foram convulsionados pela fome, pelas pragas e pelas guerras, mas nunca antes tantas coisas mudaram tão rapidamente.

Vivemos em um mundo em que tudo é instável e nada é estável, em que o futuro é cada vez menos extrapolação do passado. A mudança é multifacetada, implacável, sediciosa e, por vezes, chocante. Nesse turbilhão, dinastias políticas avoengas, instituições veneráveis e modelos de negócios centenários estão em constante situação de risco.

Hoje, a pergunta mais importante para as organizações é: Estamos mudando tão rápido quanto o mundo ao nosso redor? A maioria dos CEOs teria de responder "não". Em sucessivos setores, as insurgentes, não as incumbentes, é que estão surfando na onda da mudança – é a Google, não a Microsoft; é a Zynga, não a Electronic Arts; é a Hyundai, não a Chrysler; é a Amazon, não a Barnes and Noble; é a Apple, não a Nokia; é a Air Asia, não a JAL; é a Vizio, não a Sony; e assim por diante. No entanto, até a vanguarda é tão vulnerável à mudança quanto a retaguarda. O sucesso nunca foi mais efêmero.

Reflita por um momento sobre a história recente do negócio de telefonia móvel. A Motorola incubou o setor em 1983, com seu telefone celular DynaTac, em forma de tijolo, e, durante algum tempo, pareceu invencível como principal fabricante de telefones celulares do mundo. Uma década depois, a Nokia surpreendeu a indústria com seu telefone "candy-bar", de fácil fabricação. No fim do século, o design atraente e a expansão tórrida da Nokia conferiram à empresa finlandesa participação de 40% no que já era um enorme mercado de consumo. Em 2002, a empresa canadense Research in Motion lançou seu icônico "Blackberry", transformando um simples telefone em ferramenta de negócios indispensável. Até que, em 2007, a Apple estremeceu a indústria com o iPhone, poderosa plataforma manual de computação. Quatro líderes em quatro décadas – essa é a realidade da competição em um mundo no qual a mudança, mais do que agitar, sacode e abala.

Em negócios baseados na Internet, o impacto pode ser ainda mais repentino. Veja o caso das redes sociais. Em menos de uma década, a liderança passou da Friendster para a MySpace e para o Facebook. Como um potro selvagem buliçoso, a mudança frequentemente lança o peão ao chão.

Considerando tudo isso, a única previsão segura é que, em breve, sua organização será desafiada a mudar com intensidade e escopo sem precedentes. Sua empresa se adapta ou se extingue; reformula suas premissas centrais ou malversa o futuro – e, para ser honesto, a malversação é o resultado mais provável.

Evidentemente, a mudança envolve oportunidades e ameaças, mas a proporção de uma e outra com que se defronta determinada organização depende de sua capacidade de adaptação. E aqui reside o perigo: nossas organizações não foram construídas para ser adaptáveis. Os primeiros desbravadores da administração, 100 anos atrás, se dispuseram a construir empresas disciplinadas, não resilientes. Partiram da premissa de que a eficiência decorre da rotinização do não rotineiro. A adaptabilidade, por outro lado, exige disposição para, vez por outra, abandonar as rotinas – e, na maioria das organizações, poucos são os incentivos valiosos para se agir dessa maneira. Por isso a mudança tende a ocorrer de duas maneiras: a trivial e a traumática. Reveja a história da média das empresas e você descobrirá longos períodos de aprimoramento incremental, pontuados por acessos ocasionais de mudanças frenéticas, impulsionadas por crises esporádicas.

Nas mil maiores empresas globais, como nas ditaduras mal governadas, as mudanças profundas ocorrem de maneira retardatária e convulsiva. Será que isso não lhe parece estranho? Por que seria necessário haver uma "mudança de regime" para se alterar a estratégia? Por que cargas-d'água uma empresa teria de perder o rumo e renunciar a bilhões de dólares em valor de mercado antes de encarar com seriedade a mudança? A virada é um substituto pobre da transformação oportuna. Eis por que precisamos mudar a maneira como mudamos.

Os sistemas autônomos do organismo humano nos oferecem algumas metáforas úteis. Quando você corre numa esteira ou levanta alguns pesos, seu coração começa a bombear mais sangue automaticamente. Quando se posta diante de um grande público para dar uma palestra, suas glândulas suprarrenais aumentam a produção de adrenalina espontaneamente. Quando vislumbra alguém fisicamente atraente, suas pupilas se dilatam em reflexo (É verdade, querida, não consegui evitar!). *Automaticamente, espontaneamente, reflexivamente* – essas não são palavras adequadas para se descrever como nossas organizações mudam, mas deveriam ser. Eis o Santo Graal – mudança sem trauma.

Em um mundo de mudanças espantosas, o que importa não é apenas a vantagem competitiva da empresa em *determinado ponto no tempo*, mas sua vantagem evolutiva, *ao longo do tempo*. Poucos anos atrás, o CEO de uma empresa jovem e vibrante se gabou comigo de que sua empresa estava "crescendo como um foguete". "Você já notou", perguntei-lhe, "que os foguetes seguem uma trajetória parabólica, e que os satélites que lançam no espaço acabam retornando à Terra em pequenos pedaços?"

Nesses termos, como manter uma empresa em órbita? Essa é a questão que exploraremos nos próximos capítulos. Como veremos, a construção de uma empresa realmente adaptável envolve muito trabalho. Exige ampla revisão das aspirações, dos comportamentos e dos sistemas gerenciais. No entanto, não tenho dúvida de que as organizações mais bem-sucedidas de amanhã serão as que superarem o desafio de promover grandes mudanças, sem muitas dores.

As recompensas de se investir na adaptabilidade são muitas. Primeiro, a organização resiliente deve ser capaz de evitar os tipos de grandes choques nos lucros, que podem reduzir à metade seu valor de mercado. Os executivos não raro se queixam de que os investidores reagem excessivamente a pequenas variações nos lucros, mas não estou certo da veracidade dessa afirmação. Nos últimos anos, os investidores viram muitas empresas se autodestruir, por não detectarem uma mudança de paradigma, por subestimarem um novo concorrente ou por pararem de inovar. Quando os lucros de uma empresa não correspondem às expectativas, os investidores devem perguntar-se: Será que essa oscilação foi consequência de alguma falha operacional facilmente corrigível ou deve ser interpretada como sinal de advertência de declínio estrutural na lucratividade no longo prazo do modelo de negócio? Os executivos sempre argumentarão que tudo não passa de um pequeno desvio, mas os investidores aprenderam a ser cautelosos em relação às justificativas verborrágicas. O procedimento mais seguro é vender as ações e depois recomprá-las se a situação ficar mais nítida.

Os investidores gostam da previsibilidade e pagam mais por fluxos de lucro menos voláteis. Embora os lucros de curto prazo possam ser manipulados por truques contábeis, a adaptabilidade é o único fator capaz de proporcionar uma inclinação ascendente suave no longo prazo. Uma empresa adaptável repensa sua estratégia sem precisar percorrer o vale das sombras da morte; ela se reinventa antes de ser assaltada pelo futuro. Em consequência, experimenta pouco retrocesso financeiro, o que justifica um ágio variável no preço das ações. Isso já é razão suficiente para cuidar da adaptabilidade, mas as razões não ficam apenas nisso.

A empresa adaptável capta uma fração mais que proporcional das novas oportunidades. Ela está sempre redefinindo seu negócio central (core business), de modo a desbravar novas trajetórias para o crescimento. Se tivesse sido mais adaptável, a BestBuy poderia ter deparado com a oportunidade de entregar filmes on-line e superar a Netflix com um golpe decisivo; a Coca-Cola poderia ter evitado a entrada da Gatorade no negócio de bebidas para esportistas; e a General Motors, em vez da Toyota, poderia ter desenvolvido o carro híbrido mais vendido no mundo. Uma empresa adaptável está sempre em processo de reinvenção de si mesma, sempre desbravando novos mercados.

Uma empresa que está sempre explorando novos horizontes tende a desfrutar de vantagem competitiva na atração e retenção de talentos. Quando uma empresa outrora bem-sucedida encalha e começa a adernar, seus empregados mais talentosos geralmente não ficam a bordo para baldear a água que se acumula no barco; abandonam o navio. Uma empresa dinâmica contará com empregados mais engajados e mais vibrantes, dispostos a trabalhar com energia todos os dias e, assim, propensos a ser mais produtivos.

E, finalmente, a empresa adaptável será mais proativa na resposta às necessidades emergentes dos clientes. Resultado: maior lealdade dos clientes e melhores margens de lucro.

A construção de organizações tão resilientes quanto eficientes talvez seja o desafio empresarial mais premente de nossa época. A adaptabilidade realmente importa agora.

TORNANDO-SE INIMIGO DA ENTROPIA

3.2

Poucas instituições estão por aí desde os tempos de Júlio Cesar, a Igreja Católica é uma delas. Apesar de sua longevidade, o cristianismo, de uns tempos para cá, se pôs na defensiva, em especial na Europa e na América do Norte.

As religiões tradicionais vêm perdendo influência entre os habitantes mais ricos e mais bem-educados do planeta. Como seus colegas CEOs, os líderes da Igreja Católica estão sendo obrigados a enfrentar uma verdade simples, mas profunda: em um mundo sob transformações aceleradas, a relevância nunca pode ser dada como certa.

Essa foi a essência de minha mensagem quando me postei diante de 7 mil clérigos numa conferência organizada pela Igreja Comunitária de Willow Creek (Willow Creek Community Church), em Barrington, Illinois. Willow Creek é um dos primeiros megatemplos dos Estados Unidos e, desde 1999, vem realizando, anualmente, uma "Cúpula de Liderança" (Leadership Summit) que atrai líderes de igrejas evangélicas de todo o mundo. A maioria dos palestrantes não são pastores, mas personalidades públicas como Carly Fiorina, Bono e Tony Blair.

Achei a experiência um tanto intimidante. Estou acostumado a apresentar meus slides em PowerPoint diante de pessoas que são mais ricas e mais poderosas do que eu, mas essa foi a primeira vez que encarei milhares de indivíduos que, sem dúvida, eram mais virtuosos.

Concordei em falar por duas razões. Primeiro, tenho interesses profissionais nos desafios da renovação organizacional – e estava ansioso em refletir sobre o que isso significa para instituições que estão por aí há centenas de anos. E, segundo, acredito que a igreja (no sentido mais amplo e ecumênico do termo) desempenha papel essencial na construção dos fundamentos morais de uma sociedade democrática – proposição apresentada 147 anos atrás por aquele famoso turista francês, Alexis de Tocqueville:

> **Os campeões da liberdade... devem apressar-se em invocar a ajuda da religião, pois precisam saber que, sem moralidade, a liberdade não pode reinar.**[1]

Eu gostaria de me estender um pouco mais sobre esse aspecto.

Evidentemente, não é preciso ser religioso para ser ético; e pessoas animalescas por vezes são religiosas. No entanto, não obstante as alegações dos neoateístas, como Richard Dawkins, Chrostopher Hitchens e Sam Harris, as religiões têm restringido, mais que exacerbado, o potencial humano para o mal.[2] Sim, atrocidades terríveis têm sido cometidas em nome de Deus, mas, para cada tirano e terrorista que invocou o mandato divino, há centenas de almas piedosas cujos atos altruístas transformaram o mundo em um lugar mais justo e tranquilo.

No âmago de todo sistema de fé, prevalece um compromisso: de um lado, desfruta-se do conforto resultante da crença no significado cósmico da vida humana; de outro, assume-se a obrigação de observar certos padrões morais que, não raro, são demasiadamente restritivos e inconvenientes. Acredito que devemos ser gratos quando alguém, ainda que iludido, submete-se voluntariamente a esse compromisso, pois, mesmo que haja quem compartilhe a crença infantil de que estaríamos melhores em uma sociedade sem restrições morais, a maioria se dá conta de que não apreciaríamos muito um mundo em que nossos vizinhos, chefes e banqueiros fossem canalhas sem princípios.

Evidentemente, no mundo ideal, os outros nos tratariam com caridade mesmo que os empulhássemos; e até poderíamos tirar proveito da bondade, embora nós mesmos não fôssemos muito bons. Porém, esse mundo é inviável. Quando esse tipo de egoísmo unilateral se torna padrão, a vida se embrutece para todo o mundo – uma tragédia espiritual dos comuns.

O fato é que a sociedade se torna mais hospitaleira quando todos os indivíduos cumprem o princípio "não faça aos outros o que não quer que façam com você" como realmente uma regra impositiva. Apesar de Dawkins, as evidências sugerem que as "pessoas religiosas" *são* de fato mais amistosas em suas atitudes do tipo alimente o faminto e vista o nu.[3] (E, se *você* for um daqueles crentes convictos, sem dúvida se sentirá acabrunhado pela minoria de adeptos que parecem mais ansiosos em condenar do que em amar.)

A moralidade humana tem a profundidade de uma geração. Portanto, se quisermos que nossos filhos vivam em um mundo com mais benevolência que animosidade, devemos empenhar-nos em reabastecer o estoque de capital espiritual que herdamos de nossos antepassados. Na teoria, pelo menos, as igrejas devem ser aliadas nesse esforço.

Portanto, essa foi a razão pela qual fui a Willow – e a experiência foi como um abraço grupal de dia inteiro. Meu Deus, que grupo maravilhoso de gente agradável! E isso tornou ainda mais difícil para mim a entrega da minha mensagem contundente.

O fato é que a Igreja está enfrentando problemas, em especial entre os jovens adultos. Tendo morado na Inglaterra durante 10 anos, estou bastante consciente da situação marginal da religião na Europa, mas, até então, não havia pensado muito sobre a situação da Igreja nos Estados Unidos. Eis o que descobri quando comecei a me preparar para minha palestra em Willow:

- Desde 1990, o número de americanos sem filiação religiosa quase dobrou e o número de pessoas que se descrevem como ateístas ou agnósticos quadruplicou – de acordo com o *American Religious Identification Survey*, de 2008.[4]
- O mesmo estudo revelou que dois terços dos americanos acreditam que a influência religiosa está diminuindo em nossa sociedade, e apenas 19% afirmam que está aumentando. A proporção de americanos para os quais a religião "é a resposta para todos ou para a maioria de nossos problemas de hoje" atingiu o mínimo histórico de 48%.[5]
- Na média dos fins de semana, apenas 17,5% da população assiste a cultos em igrejas cristãs, em comparação com 20,4% em 1990. Essa tendência

declinante vem acelerando e, se prosseguir no mesmo ritmo, apenas uma em cada sete pessoas irá à igreja com regularidade em 2020.[6]

- Em 2006, havia 91 milhões de americanos a mais que em 1990, 70 milhões com menos de 17 anos. No entanto, nesse período, a participação em cultos religiosos manteve-se constante.[7]
- A "marca" cristã também vem levando uma surra, em especial entre os jovens. Ao serem entrevistados, metade afirma que tem visão neutra do cristianismo. Porém, entre os que têm sentimentos mais fortes, o índice de opiniões negativas em relação às opiniões positivas sobre o "cristianismo" e sobre o "Movimento Born Again" é de 2:1. Quando indagados sobre os "evangélicos", o índice de respostas negativas para respostas positivas salta para 16:1.[8]
- Entre 1990 e 2008, a porcentagem de americanos que se identificam com uma grande religião tradicional (católica, batista, metodista etc.) caiu de 64,2% para 53,8%.[9]
- Tudo isso significa que as igrejas estão enfrentando dificuldade para conseguir novos membros. Os consultores religiosos Tom e Sam Rainer definem igreja "saudável" como aquela com "índice de conversão" de 20:1 ou melhor; isto é, precisa-se de 20 ou menos catecúmenos para angariar um novo membro no curso de um ano. Com base nesse padrão modesto, apenas 3,5% das 400 mil igrejas dos Estados Unidos são aptas sob o ponto de vista evangélico.[10]

Não admira que os pastores em geral culpem as forças seculares por essas tendências. O problema não é "a Igreja", mas "o mundo", ou mais especificamente:

- Uma sociedade movida a consumo, em que o tamanho da conta bancária é mais importante que o caráter.
- O número quase infinito de diversões oferecidas por nossa cultura saturada de mídia – distrações que não dão tempo à reflexão espiritual.
- A visão profundamente cética dos jovens a respeito das grandes instituições – visão que mistura grandes religiões com grandes empresas e grandes governos.
- A descrença crescente e reflexa em relação a todos que alegam ter "a verdade".

Embora essas realidades, sem dúvida, tenham contribuído para a "dessacralização" dos Estados Unidos (e para a secularização mais avançada a Europa), não acredito que essa seja toda a história, não sob uma visão mais ampla, e durante minha palestra na Cúpula de Liderança, me empenhei em explicar por quê.

Sim, o comparecimento às igrejas está caindo, mas 70% dos americanos ainda acreditam "definitivamente, em um Deus pessoal".[11] Embora estejam ficando menos rigorosos na observância dos preceitos religiosos, os americanos ainda têm inclinações espirituais. "Portanto", perguntei ao público, "são os evangelhos que estão ficando menos relevantes ou suas igrejas?". Para os pastores, essa é uma pergunta retórica. Os evangelhos são atemporais. Em outras palavras, argumentei, o problema que afronta as igrejas não é o declínio da crença espiritual, mas o declínio de sua eficácia espiritual.

As organizações perdem a relevância quando a taxa de mudança interna fica aquém do ritmo da mudança externa. Esse é o problema com que se defrontam muitas igrejas hoje; e numerosas organizações seculares, inclusive a sua, com toda a probabilidade, se encontram em situação semelhante.

Pense em empresas como General Motors, Sony, Motorola, Microsoft, AOL, Yahoo, Sears, Starbucks – como essas empresas se saíram nos últimos anos? Não muito bem. Sem dúvida, a recessão não ajudou, mas o verdadeiro problema foi algo mais. Essas empresas ficaram reféns de uma herança; elas se trancaram nas prisões dos precedentes.

Logo, prossegui, como líderes religiosos, vocês não devem sentir muita pena de si mesmos. O problema de vocês não é materialismo, ateísmo, ceticismo ou relativismo – é inércia institucional. E, caso essa afirmação os faça sentir-se melhor, não é totalmente culpa de vocês. Como todos os líderes, vocês foram atropelados pela mudança.

Em nosso mundo em torvelinho, ou se avança ou se recua – mas nunca se fica parado – e, no momento, muitas organizações, inclusive as igrejas, estão retrocedendo.

Historicamente, os líderes empresariais e os líderes religiosos não tinham de preocupar-se com mudanças fundamentais nos paradigmas. Podiam presumir com segurança que seus modelos de negócios básicos durariam para sempre. No caso das igrejas, isso significava "lustradores de bancos" que comparecem todas as semanas, assistem passivamente ao mesmo culto invariável, deixam algumas moedas na cesta e, educadamente, apertam a mão do pastor ao deixarem o templo.

Porém, os modelos de negócios *não são* eternos. Em todos os setores, testemunhamos profundas mudanças de paradigma. Algumas das mais notáveis:

- Na indústria de aviação civil, vimos as grandes empresas perderem terreno para concorrentes mais focadas, como JetBlue e Virgin America.
- Na indústria farmacêutica, assistimos à transição da descoberta esparsa de medicamentos para o desenvolvimento de substâncias baseadas na genética para doenças específicas.
- Na indústria automobilística, observamos veículos híbridos e elétricos desafiarem o longo reinado do motor a combustão.
- Na indústria de software, constatamos o deslocamento do software como produto para o software como serviço.
- Nas editoras, vimos a expansão explosiva dos livros eletrônicos e a retração inequívoca das livrarias tradicionais.
- Em assistência médica, testemunhamos os modelos de negócios "pagamento por serviços" perderem terreno para as novas modalidades de "cuidado integrado".

A maioria das organizações, inclusive as igrejas, acaba agrilhoada a algum modelo de negócio – e, quando ele atrofia, também a instituição estiola.

Em outras palavras, a Segunda Lei da Termodinâmica se aplica às organizações, da mesma maneira que aos sistemas físicos. Com o tempo, a entropia aumenta. Os fundadores visionários passam o bastão para os administradores objetivos, que ordenam o negócio herdado, mas não o reinventam. Os burocratas o extrapolam, mas não o rejuvenescem. Com o passar do tempo, o manancial de antevisão e de paixão aos poucos se esgota. A organização até pode melhorar, mas não fica diferente e, passo a passo, se rende à irrelevância.

Ao longo dos séculos, o cristianismo se institucionalizou; incrustou-se de hierarquias complexas, de burocracias macrocéfalas, de funções altamente especializadas e de rotinas reflexas. (Mais ou menos como sua empresa, só que um pouco mais.) A religião não reconquistará a relevância até que os líderes das igrejas arranquem a crosta calcificada e redescubram o senso de missão.

Quais são as forças inerciais a impedirem que as igrejas se reinventem para se tornar mais relevantes no mundo pós-moderno? Uma lista parcial incluiria:

- Líderes com longo tempo de serviço e pouco conhecimento dos modelos não tradicionais de culto e serviço.

- Uma matriz com políticas impostas de cima para baixo que limitam o escopo para a experimentação local.
- Seminários que perpetuam a visão tradicional da observância religiosa e das funções clericais.
- Critérios de promoção que recompensam a conformidade com as práticas religiosas tradicionais.
- Uma camisa de força de crenças legadas em torno de como "fazer o apostolado".

Quanto ao último ponto, vale a pena observar que a maioria das denominações adere ao mesmo "modelo de entrega" de "serviços espirituais", e que o paradigma é menos produto de injunções bíblicas que de hábitos arraigados. Algumas das premissas não questionadas:

- O apostolado acontece nas igrejas.
- A pregação é a maneira mais eficaz de se transmitir a sabedoria religiosa.
- O clero lidera enquanto os leigos seguem.
- Mais programas significam mais impacto.
- O culto observa uma ordem típica: saudar, cantar, ler, orar, pregar, abençoar, debandar (repetida toda semana).
- Os crentes, não os curiosos céticos, são o principal público das igrejas.
- Frequentar a igreja é a manifestação básica da vida espiritual.
- Apostolado é preleção, não discussão.
- A missão primordial da igreja é servir a seus membros, não àqueles fora da igreja, que estão em busca de conexão espiritual.
- A melhor maneira de promover o crescimento da comunidade cristã é plantar pequenas igrejas que sejam réplicas de grandes igrejas.
- Para difundir a fé, os fiéis devem comercializar suas crenças de maneira mais profissional, em vez de vivê-las de maneira mais convincente.

(Talvez você queira fazer uma pausa aqui e preparar uma lista das coisas que, não intencionalmente, perpetuam o passado em sua organização.)

Se a religião organizada se tornou menos relevante, não é porque as igrejas se tenham aferrado às suas crenças básicas, mas, sim, porque se apegaram obstinadamente aos mesmos rituais, às mesmas funções e às mesmas rotinas convencionais. Em outras palavras, o problema das religiões organizadas não está no núcleo "religiões", mas no adjunto "organizadas".

Nos séculos I e II, a Igreja Católica era comunal, orgânica e não estruturada – muito nos moldes da Web hoje. Não era politicamente poderosa (não podia constituir exércitos nem depor monarcas), mas exercia enorme influência. No Império Romano, a Igreja Católica cresceu de um punhado de crentes, em 40 d.C, para 31 milhões de adeptos, por volta de 350 d.C., proliferação que a tornou a primeira organização viral do mundo. Em contraste, as igrejas hoje dominantes são institucionalmente poderosas, mas espiritualmente fracas, ao menos no mundo desenvolvido.

O que é verdade para as igrejas também é verdade para outras instituições: quanto mais são "organizadas" e "gerenciadas" com rigor, menos são adaptáveis. Não admira que a coisa mais resiliente do planeta, a Web, tenha uma organização frouxa e uma administração leve, como também era a Igreja Católica no primeiro século. Qual é a lição aqui? Para florescer em épocas turbulentas, as organizações devem tornar-se um pouco mais desorganizadas e um pouco menos gerenciadas – menos estruturadas, menos hierárquicas e menos rotinizadas.

No próximo capítulo, esquadrinharei mais a fundo as causas da entropia organizacional; porém, por enquanto, vejamos o que você pode fazer para se tornar inimigo da entropia.

Primeiro, deve precaver-se contra a negação. Quanto mais tempo se permanece no estado de negação, mais se posterga o trabalho de renovação. A boa notícia é que a negação segue um padrão familiar. Ao reconhecê-lo, você pode evitá-lo. Para ilustrar o ciclo da negação, vejamos como uma pessoa reage ao se ver como parte de um relacionamento em lenta deterioração – com a esposa, digamos.

A primeira reação do homem nessa situação é descartar o problema. Ele dirá a si mesmo: "Todo casal briga" ou "Todos os relacionamentos passam por trechos pedregosos". Em outras palavras, se eu relaxar, o problema irá embora. Agora, onde está o controle remoto? Infelizmente, contudo, o relacionamento continua a esgarçar-se. A raiva contida fervilha abaixo da superfície e o silêncio tenso a toda hora é pontuado por acessos emocionais.

A essa altura, nosso personagem masculino passa do descarte à racionalização. Torna-se óbvio que a fúria malcontida da parceira é, digamos, um tanto inusitada, e, assim, ele começa a especular sobre suas causas. Talvez ela não goste do próprio trabalho. É possível que esteja fomentando ressentimentos da infância. Ou quem sabe não está descarregando alguma raiva enrustida contra o pai irresponsável? Observe que todas essas explicações são exculpatórias. Qualquer que seja a causa, o problema é da mulher, não dele. As coisas pioram. A troca de gritos assusta as crianças, que correm em busca de abrigo, e o marido passa a dormir muitas noites no sofá. É hora de fazer alguma coisa. O homem, perplexo, aproveita um momento de calmaria e se aproxima ressabiadamente da esposa: "Você já pensou em Prozac?", pergunta. A resposta o sacode: "Seu idiota, não estou deprimida, estou furiosa." Em um momento fugaz de epifania, a ficha acaba caindo e nosso consorte parte para o confronto. No entanto, o que deve ser combatido não é a esposa, mas suas próprias deficiências – sua impaciência, suas picuinhas e sua ingratidão, que tanto aborrecem a esposa, agravando suas frustrações.

Esse padrão de descarte, racionalização, atenuação e confronto é comum tanto nas salas de reuniões quanto nos leitos conjugais. Veja, por exemplo, a resposta retardatária da indústria de música ao compartilhamento de arquivos. A primeira reação dos especialistas do setor foi o desprezo. Quem se disporia a ouvir música em um computador? Procurando na Internet, baixando arquivos MP3, gravando CDs – o ouvinte médio jamais se submeteria a algo tão complicado. Em breve, contudo, o Napster e congêneres estavam prosperando. Tudo bem, reconheceram os executivos. Muita gente estava baixando música – mas só porque era de graça. Elimine esse fator e os consumidores correriam de volta a seus CDs. À medida que os downloads de arquivos se tornavam cada vez mais comuns, a racionalização deu lugar à atenuação: vamos processar esses adolescentes delinquentes. Podemos trancar o gênio de volta na garrafa se pusermos esses garotos na cadeia. No fim das contas, porém, não havia como negar o futuro. Quando os CEOs do setor finalmente acordaram para a decadência inevitável de seu modelo de negócios de 100 anos, as vendas de CDs estavam em queda livre e a Apple já ditava os preços de suas músicas on-line.

Você pode fazer três coisas para se imunizar contra a negação. Primeiro, seja humilde. Encare todas as crenças do setor como meras hipóteses, sempre abertas a questionamentos. Os executivos geralmente me dizem: "Gary, é assim que o setor funciona." Minha resposta pronta: "É... Até não ser mais assim." Se você quiser divinizar Deus, vá em frente – mas não divinize as tradições, nem seus pressupostos arraigados. Em um mundo de mudanças e descontinuidades, a arrogância é pecado mortal.

Segundo, seja honesto. Busque os fatos mais desconfortáveis que você puder encontrar e os compartilhe com todos na organização. Os líderes precisam enfrentar o futuro, não desacreditá-lo. Portanto, encontre vozes dissidentes em sua organização e dê-lhes uma plataforma. Busque modelos de negócios anômalos (se você for líder religioso, talvez seja www.xxxchurch.com) e se pergunte que ortodoxias setoriais eles estão derrubando. Os canários da mina de carvão continuam lá. Você precisa encontrá-los.

Outra maneira de rechaçar a entropia é manter a missão acima de qualquer outra coisa. Com o passar do tempo, é fácil sobrepor a forma à função e confundir programas com propósitos. O objetivo de um jornal é conectar as pessoas com os eventos que estão moldando o mundo, e não distribuir exemplares impressos. Muitos editores esqueceram esse ponto e deixaram a porta aberta para intrusos como *Google News*, *Huffington Post* e *Drudge Report*.

Muitas das mais prestigiosas universidades do mundo sofrem de confusão semelhante entre meios e fins. Apesar de toda a sua retórica altissonante sobre promoção do conhecimento humano, a maioria dos reitores e chanceleres parece acreditar que o propósito de uma universidade de elite é oferecer um ambiente grandioso em que um pequeno grupo de estudantes cuidadosamente selecionados e altamente privilegiados pode adquirir as credenciais exclusivas de que precisarão para penetrar nos escalões de outras instituições de elite. Essa perspectiva estreita e veneranda abriu enorme lacuna no mercado educacional – que está sendo preenchido por organizações como a University of Phoenix, e por outras iniciativas ainda mais radicais, como a P2PU (Peer-to-Peer University).

De volta à igreja. Nenhum pastor jamais lhe dirá que o objetivo de sua igreja é criar um lugar no qual os membros possam reunir-se todas as semanas para ser entretidos por um especialista e para, ao mesmo tempo, congratular-se por sua superioridade moral. No entanto, quase sempre esse parece ser o caso. Fiz outra pergunta à multidão, em Willow Creek: "Existe alguma diferença entre 'cultuar a Igreja' e 'cultuar Jesus'? "É claro", responderam. "Então", prossegui, "onde se concentra a lealdade de vocês? Na missão de redenção e de reconciliação ou nos programas e normas da Igreja? E, se a resposta for a primeira alternativa, como as pessoas saberiam disso? Quais seriam as demonstrações desse propósito? Não seria sua disposição de sacrificar algumas de suas práticas mais comuns no altar do objetivo mais amplo?"

Nunca encontrei um líder que jurasse fidelidade ao *status quo*; no entanto, poucas organizações parecem capazes de promover mudança proativa. Como explicar isso? Acho que a resposta se situa, em parte, em nossa dificuldade de identificar nossos hábitos profundamente arraigados. Ainda que, conceitualmente, alguém seja capaz de compreender a ideia de "ortodoxias" do setor, como distinguir entre hábitos contrários à inovação e práticas de eficácia comprovada?

Acho que, em apenas duas situações, somos capazes de superar nossos hábitos: crises que exponham de maneira brutal nossa miopia coletiva e missões tão aliciantes e ousadas que nos forcem a repensar nossas práticas desgastadas pelo tempo. Esse foi o aspecto que salientei alguns anos atrás, numa conferência para diretores de programas de MBA e reitores de escolas de negócios.

US$250. Esse foi o número que projetei na tela. E, então, perguntei: "Por que não oferecer aos alunos o diploma de MBA por US$250? Hoje, o custo total de um diploma de MBA nas melhores universidades pode chegar a US$100 mil ou mais. Se, como educadores especializados em negócios, queremos realmente melhorar a qualidade da administração em todo o mundo, precisamos encontrar maneiras de reduzir o custo do diploma em gestão de negócios."

Para instigar o raciocínio dos participantes, apresentei um estudo de caso. A Aravind Eye Care System foi fundada em Madurai, Índia, em 1976, pelo Dr. Govindappa Venkataswamy. Propósito do Dr. V: eliminar a cegueira desnecessária, reformulando significativamente a assistência oftalmológica. Inspirada no modelo de refeições rápidas, de baixo custo, da McDonald's, a cadeia de clínicas de olhos desenvolveu protocolos de alta eficiência para cirurgias de catarata. Quem tem recursos paga pela cirurgia, mas aproximadamente 70% dos pacientes da Aravind recebem cuidados médicos de graça. Os cirurgiões recebem salários competitivos, mas fazem nada menos que 100 cirurgias durante cada turno de 12 horas. Nos cinco hospitais construídos com esse propósito específico, realizam-se mais de 300 mil cirurgias por ano, em salas de operação que funcionam 24 horas por dia. O custo por cirurgia é de mais ou menos US$18, cerca de 1% do custo de procedimento semelhante nos Estados Unidos.[12] Mesmo assim, as taxas de incidência de complicações em cirurgias são tão boas ou melhores que as dos hospitais ocidentais. Além disso, o sistema é autofinanciável – graças ao alto grau de eficiência que se engendrou nas instalações e práticas.

E, assim, indaguei a meus amigos das escolas de negócios: Se é possível executar cirurgias oftalmológicas por menos de US$20, por que não seria possível oferecer cursos básicos de MBA por US$250? É até possível que o ensino de administração seja mais complicado que uma cirurgia de catarata, mas, ainda assim... Como a assistência médica, a educação superior é um negócio extremamente ineficiente. Considere o seguinte: um professor diante de 80 crianças. Centenas de milhões de dólares investidos em tijolo e cimento. Enormes verbas de pesquisa destinadas à produção de artigos cabalísticos em jornais obscuros. Esses atributos dados como certos das escolas de negócios típicas parecem sensatos e indispensáveis até que se redefina o sucesso. Em vez de treinar algumas centenas de jovens gestores por ano, que tal as escolas de negócios almejarem preparar algumas centenas de milhares?

As igrejas cristãs, em suas várias formas, e as grandes universidades por elas disseminadas se revelaram algumas das instituições mais duráveis da humanidade. Desde o começo, elas têm sido missionárias no núcleo – mas, com a aceleração da mudança, deverão reforçar ainda mais esse propósito de missão, da mesma maneira como sua organização. E não será fácil.

À medida que as instituições amadurecem, o impulso positivo da missão perde a força, e o empuxo dos hábitos ganha ímpeto – até que, um dia, a organização não mais é capaz de escapar do campo gravitacional dos próprios legados. Dissecaremos essa dinâmica no próximo capítulo. Porém, por ora, basta lembrar-nos de que é impossível construir organizações adaptáveis sem pessoas adaptáveis – indivíduos humildes, honestos e inspirados. Essas são as raízes humanas da renovação. Elas não são os únicos requisitos para se desenvolverem vantagens evolutivas, mas se destacam, sem dúvida, como as mais importantes.

DIAGNOSTICANDO O DECLÍNIO

3.3

Cresci em Michigan; assim, a falência da General Motors em 2009 me atingiu em cheio. Houve época em que a GM produzia mais da metade dos carros vendidos nos Estados Unidos. E agora estava numa enfermaria pública. A queda da GM não foi consequência de nenhuma decisão desastrosa; a empresa não se jogou no abismo. Em vez disso, claudicou na mediocridade, passo a passo, aos trancos e barrancos, com a visão obscurecida pela miopia. Graças aos americanos pagadores de impostos, teve a oportunidade de redenção, mas ninguém aposta em que ela reconquiste a antiga glória.

Uma empresa pode manter-se em movimento durante muito tempo, depois de desligar os motores, quando começa com uma fatia dominante de um mercado enorme, quase blindado contra novos entrantes, na maior economia do mundo, mas, depois de algum tempo e de muita miopia, acaba perdendo o impulso.

A GM não é a única empresa que está rateando, aos solavancos, na iminência de parar. EMI, *The New York Times*, Johnson and Johnson, Nokia, Kodak – esses são apenas alguns exemplos de empresas que perderam o amuleto nos últimos anos. A verdade é que todas as empresas são bem-sucedidas até deixarem de ser – e, hoje, muitas ficaram sem a aura de magia.

Como isso aconteceu? Como os ícones perdem o viço e ganham ranço? Em geral, três são as forças em atuação que contribuem para essa deterioração.

PRIMEIRO, A GRAVIDADE VENCE

Três leis da física, ao longo do tempo, comprimem o arco do sucesso. A primeira é a lei dos grandes números. Todos sabemos que é mais difícil promover o crescimento de uma grande empresa que de uma pequena. Para aumentar em 25% a receita de uma empresa que já fatura US$40 bilhões, é preciso criar 10 novos negócios de US$1 bilhão. Para promover o crescimento de uma empresa que fatura US$40 milhões, na mesma proporção, basta gerar novas fontes de receita de US$10 milhões. Em negócios, como em biologia, o que já é grande cresce mais devagar.

Em seguida, desponta a lei das médias. Nenhuma empresa é capaz de superar a média indefinidamente. Nos últimos cinco anos do mandato de Jack Welch, na GE, o valor de mercado da empresa cresceu de menos de US$90 bilhões para mais de US$500 bilhões. Para manter o mesmo ritmo frenético, Jeff Immelt, que substituiu Welch, em 2000, teria de aumentar o valor da GE para quase US$3 trilhões durante seus primeiros cinco anos como CEO. Isso jamais acontecerá. Quando se alonga o horizonte de tempo relevante, de um ano para cinco anos e depois para 10 anos, a probabilidade de superar a média rapidamente se aproxima de zero. No longo prazo, não há empresas em crescimento acelerado.

Finalmente, entra em ação a lei dos retornos decrescentes. O lucro sobre a receita – e as iniciativas que aumentam as margens – tende a encolher ao longo do tempo. O crescimento desacelera com o aumento do mercado, e os ganhos de produtividade tornam-se mais difíceis quando a faca passa a raspar mais perto do osso. Qualquer que seja o programa de desempenho, o índice dos resultados sobre os esforços tende a diminuir com o passar dos anos.

Embora essas leis não sejam tão implacáveis quanto a da gravidade, é difícil transgredi-las, e poucas empresas o conseguem. A melhor aposta: cindir grandes empresas monolíticas em outras menores, impor-lhes metas de crescimento desafiadoras, redistribuir agressivamente os recursos para áreas em crescimento mais acelerado, descartar unidades em que o crescimento esteja desacelerando e buscar em todos os lugares novas fontes de diferenciação.

Os gestores, não raro, se veem como agricultores. Deram-lhes um pedaço de terra a ser cultivado, um negócio ou segmento de mercado, e o objetivo deles é plantar a maior safra de lucros possível. Com o passar do tempo, contudo, o rendimento das plantações cai, à medida que o solo se torna mais salino (saturação dos mercados) ou à proporção que se destroem os nutrientes vitais (esmaecimento das diferenciações). Agora, contudo, o VP está apaixonado por seus 40 acres, e reage gastando ainda mais com fertilizantes (marketing) e perfurando poços mais profundos e mais dispendiosos (levantando capital para investimentos, embora o ROI [Retorno sobre o Investimento] esteja em queda). Seria melhor que os gestores se vissem como pecuaristas, cujos rebanhos estão sempre em movimento, em busca de melhores pastos. A lealdade do pecuarista não é com um pedaço de terra nem com determinado animal. Quando o pasto se exaure, desloca-se o gado. Quando uma rês fica para trás, é abandonada. E, ao longo do tempo, todo o rebanho é substituído, pois os animais mais velhos vão para o matadouro e nascem novos filhotes.

A esse respeito, pense na Virgin, conglomerado do Reino Unido. Sir Richard Branson, fundador da Virgin, provavelmente criou mais negócios que qualquer outro CEO do planeta, e matou na mesma proporção. Embora seja apaixonado por novos empreendimentos, como a Virgin Galactic, nunca permitiu que a identidade da Virgin se arraigasse em determinado negócio. Daqui se extrai uma lição simples, mas não raro negligenciada: para sustentar o sucesso, é preciso abandonar as iniciativas que já não são um sucesso.

SEGUNDO, AS ESTRATÉGIAS MORREM

Nenhuma estratégia vive para sempre e, nos últimos anos, o ciclo de vida das estratégias vem encolhendo. Para os seres humanos, as principais causas da morte são doenças cardíacas, câncer e derrames. Em contraste, as estratégias morrem quando são:

Replicadas. Ao longo do tempo, as estratégias inovadoras se tornam menos inovadoras. A JetBlue arrancou um capítulo do manual da Southwest Airlines. Cialis e Levitra apearam o Viagra. E a plataforma Android do Google, sob muitos aspectos, limita o iOS da Apple. Embora algumas estratégias sejam menos suscetíveis a imitações que outras (em especial, aquelas que exploram efeitos de rede), a maioria pode ser decodificada por concorrentes dedicados.

Superadas. As boas estratégias são suplantadas por melhores estratégias quando forasteiros inventam maneiras mais eficientes de atender às necessidades dos clientes. As câmeras digitais tornaram os filmes obsoletos. O Skype permitiu que os usuários contornassem as altas tarifas da telefonia internacional. A Wikipédia criou uma alternativa gratuita para as enciclopédias tradicionais. Às vezes, as estratégias altaneiras são imitadas; outras vezes, são abatidas em pleno voo.

Estripadas: Clientes poderosos e concorrentes novatos podem matar a estratégia, fatiando os lucros do que já foi um negócio de altas margens. A Internet, em especial, impulsionou deslocamentos dramáticos do poder de barganha, dos produtores para os consumidores. Municiados de informações quase perfeitas, os clientes derrubaram os preços de quase tudo – carros, seguros, hotéis, relógios de luxo. Para muitas empresas, consumidores bem informados agora representam uma ameaça maior para as margens que os concorrentes bem financiados. O aumento da competição também pode eviscerar os lucros. Historicamente, a maioria dos setores eram oligopólios. As incumbentes se protegiam das forasteiras por meio de obstáculos regulatórios, de muralhas de patentes, de canais exclusivos e de economias de escala. Hoje, essas barreiras estão desabando. A desregulação, a comoditização da tecnologia, o alcance global da Web e a fartura de capital de risco demoliram as fortalezas e uma horda de estrangeiros pisoteou o que outrora pareciam baluartes inexpugnáveis. Alguns dos aríetes mais notáveis: Huawei, em equipamento de rede; Embraer, em aeronaves comerciais; HTC, em telefonia móvel; e Tyanair, no negócio de aviação civil.

Para alguns seres humanos, a morte é algo súbito e inesperado. A decadência da estratégia é mais como o câncer – insidiosa, vagarosa, e, quanto mais se retarda o tratamento, mais letal se torna. Quando se atenta para os indicadores certos, é possível prever o esboroamento da estratégia. Entre os indícios, incluem-se encolhimento das margens, desaceleração do crescimento, declínio da produtividade dos ativos, erosão da fatia de mercado, aumento da rotatividade dos clientes, redução da parcela da receita oriunda de novos produtos, proliferação de novos modelos de negócios heterodoxos, inflexão para baixo na linha de tendência dos preços, queda no índice preço/lucro ou aumento no índice despesas com marketing/receita de vendas. Se os executivos se surpreenderem com o colapso final da estratégia, é porque não estavam prestando atenção aos indicadores certos.

TERCEIRO, O SUCESSO CORROMPE

Gravidade e senilidade são, até certo ponto, inevitáveis, mas essas não são as causas básicas do tombo das organizações. Fatores humanos e organizacionais conspiram para converter o sucesso em fenômeno autodestrutivo. Os mais perigosos são...

Pensamento defensivo

Quando uma empresa galga o pico da liderança setorial, seus empregados, de alto a baixo, começam a pensar defensivamente. O etos da organização descamba do empreendedor para o mantenedor. Os executivos que, no passado, desafiavam o *status quo* agora o defendem com igual tenacidade. Ao deparar com ideias ousadas, a primeira reação é perguntar: "Como isso afeta a nossa base?" Em consequência, a propensão ao risco se retrai, e os rebeldes internos debandam para reinos menos conformistas. Ainda pior: os executivos relutantes em canibalizar o próprio sucesso usam seu poder político para erguer barreiras regulatórias destinadas a retardar o avanço dos invasores.

Sistemas de negócios inflexíveis

À medida que a empresa cresce, sua atenção se desloca da inovação para a melhoria, da exploração para o aproveitamento. Disciplina, foco e alinhamento tomam o proscênio. Anos de aprimoramentos no estilo kaizen geram sistemas de negócios eficientes e altamente otimizados. Quando isso acontece, ativos, habilidades e processos se tornam mais especializados e a mudança se torna mais incremental. Tudo isso é muito bom para a eficiência, mas mortal para a adaptabilidade. Depois de algum tempo, todos os componentes do sistema de negócios se entrelaçam de maneira tão coesa que quase todos os tipos de mudança tendem a ser vistos como rupturas perigosas.

Modelos mentais fossilizados

Ao reforçar decisões políticas tomadas anos ou até décadas atrás, o sucesso enrijece as escolhas estratégicas, transformando-as em crenças dogmáticas. Com o passar do tempo, o que outrora era a "melhor" maneira agora é a "única" maneira. O sucesso também metamorfoseia "fortuidade" em "genialidade". O CEO que, por uma colisão das circunstâncias, ou por mera serendipidade, depara com uma ideia capaz de mudar o jogo, é entronizado como vidente de grande percuciência. Infelizmente, a maioria dos empreendedores poucas vezes desfruta de uma segunda epifania. No entanto, muitas vezes usam o poder da posição e da reputação para desmerecer ideias que desafiariam suas próprias crenças doutrinárias. É difícil argumentar em favor da reformulação de uma estratégia clássica, excelente, mas obsoleta, quando ela é criatura mental do fundador ou do chairman. Não é fácil combater o sucesso, muito menos contestar um CEO bem-sucedido.

Recursos abundantes

Com o sucesso, advém a plenitude – mais empregados, mais dinheiro, mais poder de mercado. O problema é que a saciedade fomenta a preguiça intelectual dos executivos; eles começam a acreditar que o sucesso é consequência de gastar mais que os rivais, em vez de pensar melhor que eles. A fartura também contribui para a indolência. Os gestores de empresas na liderança do mercado em geral assumem que podem dar-se ao luxo da morosidade. Em consequência, talvez deixem que as forasteiras assumam os riscos, criando condições para que, em breve, os subjugue no mercado. Essa é uma aposta arriscada. Não é comum que recursos superiores superem estratégias brilhantes. Finalmente, a afluência embota a ânsia por inovação. As ideias desbravadoras brotam nas frestas entre aspirações e recursos; são rebentos do viço, não do supérfluo. Quando os recursos começam a substituir a criatividade, é hora de vender a descoberto as ações, pois a expectativa é de queda.

Complacência e titularidade

Décadas de crescimento constante podem levar os executivos a crer que o sucesso contínuo é direito adquirido. Os altos executivos que nunca foram empreendedores e que nunca criaram algo do nada tendem a encarar o sucesso como uma configuração padronizada, como algo que, na ausência de disposição em contrário, sempre acontece, e não como alguma coisa rara e frágil por natureza. Precisa-se de muito mais imaginação e coragem para *construir* do que para *dirigir*, e talvez se necessite de mais esforço ainda para *mudar* – ponto que os burocratas de carreira raramente apreendem. Como os filhos leais e maneirosos de pais ricos, os executivos mantenedores geralmente se consideram *merecedores* de uma grande herança, mas não dispõem nem dos incentivos nem das habilidades indispensáveis para multiplicar a fortuna. Complacência e intitulação são subprodutos inevitáveis do sucesso *passado*, e inimigos implacáveis do sucesso *futuro*.

Como, então, combater os efeitos corrosivos do sucesso? Mantendo-se alerta aos sinais de metástase em arrogância e complacência; prestando atenção às pequenas células pré-cancerosas que, se não extirpadas, um dia imporão perigo mortal. Como o dermatologista que desenvolveu olhos bem treinados para tumores incipientes, é preciso apurar ouvidos sensíveis a afirmações aparentemente inócuas, sugestivas de que o sucesso está voltando-se contra si mesmo.

Eis algumas dessas manifestações, e suas possíveis respostas, se você as ouvir em *sua* organização.

Quando algum executivo disser:	*Você deve responder:*
"Não importa o que fizermos, nunca será besteira."	"Não importa o que fizermos, nunca será seguro."
"Bem que eles gostariam de ter nossos recursos."	"E como detestariam ter nossos custos fixos."
"É assim que ganhamos dinheiro em nosso setor."	"Por enquanto, tanto quanto sabemos."
"Somos o principal ator em nosso segmento."	"Até que ponto somos diferentes das empresas que já foram líderes em seus segmentos?"

Quando algum executivo disser:	*Você deve responder:*
"A estratégia é fácil; a execução é que é difícil."	"A estratégia parece fácil só porque não criamos uma realmente diferenciada."
"Estamos gastando mais que nosso concorrente mais próximo de dois para um."	"E será que os clientes acham que estamos inovando mais que nossos concorrentes de dois para um?"
"Estamos avançando a toda cilindrada."	"É..., mas será que estamos aumentando os cilindros... e quanto àquele novo carro híbrido?"
"Essa é nossa competência central."	"E quais são as nossas *in*competências?"
"Isso não faz parte de nossa estratégia."	"Porque é uma ideia tola ou porque ameaça o *status quo*?"
"Somos os maiores."	"Assim como o Titanic."
"Nosso ativo mais valioso é nossa distribuição (ou P&D ou fabricação ou marca)."	"E como será que um concorrente o converteria em nosso maior passivo?"
"Realmente não os consideramos uma ameaça."	"Não tenho dúvidas de que eles estão contando com isso."
"Foi assim que construímos essa empresa."	"É verdade, mas o que nos trouxe até aqui não nos levará até lá."

O sucesso não precisa gerar esclerose, mas assim será se você e outras pessoas em sua organização não tiverem a coragem de se opor à defensividade, ao dogma, à rigidez e a complacência, em todas as esquinas. Faça isso, e o sucesso de hoje será a plataforma de lançamento para conquistas ainda mais ousadas.

PRANTEANDO O FRACASSO DAS EMPRESAS

3.4

No próximo capítulo, falarei sobre como projetar uma empresa para que ela seja realmente resiliente; como engendrar vantagem evolutiva. Porém, primeiro, precisamos abordar uma questão fundamental – algo que talvez já lhe tenha ocorrido. Numa economia dinâmica, há algum motivo para se interessar pela vida ou morte de determinada empresa? Ou, em outros termos, será que a longevidade organizacional tem algum valor intrínseco – para os acionistas, para os empregados, para os clientes ou para a sociedade em geral? Se você for um capitalista de risco ou um ideólogo do livre mercado, sua resposta provavelmente será "não". Compreendo essa posição. Nas economias abertas, muitos são os mecanismos que tornam difícil para uma empresa usar mal, de maneira consistente, os recursos da sociedade. A competição vigorosa, o mercado de controle acionário das empresas e o empreendedorismo vibrante protegem os clientes e os acionistas de acessos prolongados de incompetência gerencial. Quando essas forças estão em jogo, a empresa que não se adapta às circunstâncias cambiáveis perde os clientes, os melhores empregados e, por fim, sua independência. Foi o que aconteceu com a Sun Microsystems, empresa outrora brilhante que, em 2009, renunciou à sua soberania para a Oracle. E, se todos esses mecanismos falharem, a falência sempre estará à espreita. Mais cedo ou mais tarde, os recursos dos retardatários contumazes são remanejados para usos mais produtivos. De acordo com essa visão, nenhuma empresa morre antes da hora. Em minha opinião, contudo, a questão da vida e morte das empresas é um pouco mais complexa.

Primeiro, muitas instituições importantes não são empresas de capital aberto: o Departamento de Segurança Interna dos Estados Unidos, o Serviço de Assistência Médica da Inglaterra, o Banco Central Europeu e a NATO, por exemplo. Quase todas as organizações desse tipo não têm concorrentes diretos, tampouco estão sujeitas a tomadas de controle. No setor público, poucos mecanismos protegem a sociedade contra equipes gerenciais menos criativas e vigorosas do que deveriam ser. Pense na última vez em que visitou o Departamento de Veículos Motorizados. Como você avaliaria essa experiência em comparação com a proporcionada pela leitura de um livro eletrônico no Kindle, da Amazon, ou com o download de um filme pela Netflix? Sem a ameaça da fuga de clientes, de tomadas de controle hostis ou de falências e recuperações judiciais, a única coisa que exerce algum controle sobre o desempenho dos burocratas do setor público é a supervisão de burocratas em posição hierárquica superior, que estão ainda mais longe dos pontos de prestação de serviços. O impulso daí decorrente para a mudança proativa é mais macarrão molhado que chicote e espora.

Segundo, os mecanismos que deslocam recursos de empresas mal gerenciadas para aplicações mais promissoras são vagarosos e de eficácia duvidosa. Conselhos de administração demasiadamente tolerantes mostram paciência excessiva com CEOs que tocam violino enquanto a organização é consumida pelo fogo ou usam um canivete em vez de um machado para cortar o excesso de despesas. Lembre-se, por exemplo, de quanto tempo Jerry Yang se manteve no cargo de CEO da Yahoo, apesar da incapacidade da empresa de se reinventar em torno de um modelo de negócios da Web 2.0. Yang até convenceu o conselho de administração a rejeitar duas ofertas de tomada de controle pela Microsoft – acordos que precificavam a Yahoo em duas vezes seu atual valor de mercado.

Leia as atas das reuniões do conselho de administração de uma empresa em dificuldade e logo verá que há muitas maneiras de executivos nostálgicos e hiperestésicos postergarem o dia do Juízo Final. Reerguem barreiras contra tomadas de controle hostis, reduzem os preços para camuflar a não competitividade dos produtos; disfarçam programas de redução de despesas com a retórica de transformação ousada; ou vendem os ativos para manter à tona negócios moribundos. Os estertores da morte não raro se estendem durante anos, enquanto os recursos vão sendo dilapidados.

E ainda há os inevitáveis custos de ajuste, uma terceira razão para ser menos entusiástico a respeito do fracasso de empresas. A realocação de habilidades e de ativos altamente especializados de uma empresa em declínio é um processo muito ineficiente. Pode levar meses ou anos para que o pessoal demitido encontre outros empregos e, ainda assim, o salário do novo emprego provavelmente será inferior ao do anterior. E, talvez, o processo de descoberta de novos usos para instalações e equipamentos ociosos seja ainda mais longo. Dificilmente o trabalhador demitido de uma empresa automobilística encontrará emprego no Vale do Silício. E o galpão vazio de uma fábrica de automóveis não se transforma com facilidade em conjunto habitacional gentrificado.

Agravando tudo isso, ainda existem externalidades negativas – os custos que as empresas em dificuldade impõem à sociedade, na forma de benefícios para desempregados, redução da receita tributária e rebaixamento do nível de bem-estar social. Para ver esses encargos de perto, visite a vasta área degradada que cerca Detroit, atestado sombrio, de ferrugem e escombros, da incapacidade de a indústria automobilística americana reinventar-se de maneira oportuna e eficaz. Os consumidores e os concorrentes ganham quando um dinossauro empresarial sucumbe ao fim inevitável. Os pagadores de impostos e os cidadãos, por outro lado, arcam com as despesas do enterro.

Quarto, grandes empresas tradicionais são fatores críticos em qualquer economia. As jovens empresas geralmente são menos eficientes que as empresas mais velhas – as novatas são inovadoras, mas seus processos internos ainda não estão otimizados. Além disso, as empresas emergentes geralmente dependem das empresas tradicionais para a obtenção de financiamento, de talento gerencial e de acesso ao mercado. Como exemplo clássico, o sucesso inicial da Microsoft dependeu de sua capacidade de explorar o poder da marca e a capacidade de distribuição da IBM. Constata-se uma simbiose crítica entre grandes e pequenas empresas. Considerando tudo isso, as empresas emergentes não são alternativa para as empresas tradicionais; representam, contudo, uma apólice de seguro contra os custos cominados à sociedade quando grandes empresas não se adaptam. No entanto, como no caso das seguradoras, em geral, é preferível evitar o desastre a pagar o sinistro. O Vale do Silício e outros redutos do empreendedorismo são sementeiras fecundas de novas empresas, mas não passam de uma solução parcial para o problema de incumbentes desajustadas.

Os que consideram a morte das instituições com equanimidade geralmente encaram as empresas como organismos. Na natureza, os animais competem por alimento e acasalamento, luta em que os fortes devoram os fracos. Quando um leão abate uma gazela, poucos lamentam a perda de vida (a não ser os jovens espectadores do Discovery Channel). No entanto, acho que é impróprio ver uma grande empresa, como Citigroup, Hewlett-Packard ou Sony, como um organismo único. O tamanho e o escopo dessas organizações e as consequências econômicas de seu sucesso ou fracasso apequenam as repercussões da ascensão ou queda de uma empresa individual. Assim, o equivalente biológico do fracasso de uma empresa de grande porte não é a morte de um único urso polar, mas o colapso de todo um ecossistema ou a extinção de uma espécie, eventos que a maioria dos biólogos considera lamentável.

No entanto, os ecologistas estão certos em um aspecto: a resiliência exige variedade – um caleidoscópio de ideias concorrentes em que as vencedoras são escolhidas não por uns poucos juízes iluminados, mas pela sabedoria coletiva do mercado. O Vale do Silício, mercado difuso de ideias, talentos e capital, dissemina centenas de novas empresas emergentes por ano. Curiosamente, muitos teóricos das organizações parecem acreditar que redes sociais coesas – as grandes empresas – são incapazes de orquestrar o mesmo jogo de números; ou seja, não têm condições de lançar um amálgama de novos experimentos no âmbito interno. Desse preconceito, emerge a crença de que a resiliência econômica depende fundamentalmente da competição entre um grande número de empresas emergentes altamente focadas. Acho que é possível reconhecer a importância do empreendedorismo para a vitalidade econômica sem negar o valor que se obteria se as instituições incumbentes fossem, elas próprias, muito mais experimentais e inovadoras.

Voltemos à nossa questão: Será que uma organização pode ser vítima de morte prematura? A maioria dos economistas, como também os capitalistas de risco, responderia "não". As instituições morrem quando chega a hora, ou seja, quando se mostraram constantemente incapazes de atender às demandas das partes interessadas. No entanto, essa tautologia grosseira esconde um ponto mais sutil. As organizações não morrem de "causas naturais". Elas podem morrer de causas previsíveis (como argumentei no capítulo anterior), mas "previsível" não é o mesmo que "inevitável". Não há seres humanos com 200 anos, mas há muitas instituições bicentenárias. Quando as organizações morrem, é, em geral, por suicídio, em consequência de ações e de omissões que as tornaram inaptas para o futuro. A maioria de nós veria qualquer suicídio humano como inoportuno (à exceção, talvez, do de pacientes com doenças terminais). Então, por que cargas-d'água seria diferente com o suicídio institucional? Não é, e pelas mesmas razões: corta corações e estreita o futuro.

O tempo – anos, décadas e séculos – enseja complexidade. Levou milhões de anos para a evolução produzir os olhos dos mamíferos e, por fim, o cérebro dos humanos. Se algum acontecimento climático tivesse destruído a vida na face da Terra no milênio anterior à explosão cambriana, a possibilidade de surgimento de animais racionais teria sido abortada. Se alguma coisa se "perdeu" na hipótese dessa catástrofe, essa é uma questão metafísica, mas a indagação se torna muito mais prática quando retornamos ao mundo das organizações. As organizações crescem e prosperam convertendo ideias simples em sistemas complexos – da ideia de mobilidade para as massas, surgiu a Ford Motor Company, e, da noção de busca na Internet, emergiu a Google. No entanto, o processo de transformar inspirações em valor é demorado, avançando, como é o caso, por meio de ciclos iterativos de experimento, aprendizado, seleção e codificação. Se uma decisão executiva inadequada interrompe prematuramente esse processo, a sociedade pode perder o benefício de uma ideia brilhante, ainda que pelo breve período necessário para que outra organização extraia essa ideia das cinzas da pioneira falecida.

Imagine, por um instante, que Larry Page e Sergey Brin, fundadores da Google, não tivessem conseguido desenvolver um modelo de negócios gerador de receita em torno de seu algoritmo original. Mais cedo ou mais tarde, outra empresa emergente nos ofereceria meios para facilitar a navegação na Web, mas, nesse ínterim, uma importante avenida para o progresso humano não teria sido aberta. Em geral, as coisas complexas são mais valiosas para os seres humanos que as simples – um MacBook Air *versus* uma chapa de alumínio, por exemplo. A complexidade, porém, exige tempo. Essa é uma quinta razão para sermos menos relapsos diante da inadaptação de uma empresa.

E eis uma razão final para lamentar a morte ou a incapacitação de uma empresa outrora bem-sucedida. Deixando de lado a promessa do além, os seres humanos dispõem de apenas duas maneiras de superar a morte: transmitindo seus genes ou construindo instituições duradouras. Universidade de Cambridge, Microsoft, Toyota e Amazon: essas empresas são ânforas em que dezenas de milhares de indivíduos verteram suas energias e ideias; são monumentos vivos, erigidos pela engenhosidade humana. Como tais, devemos-lhes o mesmo cuidado e respeito que dedicamos às Pirâmides, aos mármores de Elgin ou à

Catedral de Salisbury. Como curadores, temos o dever de proteger o que herdamos, o que não significa amparar empresas falidas e escorá-las fora da realidade, mas, sim, ajudá-las a mudar de maneira a mantê-las sempre vigorosas.

A verdade é que *nos importamos* com nossas instituições, ou ao menos com aquelas em que investimos nossas habilidades e paixões. Mesmo o economista acadêmico, que adota uma visão desapaixonada e imparcial do fracasso empresarial, correrá em socorro de sua universidade quando seu futuro for ameaçado pela incompetência administrativa ou por uma crise de financiamento. Não podemos esperar que os outros se importem com *nossas* instituições se não nos importamos com as deles, ou, ao menos, com a saúde das instituições em geral.

Agora, antes que alguém busque um desfibrilador, sejamos claros: não estou argumentando que os formuladores de políticas devem blindar as empresas contra as consequências da estupidez executiva. Embora eu não acredite que a morte institucional seja inevitável (em tese, toda empresa poderia ser imortal), realmente estou convencido de que muitas organizações *merecem* morrer e que os formuladores de políticas devem deixar que sigam seu destino. Subsídios (de qualquer tipo) são onerosos e, em geral, mal formulados. Subvenções e socorros distorcem as decisões econômicas, recompensam as más práticas gerenciais, travam as estruturas industriais arcaicas e inibem o crescimento. Portanto, concordo, em grande parte, com os defensores do livre mercado. Por outro lado, o fracasso institucional pode ser tremendamente dispendioso – em perda de competências, em mecanismos de ajuste ineficientes, e em despesas sociais correlatas. (Eis por que acho que a administração Obama agiu bem quando atirou uma corda à General Motors.) Entretanto, como pagador de impostos, como consumidor, como cidadão, como investidor e como empregado, quero evitar *todos* esses custos, e a única maneira de fazer isso é ajudar as organizações de todos os tipos e tamanhos a se tornar mais adaptáveis.

Sim, acredito que a longevidade organizacional tem valor, mas também acredito que toda organização deve garantir, continuamente, o próprio direito de existir – seja a escola secundária local, seja o Exército dos Estados Unidos ou a General Motors. A longevidade deve ser a recompensa pela resiliência, e não a consequência da proteção. Embora, como questão prática, algumas instituições talvez sejam grandes demais ou importantes demais para falir, os formuladores de políticas nunca devem imunizar as instituições contra o darwinismo econômico: a luta pela subsistência e a sobrevivência das mais aptas.

3.5 CONSTRUINDO EMPRESAS À PROVA DE OBSOLESCÊNCIA

Este capítulo deveria ser um livro, mas, nesse caso, eu teria de escrever dois livros, em vez de um, e talvez você se sentisse pressionado a ler um e outro, o que é muito trabalhoso para você e para mim. Portanto, vou apresentar-lhe aqui apenas um esboço. Mas esteja certo de que esse tratamento abreviado não o privará de nenhuma ideia fundamental. A média dos livros de negócios são versões ampliadas, com mais exemplos, de artigos da *Harvard Business Review*, e a média dos artigos da *HBR* se resume, no âmago, a três slides em PowerPoint, com muito mais palavras. Logo, vou poupar-lhe de toda essa prosa supérflua e dar-lhe a versão light, sem gordura, de meu manual para a blindagem de sua empresa contra a obsolescência.

Expliquei por que a adaptabilidade importa e delineei as razões pelas quais as empresas frequentemente não conseguem mudar. Agora, tentarei esboçar as "regras de projeto" essenciais que devem ser seguidas se você quiser construir uma empresa capaz de mudar tão rápido quanto a própria mudança. Essa é uma tarefa formidável. Não pense que qualquer empresa hoje é tão adaptável quanto deverá ser nos anos vindouros. Os paradigmas são poucos. Google, Amazon e Apple demonstraram a capacidade de metamorfosear seu negócio central (core business) e, ao mesmo tempo, de inventar outros, e o fizeram sem prejudicar o desempenho no presente. Mas, conforme argumentei em outro capítulo, essas empresas são relativamente jovens, atuaram como revolucionárias desde o nascimento e foram aquinhoadas com líderes que se destacam como visionários contumazes.

Sua empresa, em contraste, provavelmente está aí há décadas; é, por natureza, conservadora; e seus líderes são administradores sóbrios e comedidos, em vez de rebeldes que usam calça jeans e camiseta preta. Ainda mais importante, seus processos gerenciais – as ferramentas e os sistemas com que definem objetivos, criam planos, distribuem recursos, gerenciam operações e avaliam o desempenho – foram desenvolvidos anos atrás, com um propósito em mente: a eficiência. Por isso nossas organizações são focadas, metódicas e rigorosas (Viva o Seis Sigma!), mas pouco inspiradas, proativas ou experimentais.

Em todo o mundo, as empresas vêm trabalhando duro, nas últimas décadas, para reengendrar seus processos internos, em busca de eficiência e velocidade. O foco tem convergido para atividades como logística, estoques e apoio aos clientes. Na década em curso, as empresas precisarão dedicar-se, com a mesma intensidade, para não falar com os mesmos investimentos, em reinventar seus *processos gerenciais* em torno do desafio da mudança sem trauma.

Porém, o que é, exatamente, que torna uma empresa adaptável ou não? Neste capítulo, resumirei seis fatores críticos. Três deles se concentram em várias formas de flexibilidade: intelectual, estratégica e estrutural. Os outros três são capacidade de antecipação, diversidade de recursos e valores que promovem a resiliência. Sempre que necessário, retornarei a alguns pontos de capítulos anteriores. Objetivo: montar uma estrutura abrangente que o ajude a identificar os desafios à adaptabilidade e a localizar os pontos de alavancagem de sua organização.

ANTECIPAÇÃO

Você não pode ultrapassar o futuro se não o vir chegando.

A. Enfrente o inevitável

Muitas vezes, as empresas perdem o futuro não por ele ser incompreensível, mas por ser desconcertante. Reflita sobre quanto tempo a GM levou para admitir a necessidade de espremer o inchaço de seu portfólio de marcas nos Estados Unidos, que, antes da falência, incluía Saab, Hummer, Saturn e Pontiac (todas vendidas ou fechadas), além de Cadillac, Buick, Chevrolet e GMC. Todas essas linhas concorrentes talvez fizessem sentido quando a empresa tinha mais da metade do mercado americano, mas se transformou em enorme fardo quando a fatia da GM encolheu para menos de 20%. A Nokia foi outro avestruz. Embora tenha sido pioneira no smartphone (com o Nokia Communicator, em 1996), a empresa não arrancou na frente na revolução pela mobilidade de dados. A languidez de suas tentativas de se transformar de empresa de hardware em empresa de software escancarou as portas do mercado para a Apple e para a Google. Sem dúvida, alguns empregados da GM e da Nokia perceberam os presságios, mas a alta administração tinha muito capital emocional investido no passado. Para se proteger contra essa espécie de nostalgia, é preciso evitar que a equipe gerencial de alto escalão domine a discussão da estratégia. Uma maneira de conseguir esse resultado: crie fóruns on-line em que as pessoas atentas aos desafios tenham condições de soar o alarme e de sugerir possíveis reações. Em termos objetivos, a conversa sobre "para onde ir" deve ser dominada por pessoas cujo capital emocional esteja investido no futuro, não no passado. Seus líderes devem ser aqueles que não sentem a necessidade de defender decisões que foram tomadas 10 ou 20 anos atrás.

B. Aprenda com a periferia

O que é verdade em música, moda e arte também é verdade em negócios: o futuro começa na periferia, não no centro. É como William Gibson um dia observou: "O futuro já aconteceu, só que está mal distribuído." Para detectar a aproximação do futuro, os gestores devem prestar atenção às tecnologias nascentes, aos concorrentes não convencionais e aos grupos de clientes não atendidos. Boa regra prática: passe uma hora por dia, ou uns dois dias por mês, explorando as tendências emergentes em tecnologia, em estilos de vida, em regulação e em financiamento com capital de risco. Saia em campo. Converse com inventores, acadêmicos, jornalistas, promotores de campanhas sociais. É difícil divisar o futuro quando se está sentado atrás de uma mesa. Considerando o enorme poder que manejam, é sobremodo importante que os altos executivos dediquem algum tempo à "caça do futuro". Se não tiverem as próprias experiências pessoais com o futuro, eles tenderão a menosprezar as visões incômodas dos colegas mais jovens que andam pela periferia. Lembre-se: o futuro lhe dará o bote se você não o caçar primeiro.

C. Ensaie futuros alternativos

Não basta detectar tendências; é preciso refletir sobre suas implicações e sobre suas interações – e, então, desenvolver planos de contingência adequados para cada enredo potencial. Quanto mais tempo a empresa dedicar ao ensaio de futuros alternativos, mais rápida será sua reação ao desdobramento de determinado futuro: "Olha, já vimos esse filme e sabemos o que virá em seguida; portanto, vamos partir para a ação."

FLEXIBILIDADE INTELECTUAL

As empresas adaptáveis precisam de mentes adaptáveis.

A. Questione os pressupostos

Na maioria das organizações, os pressupostos arraigados são os maiores obstáculos à adaptação. Vinte anos atrás, quase todo mundo no setor de aviação civil dos Estados Unidos acreditava que se necessitava de uma frota diversificada de aeronaves e de um ou dois eixos fortificados para dirigir uma empresa de aviação de maneira lucrativa. E isso era verdade, até que a Southwest Airlines demonstrou o contrário. Uma década atrás, todos nós presumíamos que a única maneira de jogar videogame era sentado diante do computador – e isso era verdade, até que o Nintendo Wii tirou todo mundo da cadeira, com um controlador de jogo capaz de detectar movimentos. Em um mundo de mudança sem precedentes, só há uma maneira de se proteger contra a destruição criativa – promover a própria destruição. No entanto, como primeiro passo, é preciso desconstruir as próprias crenças setoriais. Algumas perguntas úteis a esse respeito: Como podemos retirar 30%, ou 50% ou 90% da estrutura de custos do setor (como a LegalZoom.com fez com a assistência jurídica básica)? Como alcançar uma categoria totalmente diferente de clientes (como a University of Phoenix fez ao lançar programas de graduação universitária para adultos no meio da carreira)? Como oferecer aos clientes melhoria de desempenho 10 vezes superior (como o Kindle da Amazon fez, ao reduzir o tempo necessário para se adquirir um livro a um minuto ou menos)? Como "encantar" os clientes, para usar o termo inspirador de Guy Kawasaki, em vez de apenas satisfazê-los ou agradá-los? Para identificar as crenças convencionais, é preciso questionar a si mesmo, a fim de imaginar a maneira de alcançar resultados não convencionais.

B. Invista na diversidade genética

O que é verdade na natureza é verdade nas empresas: a falta de diversidade limita a capacidade das espécies de mudar e se adaptar. O fato é que, apesar de todos os programas de promoção da diversidade, a maioria das empresas ainda é deficiente em diversidade. Com muita frequência, a equipe executiva é composta de veteranos com muito tempo de serviço, cujas experiências e atitudes são mais semelhantes que diferentes. A homogeneidade tem suas virtudes – facilita a comunicação e acelera o processo decisório –, mas também restringe a capacidade da empresa de responder às ameaças e oportunidades não convencionais. As equipes de todos os níveis da organização devem espelhar a diversidade de idade, gênero, cultura, habilidades e experiência. A mudança geralmente exige um catalisador, e o melhor catalisador é, com base em minha experiência, alguém cujas visões e vivências sejam muito diferentes das suas. Um modo de aumentar a diversidade é sobrecarregar todas as equipes de projetos e órgãos decisórios com indivíduos mais jovens que a média etária da empresa, que tenham atuado em outros setores e que não estejam lotados no escritório central.

C. Estimule o debate e o pensamento dialético

A diversidade será pouco valiosa se os altos executivos valorizarem a conformidade e o alinhamento acima de tudo. Uma das razões pelas quais a McKinsey & Company se manteve à frente no jogo das consultorias se deve ao fato de estimular o dissenso interno, com base na crença de que o debate vigoroso melhora a qualidade das decisões. Em qualquer organização, quase sempre os rebeldes e os insatisfeitos são os primeiros a detectar a queda iminente de um modelo de negócio há muito acalentado e os primeiros a perceber o valor de novas ideias absurdas. No entanto, em geral, esses caras são amordaçados, em vez de estimulados a falar em um megafone. Antes de todas as decisões importantes, os gestores devem perguntar a seus subordinados e colegas: "Em que estou errando? O que você faria de maneira diferente? Existe alguma alternativa que não considerei?" Os melhores líderes são os que reúnem a maior quantidade de opções, antes de decidir, e as empresas mais adaptáveis são aquelas que estimulam o pessoal a expor heresias ou a cometer apostasias.

VARIEDADE ESTRATÉGICA

Para soltar o pássaro em sua mão, é preciso ver a passarada no arvoredo.

A. Construa um portfólio de novas opções estratégicas

Sem dispor de muitas opções inovadoras e vibrantes, os gestores sempre escolherão mais do mesmo. Por isso a renovação depende da capacidade da empresa de gerar e testar centenas de novas opções estratégicas. Constata-se, aqui, uma lei de potência: em cada mil ideias malucas, apenas 100 merecerão um experimento em pequena escala. Dessas, apenas 10 justificarão investimentos sérios e só uma ou duas terão o poder de transformar uma empresa ou de fecundar uma nova empresa. A Google sabe disso. Dentro de seu negócio central (core business) de buscas, a empresa testa mais de 5 mil mudanças de software por ano e implementa cerca de 500 – isso de acordo com a *BusinessWeek*.[1] O fato de a Google, até agora, haver conseguido manter a liderança esmagadora em mecanismos de busca on-line é, em grande parte, resultado desse ritmo vertiginoso de experimentação. No fim das contas, a velocidade com que a Google ou qualquer outra empresa evolui resulta do número de novas opções estratégicas que ela é capaz de gerar e testar.

B. Construa um ímã de grandes ideias

No esforço para expandir o conjunto de opções, é importante lançar a rede de captura de inovações de maneira tão ampla quanto possível. A IBM agiu assim em 2006 e em 2008, quando promoveu o "Innovation Jams" (Improvisos de Inovações) em todo o mundo. O propósito das conversas on-line era ajudar a IBM a identificar novas maneiras de usar seus recursos para enfrentar alguns dos desafios mais prementes do mundo. No primeiro Improviso, mais de 150 mil especialistas, fornecedores, empregados e clientes participaram de duas sessões de brainstorming, com a duração de 72 horas, que geraram 46 mil postagens. A IBM destilou essa torrente de ideias em 10 novas iniciativas de crescimento e destinou US$100 milhões para financiá-las. A Dell fez algo semelhante com o Ideastorm, site em que os clientes postam sugestões de novos atributos, produtos e serviços. A batalha pela inovação é, pelo menos em parte, uma campanha para captar uma parcela mais que proporcional das grandes ideias do mundo. Não é possível ser adaptável quando não se é aberto ao aprendizado oferecido por fontes inesperadas.

C. Minimize o custo da experimentação

Uma empresa não pode explorar muitas opções inovadoras se tiver de gastar milhões (ou até milhares) de dólares em cada teste. O problema é que as grandes empresas não são muito boas em soluções baratas e superficiais. Para avançar mais rápido que a mudança, a organização deve dominar a arte da prototipagem rápida. Aqui, o objetivo é maximizar o índice de aprendizado sobre investimento a fim de encontrar o ponto doce da demanda por um novo produto ou de aperfeiçoar um negócio nascente com mais rapidez e menos custo que os concorrentes. Mais uma vez, a Google sabe disso. Durante uma conversa, o presidente executivo da Google, Eric Schmidt, me disse: "Nosso objetivo é dar mais tacadas por unidade de tempo e dinheiro que qualquer outra empresa." Para experimentar mais, as organizações precisarão aprender a experimentar mais barato, desenvolvendo storyboards, simulações, cenários de interpretação de papéis (role-playing) e maquetes baratas, que permitam aos clientes interagir com as ideias em estágios preliminares. Aprenda cedo, aprenda barato, aprenda rápido – três regras essenciais para qualquer empresa que pretenda ultrapassar a mudança.

FLEXIBILIDADE ESTRATÉGICA

Nove vezes em cada dez, a agilidade supera o tamanho.

A. Desagregue a organização

O que é grande não é ágil. Por isso não há ginastas obesos nem caças tipo jumbo. Por isso as maiores criaturas que já palmilharam este planeta desapareceram 60 milhões de anos atrás. Por isso as menores, as bactérias, ainda estão aqui – aos trilhões. Por isso a Gore & Associates, fabricante do Gore-Tex e de mil outros produtos de alta tecnologia, limita suas unidades de negócios a cerca de 200 pessoas. Por isso a Morning Star, a maior e mais eficiente processadora de tomates do mundo, tem mais de 20 unidades de negócios numa empresa com apenas 500 empregados em tempo integral. E é por isso que o tamanho médio das equipes da Google é de cinco a sete pessoas. As empresas compostas de poucas e grandes unidades organizacionais geralmente carecem de diversidade intelectual, uma vez que as pessoas da mesma unidade tendem a pensar da mesma maneira. As grandes unidades também costumam apresentar mais camadas gerenciais, o que significa que as novas ideias precisam percorrer um corredor polonês mais longo. Além disso, as empresas que sofrem de elefantíase não raro solapam a responsabilidade pessoal. Um empregado que é um entre milhares, em vez de um entre dezenas, dificilmente estará imbuído do senso de responsabilidade por ajudar a organização a mudar e adaptar-se. (Sem dúvida, isso não é comigo.) Por todas essas razões, as unidades diferenciadas são benfazejas para a adaptabilidade. A maioria dos executivos exagera as vantagens da escala e subestima os benefícios da flexibilidade – daí a preferência duradoura e, em geral, perversa por fusões e incorporações para a formação de grandes unidades, escolha que, com muita frequência, transforma acrobatas lépidos e fagueiros em gigantes musculosos e vagarosos. É bom para uma empresa parecer grande para o público externo, mas ela sempre deve parecer pequena para o público interno.

B. Estimule a competição interna por recursos

As empresas fracassam quando investem demais "no que é", em detrimento de "no que poderia ser". Isso ocorre com uma regularidade deprimente. Por quê? Porque, na maioria das organizações, os programas e as linhas de produtos tradicionais desfrutam de vantagem diferenciada na atração de recursos. No sentido oposto, os campeões do novo enfrentam, quase sempre, profunda desvantagem na hora de competir por talento e capital. Isso é verdade por dois motivos básicos: primeiro, nas burocracias, ou organizações complexas, o poder pessoal é função dos recursos controlados; é por isso que os gestores sempre relutam em reduzir seu efetivo de pessoal e cortar suas verbas orçamentárias, mesmo quando esses recursos seriam mais rentáveis em outras áreas da organização. E, segundo, os critérios de financiamento de novos projetos tendem a ser altamente conservadores. Isso faz sentido para grandes investimentos no negócio central (core business), em que a experiência fornece uma base fática sólida, mas é burrice no caso de pequenos investimentos exploratórios em novas áreas. Ninguém deveria ser obrigado a desenvolver um complexo plano de negócios para investir poucos milhares de dólares em experimentos de pequena escala. Na maioria das empresas, os negócios existentes desfrutam de uma espécie de "direito de usucapião" – apenas pequena porcentagem de seu efetivo de pessoal e de suas verbas orçamentárias está sujeita a cortes no ciclo orçamentário anual.

Várias são as soluções para esse problema. Primeiro, os executivos devem segregar parte do orçamento de capital da empresa para projetos realmente inovadores. Assim, quando um negócio tradicional não apresentar projetos revolucionários suficientes, um grande naco de seus recursos é redistribuído automaticamente para unidades mais inovadoras. Segundo, é importante afrouxar os critérios de seleção de investimentos em pequenos projetos experimentais. Os capitalistas de risco consideram os riscos no nível do portfólio, e não no âmbito de projeto a projeto. Eles sabem que a maioria das novas empresas fracassa, mas, mesmo assim, continuam investindo. Sua expectativa é que, num portfólio de 15 ou 20 empresas, uma delas venha a ser a próxima eBay ou Facebook. É como um dia me disse Steve Jurvetson, renomado capitalista de risco: "Em média, erramos, mas, quando acertamos, realmente acertamos." Portanto, embora o retorno modal (ou de ocorrência mais frequente) talvez esteja perto de zero, o retorno médio (retorno total dividido pelo investimento total) pode ser altamente positivo. As empresas precisam aprender a assumir em menor proporção os grandes riscos e, em maior, os pequenos riscos. Terceiro, os executivos devem criar incentivos para a mobilidade de talentos. Por exemplo, um gestor talentoso que muda de posição para assumir o desafio de construir um negócio inovador deve receber recompensa superior à de outro que opta pela situação segura de cuidador de um negócio tradicional.

C. Multiplique as fontes de financiamento de novas iniciativas

Na maioria das empresas, prevalece um monopsônio de novas iniciativas. (Você decerto se lembra de que monopsônio é um comprador, enquanto monopólio é um vendedor.) Com muita frequência, só existe um lugar no qual os empregados podem obter financiamento para uma ideia inovadora promissora – no alto da cadeia de comando. Se o projeto não se encaixa nas prioridades ou nos preconceitos do chefe, não é financiado. Essa escassez de fontes de financiamento atua como enorme tampão no fluxo da inovação. Imagine, por exemplo, o que aconteceria com o Vale do Silício se houvesse apenas uma empresa de capital de risco e se ela fosse dirigida, digamos, por um veterano da Microsoft. Talvez a Google e a Salesforce.com nunca tivessem sido constituídas. No mundo do capital de risco, não raro os pretensos empreendedores são rejeitados meia dúzia de vezes até descobrir um investidor receptivo. No entanto, na maioria das empresas, basta um *não* para condenar à morte um projeto.

A solução aqui não é um fundo de capital de risco nem uma incubadora de novos empreendimentos. Essas soluções dobrariam o número de fontes de financiamento, mas não iriam longe demais. Nas grandes empresas, haverá centenas de pessoas com algum tipo de verba discricionária. Imagine as consequências de se permitir que cada um desses indivíduos invista de 2% a 5% de sua verba em qualquer projeto que lhes pareça promissor. De repente, os empreendedores internos contariam com dezenas de investidores "anjos" a que poderiam recorrer em busca de financiamento. Os executivos reacionários não mais teriam o poder monocrático de torpedear uma nova ideia. Embora seja importante criar fóruns abertos em que as novas ideias concorram entre si, é ainda mais crítico garantir que os inovadores disponham de várias fontes de financiamento. Nenhum executivo isolado, nem mesmo um "comitê de capital de risco", teria poder de controle sobre as decisões de financiamento de novos projetos. Quando se trata de alocação de recursos, quase todas as empresas ainda são muito mais parecidas com a União Soviética do que com o Vale do Silício. Isso precisa mudar.

FLEXIBILIDADE ESTRUTURAL

Renuncie às suas liberdades com relutância; conserve sua flexibilidade com diligência.

A. Evite compromissos irreversíveis

Grandes investimentos de capital. Acordos trabalhistas de vários anos. Instalações especializadas. Custos fixos elevados. Todas essas coisas são perigosas em um mundo no qual o futuro dificilmente espelha o passado. Historicamente, os gestores muitas vezes trocaram a adaptabilidade duradoura por vantagens econômicas fugazes (como paz trabalhista temporária, melhores taxas de leasing no longo prazo ou uma fábrica maior). Olhando para o futuro, eles sempre precisarão avaliar de maneira explicita os "custos de adaptabilidade" de todas as decisões. As questões críticas a esse respeito incluem: "Onde isso reduz nosso grau de liberdade?" e "O que nos custaria sair disso?". Embora a recessão tenha afetado o mercado de viagens de luxo, a cadeia de hotéis Four Seasons, com sede em Toronto, resistiu à tentação de reduzir as diárias em seus hotéis, cujos níveis são de conhecimento público. Em vez disso, optou por oferecer aos viajantes uma quarta ou quinta noite gratuita. Embora a redução das tarifas pudesse ter ajudado os hotéis a ocupar seus quartos no curto prazo, teria comprometido a flexibilidade da política de preços da empresa no longo prazo. Para construir uma empresa adaptável, é preciso tornar a "reversibilidade" um parâmetro crítico em todas as decisões.

B. Invista na flexibilidade

Não basta evitar travamentos inadvertidos; todas as empresas também devem agir de maneira positiva para aumentar seu espaço de manobra. Em um mundo de mercados fraturados, de clientes volúveis e de mudanças repentinas na demanda, qualquer empresa que seja capaz de reduzir o ponto de equilíbrio (breakeven point) ou de ampliar a variedade do mix de produtos conquistará vantagem decisiva. Veja o caso da Toyota. Há muito renomada por sua flexibilidade, a Toyota tornou-se ainda mais maleável ao lançar seu sistema de fabricação Global Body Line, no começo desta década. Em comparação com seu predecessor, o bem denominado Flexible Body Line, o GBL diminuiu o custo de construção de vários veículos na mesma linha de montagem em mais 70%. Também reduziu a pegada ambiental da linha de montagem em 50% e cortou em 50% os custos de capital pertinentes.[2] A capacidade do GBL de manejar uma ampla variedade de modelos Toyota se baseia, em parte, no fato de todos os veículos serem projetados em torno de padrões dimensionais comuns que possibilitam aos robôs da linha de montagem movimentar-se ininterruptamente entre diferentes modelos de carros. Objetivo final da Toyota: fabricar cada um de seus produtos em qualquer uma de suas linhas de produção, em qualquer parte do mundo. *Isso* é flexibilidade.

C. Pense em competências e plataformas

Para ser adaptável, a empresa deve dissociar seus resultados do desempenho de qualquer mercado específico ou de determinada categoria de produto. Isso exige uma "autodefinição" elástica e flexível da empresa, algo que se baseie em competências profundas e plataformas amplas, e não em produtos e serviços isolados. Se a Apple tivesse definido a si mesma como fabricante de computadores, e não como empresa que aplica habilidades de design e engenharia do usuário, de classe mundial, a serviços digitais, jamais teria reinventado a indústria de música ou transformado o negócio de telefonia móvel. Outro exemplo: a Gore & Associates gerou lucro, todos os anos, desde a sua fundação, meio século atrás – atestado da adaptabilidade da empresa. O segredo da Gore: não tem um "negócio central" (core business). Ela se vê, isto sim, como um portfólio de competências baseadas na química, suscetíveis de serem exploradas em dezenas de mercados.

VALORES QUE PROMOVEM RESILIÊNCIA

É preciso embutir a adaptabilidade no DNA da empresa.

A. Enfrente um grande desafio

Não se pode construir uma organização adaptável sem pessoas adaptáveis, e as pessoas só mudam quando são obrigadas ou quando querem. Conforme já observamos, as mudanças profundas geralmente são provocadas por crises. Em geral, as pessoas são induzidas a mudar por circunstâncias alheias a seu controle. No entanto, todos os dias, seres humanos em todo o planeta se *empenham* em mudar, porque foram seduzidos por uma oportunidade de fazer algo grandioso, empolgante ou virtuoso. Se você quiser que as pessoas mudem por iniciativa própria, à frente das demais, é preciso oferecer-lhes algo que compense o esforço de mudança. É necessário impor-lhes algum desafio irresistível que as empurre para a frente ou criar condições para que definam as próprias motivações. Parece simples, e é, mas, na maioria das empresas, não há empolgação, não existem propósitos que despontem como picos almejados, capazes de atrair as pessoas de seu aconchego conformista para os sacos de dormir do ineditismo e para as encostas geladas da mudança e do desafio, e isso é um problema, pois, na falta de propósito, a única coisa capaz de romper o *status quo* é a dor.

B. Embuta novos princípios gerenciais

Conforme argumentei na introdução desta seção, as organizações modernas não foram projetadas para ser adaptáveis; foram desenhadas para ser disciplinadas e eficientes. É por isso que promover a mudança numa grande empresa é como forçar um cachorro a andar apenas com as patas traseiras. Se você segurar um pedaço de carne no alto, acima do focinho de um cão, é possível que o truque o induza a dar alguns passos hesitantes sobre as patas traseiras, para abocanhar o petisco, mas, assim que você soltar a isca no chão, o animal voltará às quatro patas. Isso porque ele é quadrúpede, não é bípede. Andar ereto não está previsto em seu DNA. Do mesmo modo, a maioria das empresas não tem DNA de adaptabilidade em seu genoma. Seus processos gerenciais centrais não foram desenvolvidos com o atributo da adaptabilidade. Mudar essa característica exigiria o equivalente à terapia genética: as organizações precisam complementar o DNA de eficiência com o DNA de adaptabilidade. O que isso significa na prática? Significa empenhar em aprender com as entidades de nosso planeta que demonstraram sua capacidade de adaptação ao longo de décadas, séculos e milênios – entidades como sistemas biológicos, democracias, cidades e mercados de ações. Ao escavar esses sistemas altamente adaptáveis, descobriremos os princípios da construção de empresas adaptáveis. Alguns dos mais importantes: variedade (tentar muitas coisas novas), descentralização (criar mecanismos para a mudança de baixo para cima), serendipidade (gerar mais oportunidades para encontros inesperados e para conversas imprevistas) e flexibilidade alocativa (facilitar a interação de recursos e ideias). O verdadeiro desafio, evidentemente, é descobrir como operacionalizar esses princípios nas práticas do dia a dia de sua organização. Para ideias mais profundas sobre como fazer isso, ver Capítulos 4.3, 4,4, 5.2, 5.3 e 5.4.

C. Honre os valores inspirados na Web

Dentre as criações humanas, nenhuma é mais adaptável que a Internet. Do Google à Craiglist e ao Twitter, e do YouTube ao Flickr e ao Facebook, a Web se metamorfoscou de maneira que pouca gente teria imaginado uma década atrás. Ela também disseminou novas tecnologias sociais espantosas, como crowdsourcing, folksonomia, mercados de opinião, wikis, mash-ups e microblogging. Ao contrário de nossos sistemas gerenciais, que se baseiam em modelos de controle de cima para baixo (top-down), a Web é toda periferia e muito pouco centro – sua arquitetura é ponto a ponto. No entanto, a distinção entre a tecnologia da administração e a tecnologia da Internet é mais que meramente arquitetônica. No âmago da Web, encontra-se um conjunto de valores sociais em forte contraste com os valores predominantes na média das empresas. Comunidade, transparência, liberdade, meritocracia, abertura e colaboração – esses são os elementos que compõem o etos fundamental da Web. No âmbito empresarial, os valores de controle, disciplina, responsabilidade e prestação de contas, confiabilidade e previsibilidade reinam supremos. As organizações do século XXI devem integrar esses novos valores contrapostos – e, na Seção 5, analisaremos como isso pode ser feito.

Portanto, essa é a receita para a construção de uma empresa adaptável. É assustador, eu sei – mais como tentar fazer um *vol-au-vent* com frutos do mar do que panquecas com massa pronta. Mas lembre-se dos pioneiros da administração, pessoas como Henry Ford e Frederick Winslow Taylor, que nasceram em economias agrárias e artesanais. O que os inspirou e os sustentou em seu esforço para dominar as complexidades da fabricação hipereficiente, em grande escala, missão que, do ponto de vista deles, deve ter parecido igualmente intimidadora? Um sonho, eu acho; a possibilidade de melhorar a vida de milhões de pessoas, facilitando-lhes o acesso a tecnologias capazes de reduzir a carga de trabalho e de lhes proporcionar mais lazer. Nesses termos, qual é o nosso sonho?

Hoje, nosso mundo é dominado por organizações de grande porte. Confiamos nelas como consumidores, trabalhamos nelas como empregados e dependemos delas como investidores. No entanto, essas organizações, não raro, parecem não corresponder às nossas expectativas. Como consumidores, a toda hora somos vítimas de sua indiferença, de regras e práticas que se concentram na eficiência, em vez de nos serviços. Como empregados, nossas vozes não raro são ignoradas e nossas energias criativas com frequência são desperdiçadas. E, então, quando irrompe a crise inevitável, somos convocados a suportar uma parcela desproporcional dos custos. Como investidores, observamos a contração de nossos portfólios, quando grandes empresas do passado se acidentam numa curva da estrada. Todos temos enormes interesses em nossas organizações, razão pela qual precisamos que sejam muito mais resilientes do que têm sido até agora.

Como aqueles inovadores da administração de idos remotos, também podemos sonhar. Podemos sonhar com organizações que sempre olhem para a frente e saltem sobre cada oportunidade de melhorar a condição humana. Podemos sonhar com organizações em que o entusiasmo pela mudança seja palpável e difuso, em que pessoas enobrecidas pelo senso de missão e desoneradas da burocracia acabrunhante se apressem ansiosamente em explorar o futuro. Podemos sonhar com organizações em que renegados temerários tripudiem sobre os reacionários temerosos, em que os preconizadores do futuro sempre sobrepujem os preservadores do passado. Podemos sonhar com organizações em que o drama da renovação ocorra sem traumas e viradas. E, se formos ousados, inventivos e determinados, podemos construir essas organizações. Isso é o que importa agora.

SEÇÃO 4

O que importa agora é a paixão

REVELANDO OS PEQUENOS SEGREDOS SUJOS DA ADMINISTRAÇÃO

4.1

O que você sentiria sobre um médico que mais matasse do que curasse pacientes? E sobre um detetive de polícia que mais cometesse do que resolvesse assassinatos? Ou sobre um professor cujos alunos mais desaprendessem do que aprendessem na escola? E se descobrisse que esses resultados perversos são mais regra que exceção, que são típicos da *maioria* dos médicos, da *maioria* dos policiais e da *maioria* dos professores? Você ficaria mais do que perplexo; ficaria indignado. E exigiria que algo fosse feito!

Assim, por que somos tão complacentes quando nos defrontamos com dados que sugerem que a maioria dos gestores tende mais a abafar do que a atiçar as chamas do entusiasmo dos empregados? Por que não ficamos nem um pouco zangados com o fato de nossos sistemas gerenciais serem mais propensos a frustrar que a motivar grandes realizações?

Considere os resultados do Global Workforce Survey,[1] estudo conduzido pela Towers Perrin (agora Towers Watson). Na tentativa de medir a extensão do engajamento dos empregados em todo o mundo, a empresa pesquisou mais de 90 mil trabalhadores em 18 países. O estudo abrangeu muitos dos principais fatores que determinam o envolvimento no local de trabalho, como capacidade de participar do processo decisório, estímulos ao pensamento inovador, disponibilidade de atribuições enriquecedoras do cargo e interesse demonstrado pelos altos executivos em relação ao bem-estar dos empregados.

Eis o que os pesquisadores descobriram. Pouco mais de um quinto (21%) dos empregados pesquisados realmente estavam engajados no trabalho, no sentido de que "fariam aquele esforço extra" pelos empregadores. Quase 4 em cada 10 (38%) estavam em grande parte ou totalmente desengajados, enquanto o restante se enquadrava num tépido meio-termo. Não há como adoçar essa realidade: esses dados representam a condenação contundente da administração tal como praticada hoje.

Diante dessa constatação, por que não nos escandalizamos com esses dados? Todos os anos, converso com milhares de gestores e, para a maioria deles, o envolvimento dos empregados não é prioridade A, nem B, tampouco C. Como explicar esse notório desinteresse? Várias são as hipóteses possíveis.

1. **Ignorância.** Pode ser que os gestores realmente não se deem conta de que seus empregados estão emocionalmente desligados do trabalho. Talvez os líderes empresariais não tenham visto os muitos outros trabalhos que reiteram os resultados do estudo da Towers Watson. Ou, talvez, não tenham inteligência emocional para reconhecer o grau de desafeição que aflige grande parte da força de trabalho.
2. **Indiferença.** Outra explicação: os gestores sabem que muitos empregados estão desinteressados pelo trabalho, mas não se importam com isso, seja porque a cultura organizacional calejada lhes drenou toda a empatia, ou porque consideram o engajamento financeiramente irrelevante. É algo bom de ter, mas não é algo indispensável.
3. **Impotência.** Pode ser que os gestores se importem muito com isso, mas não consigam imaginar como conseguiriam mudar as coisas para melhor. Afinal, muitos cargos são realmente monótonos. Os vendedores de varejo, os operários de fábrica, os atendentes de call center, os funcionários administrativos – evidentemente, se essas pessoas estão desengajadas, como poderia ser de outra maneira? Como carcereiros de presídios, os gestores ficariam admirados se seus custodiados de repente começassem a borbulhar com *joie de vivre*.

Avaliemos essas hipóteses. A primeira me parece improvável. Qualquer pessoa que já tenha lido as tiras de *Dilbert* sabe que o ceticismo e a passividade são endêmicos nas grandes organizações. Apenas um avestruz não perceberia essa realidade.

A segunda hipótese é mais plausível. Acho que muitos gestores ainda não compreenderam a conexão estreita entre engajamento e sucesso financeiro. As empresas com alta pontuação em engajamento ostentam taxas mais elevadas de crescimento do lucro e maiores margens – fato confirmado pelo estudo da Towers Watson,[2] assim como pelo trabalho do Professor Raj Sisodia, de Bentley College.[3] Essa correlação entre alegria e lucro tende a se fortalecer nos anos vindouros. Usarei o exemplo do iPhone da Apple para explicar por quê.

Pergunte-se: O que possibilitou que a Apple irrompesse no negócio de telefonia móvel com tanta rapidez, apesar de sua completa falta de experiência no setor? Resposta: Ela conseguiu aproveitar muitos conhecimentos comoditizados e numerosos componentes padronizados de fornecedores terceirizados. Muitas empresas, a maioria na Ásia, sabem fazer telefones móveis. Embora isso ajude a explicar como a Apple entrou com tanta rapidez no setor, não é suficiente para esclarecer por que o iPhone foi um caso de sucesso tão espetacular. No primeiro trimestre de 2011, a Nokia vendeu quase seis vezes mais telefones que a Apple, mas a Apple ganhou mais dinheiro. Por quê? Porque o preço de venda médio, no atacado, de um iPhone era de US$638, em comparação com US$87 de um produto típico da Nokia, de acordo com um relatório exclusivo da Strategy Analytics, citado em um blog da *Computer World*.[4]

A lição aqui é: não é preciso ser o maior para ser o mais lucrativo, mas é preciso ser o mais diferenciado. A Apple transformou o iPhone em máquina de dinheiro, injetando nele muitos conhecimentos não comoditizados. Ao ser lançado, em junho de 2007, o iPhone ofereceu aos usuários um portfólio único de funções: tela sensível ao toque, tocador de música embutido, navegador de Web de alta capacidade e um conjunto de aplicativos úteis que permitem ao usuário verificar o tempo, acompanhar as ações e ver vídeos no YouTube.

O fato de as margens da Apple serem tão superiores às da Nokia reflete uma realidade simples: ao fazer telefones móveis, a Apple acrescenta muito mais diferenciação aos componentes padronizados que a Nokia – e o faz de maneira altamente eficiente. Ou, em outras palavras, entre todos os vários atores da cadeia de valor do iPhone, a Apple apresenta, de longe, o mais alto índice de diferenciação/custo e, assim, engorda as margens.

Em um mundo de conhecimento comoditizado, os retornos vão para as empresas capazes de produzir conhecimento não padronizado. O sucesso aqui é medido pelo lucro por empregado, ajustado pelo capital. Como seria de esperar, o lucro *per capita* da Apple é bem mais alto que o de seus maiores concorrentes, assim como o índice lucro/ativo fixo líquido da empresa.

Não importa muito *aonde* sua empresa se situa no ecossistema setorial, nem o grau de sua integração vertical ou horizontal. O que importa é sua "fatia na percepção de valor do cliente" e seus custos para produzir esse valor. Quanto maior for sua fatia na diferenciação, maior será sua fatia nos lucros do setor.

Evidentemente, a Apple não está imune às forças da comoditização. Poucos meses depois de seu lançamento, muitos dos atributos originais do iPhone haviam sido copiados pelos concorrentes. Em consequência, a Apple teve de inovar de novo, convidando desenvolvedores terceirizados a escrever aplicativos para o iPhone, lançando as bases, assim, para uma revolução na computação portátil. Porém, novamente, concorrentes como Blackberry e Google estão na cola da Apple.

Mas o que tudo isso tem a ver com engajamento? Apenas o seguinte: em um mundo em que os clientes acordam todas as manhãs perguntando: "O que há de novo, o que há de diferente, o que há de espantoso?", o sucesso depende da capacidade da empresa de liberar a iniciativa, a imaginação e a paixão dos empregados, em todos os níveis, o que só é possível se todos os corações e mentes estiverem envolvidos com o trabalho, com a empresa e com a missão.

Em meu último livro, *O futuro da administração*, propus um arcabouço simples – minha versão da hierarquia, de Maslow –, só que, nesse caso, não se trata de hierarquia das necessidades humanas, mas, sim, das capacidades humanas no trabalho (ver Figura 4.1.1). Na parte inferior, está a *obediência* – empregados que comparecem todos os dias e seguem todas as regras e procedimentos da organização. A obediência, sem dúvida, é importante, tanto que os empreendimentos de grande porte seriam impossíveis sem ela. No degrau seguinte, encontra-se a *diligência* – empregados que trabalham duro, que persistem até a conclusão do trabalho e que assumem responsabilidade pessoal pela produção de ótimos resultados. Também esse segundo fator é fundamental. Não há como se construir uma organização vencedora com moleirões. Em seguida, vem *intelecto*, ou competência pessoal. Todas as empresas querem empregados com habilidades de classe mundial, bem treinados e ansiosos por aprender mais. O problema é que *obediência*, *diligência* e *competência* estão se tornando commodities globais. É possível comprar essas capacidades humanas em praticamente qualquer parte do mundo, e, em lugares como Índia e China, elas podem ser compradas por quase nada. Reconhecendo essa realidade, as empresas terceirizaram milhões de empregos para países com excesso de trabalhadores bem treinados. Entretanto, a arbitragem de salários não é estratégia para a preservação da vantagem competitiva duradoura, uma vez que todos os concorrentes têm mais ou menos o mesmo acesso a esses fatores de produção de baixo custo. Em outras palavras, se obediência, diligência e conhecimento são as *únicas* contribuições que você está conseguindo de seus empregados, sua empresa acabará ficando para trás.

Figura 4.1.1: Hierarquia das capacidades humanas no trabalho

Nível 6: **Paixão**
Nível 5: **Criatividade**
Nível 4: **Iniciativa**

Nível 3: **Expertise**
Nível 2: **Diligência**
Nível 1: **Obediência**

Portanto, temos de subir na pirâmide das capacidades. Além da *expertise*, está a *iniciativa* – empregados que entram em ação sempre que detectam problemas ou oportunidades, que não esperam ordens, que não estão presos à descrição do cargo e que são proativos por instinto. Um degrau acima, encontra-se a *criatividade*. Aqui, os empregados estão ansiosos por desafiar a sabedoria convencional e estão sempre em busca de ótimas ideias a serem importadas de outros setores. Finalmente, no ápice, desponta a *paixão* – empregados que encaram o trabalho como vocação, como maneira de fazer diferença positiva no mundo. Para essas almas ardentes, a linha divisória entre vocação e ocupação é indistinta, na melhor das hipóteses. Eles se dedicam integralmente, de corpo e alma, ao trabalho. Ainda que outros empregados estejam apenas *presentes*, eles estão *engajados*.

Na economia criativa de hoje, as capacidades no topo da pirâmide é que criam mais valor. Audácia, imaginação e zelo são as fontes derradeiras da diferenciação. Mas eis a questão. As capacidades humanas de mais alta ordem são como *dons*: insuscetíveis de comando e controle. Não podemos *impor* que alguém seja apaixonado ou criativo. Bem, é até possível tentar, mas não adianta nada. As pessoas é que escolhem levar ou não levar esses dons para o trabalho, e, como vimos, as pesquisas mostram que a maioria prefere deixá-los em casa.

Em toda a história, os gestores sempre consideraram que sua tarefa básica era garantir que os empregados contribuíssem para os objetivos da organização – com obediência, diligência e *expertise*. Agora, precisamos virar pelo avesso o pressuposto "organização primeiro, seres humanos depois". Em vez de perguntar: "Como conseguir que os empregados sirvam melhor à organização?", devemos perguntar: "Como construir organizações que *mereçam* os dons extraordinários que os empregados podem trazer para o trabalho?" Em termos mais objetivos, a tarefa mais importante dos gestores de hoje é criar um ambiente de trabalho que *inspire* contribuições excepcionais e que *mereça* erupções de paixão, imaginação e iniciativa.

Recapitulemos:

- Em todos os setores há enormes veios de conhecimento crítico que foram comoditizados, e o que ainda não foi comoditizado em breve o será.
- Isso dito, precisamos dar adeus à "economia do conhecimento" e proclamar as boas-vindas à "economia da criatividade".
- O que importa hoje é a rapidez com que a empresa é capaz de gerar *novos* insights e de construir *novos* conhecimentos, do tipo que aumenta o valor para o cliente.
- Para esconjurar a maldição da comoditização, a empresa precisa ter a capacidade de mudar o jogo, o que exige empregados proativos, inventivos e apaixonados.
- O problema é que as capacidades humanas que mais importam na economia criativa são exatamente aquelas mais difíceis de "gerenciar".
- Considerando tudo isso, precisamos deslocar o foco da "gestão" para a "liberação".

Hoje, nenhum líder pode dar-se o luxo de ser indiferente ao desafio de engajar os empregados no trabalho de criação do futuro. O engajamento talvez fosse irrelevante na economia industrial e opcional na economia do conhecimento, mas, agora, é o nome do jogo.

Muito justo, você diria. Eu adoraria criar um ambiente de trabalho altamente envolvente, mas os caras que trabalham para mim não estão criando produtos maravilhosos, na vanguarda da tecnologia; estão atendendo telefonemas no call center, limpando quartos de hotel e empacotando mantimentos. Como esperar que alguém se engaje no trabalho se o trabalho não é envolvente ou engajador? Muitos trabalhos são horríveis. Não é isso que os dados nos dizem?

Na verdade, não. Oitenta e seis por cento dos empregados no estudo da Towers Watson afirmaram que amavam ou gostavam do trabalho. Se é assim, por que não se constata mais engajamento? Julie Gebauer, que liderou o Global Workforce Study, aponta para três fatores fundamentais no engajamento: primeiro, o escopo que se oferece aos empregados para aprender e avançar (Há oportunidades de crescimento?); segundo, a reputação da empresa e seu empenho em fazer diferença no mundo (Há uma missão que justifique esforço extraordinário?); e, terceiro, os comportamentos e valores dos líderes da organização (Eles são confiáveis, as pessoas querem segui-los?)

Todas essas são *questões* gerenciais. São os gestores que capacitam os indivíduos e abrem espaço para que sejam excelentes e superem as expectativas, ou não. São os gestores que ajudam a definir uma visão cativante e relevante, em termos sociais, e depois as convertem em grito de guerra, ou não. São os gestores que demonstram valores elogiáveis, ou não. Aqui, mais uma vez, os dados do estudo são perturbadores.

Apenas 38% dos empregados acreditam que a "alta administração [está] sinceramente interessada no bem-estar dos empregados". Menos de 4 em cada 10 empregados acreditam que a "alta administração se comunica com abertura e honestidade". Nada mais que 40% acreditam que a "alta administração transmite [as] razões das decisões empresariais", e somente 44% dos empregados acham que a "alta administração tenta ser visível e acessível". Talvez o pior de tudo: menos da metade dos pesquisados concorda que "as decisões da alta administração [foram] compatíveis com os nossos valores".

Minha conclusão de tudo isso: se desejamos reforçar o engajamento dos empregados, é preciso começar com o reconhecimento de que, se os empregados não são tão entusiásticos, apaixonados e vibrantes quanto poderiam ser, não é porque o trabalho suga; mas porque a administração sopra.

PONDO AS PESSOAS À FRENTE DAS INSTITUIÇÕES

4.2

Moro a menos de um quilômetro da Falha de Santo André – fato que borbulha em minha consciência sempre que alguma outra parte do mundo sofre um terremoto. Às vezes me pergunto se esse sentimento esconso de desastre iminente é responsável, ao menos em parte, pelo ritmo de trabalho vibrante e pelo senso de urgência premente do Vale do Silício. Construa sua empresa como se fosse para ontem, porque amanhã tudo pode ter virado pó.

Como muitos tipos de mudança, os grandes acontecimentos tectônicos se dão muito lentamente até que tudo irrompe de repente. As placas itinerantes da Terra são controladas pelo atrito durante décadas ou séculos e, então, um dia, as forças da mudança finalmente se desprendem e o planeta entra em erupção.

Em geral, as convulsões sociais não são tão abruptas quanto os terremotos, mas, ainda assim, podem ser surpreendentes, em especial para quem não estava prestando atenção. Anos de ressentimentos reprimidos e de frustrações inibidas podem, de repente, explodir e fraturar relacionamentos duradouros. Aconteceu em 1773, quando colonos enfurecidos lançaram 300 baús de chá inglês no Porto de Boston. Aconteceu em 1966, quando preconizadores obstinados dos direitos civis marcharam de Selma, Alabama, à sede da Assembleia Legislativa do Estado. Aconteceu em 1989, quando alemães eufóricos derrubaram o Muro de Berlim, e, novamente, em 2011, quando uma revolta de cidadãos convocada pelo Twitter forçou Hosni Mubarak, do Egito, a apear do poder.

E está acontecendo agora, ao longo da linha de falha que se estende entre os indivíduos e as instituições.

Nos últimos anos, assistimos a uma ruptura fundamental na confiança que as pessoas depositam nas grandes organizações e em seus gestores. Quando uma recente pesquisa da Gallup[1] pediu-lhes que avaliassem a ética das várias profissões, os americanos classificaram os representantes de grandes empresas e do grande governo quase no extremo inferior. Apenas 15% dos respondentes avaliaram os padrões éticos dos executivos como "altos" ou "muito altos". Membros do Congresso se saíram ainda pior, com 9%.

	Percentual de respondentes que consideraram os padrões éticos de cada profissão "altos" ou "muito altos".
Enfermeiros	81%
Médicos	66%
Oficiais	62%
Clérigos	53%
Repórteres de televisão	23%
Banqueiros	23%
Advogados	17%
Executivos de empresas	15%
Congressistas	9%
Vendedores de carros	7%

No Edelman Trust Barometer,[2] de 2010, somente um quarto dos americanos afirmou que consideraria "altamente confiáveis" ou "extremamente confiáveis" as informações que recebessem do CEO de uma empresa.

Embora se possa argumentar que esse déficit de confiança é subproduto da alta visibilidade de uns poucos escândalos recentes, como os que envolveram a Parmalat, da Itália, ou o Lehman Brothers, acredito que algo mais profundo está ocorrendo. As placas tectônicas dos interesses individuais e dos interesses institucionais estão avançando em diferentes direções, já há algum tempo, pelo menos sob a perspectiva dos trabalhadores e dos eleitores "comuns".

Quando um político flexibiliza a verdade ou um CEO quebra uma promessa (como Irene Rosenfeld, da Kraft, ao negar o compromisso que assumira, antes da fusão, de não fechar a fábrica de chocolates Cadbury, em Somerdale, Inglaterra),[3] a confiança leva uma surra. No entanto, acho que a dissociação entre indivíduos e instituições é consequência de algo mais fundamental do que algumas vigarices ou até que alguns grandes delitos ocasionais, em escala Enron.

Isso não significa que os indivíduos tenham perdido a fé na integridade de seus líderes, mas, sim, que não mais acreditam que as instituições mais poderosas da sociedade estejam agindo em defesa de seus interesses. No momento em que escrevi esta página, apenas 6% dos americanos achavam que seus legisladores em Washington estavam fazendo "bom" ou "excelente" trabalho.[4] E, como vimos no capítulo anterior, menos de 4 em cada 10 empregados acreditam que seus gerentes estejam de fato interessados em seu bem-estar.[5]

Confiança não é apenas uma questão de fidedignidade; é também uma questão de cordialidade e de boa vontade. Confiamos em quem cuida sinceramente de nossos interesses e desconfiamos de quem parece insensível em relação às nossas preocupações. Mentira e indiferença podem solapar um relacionamento, mas o desgaste lento da afinidade e da concordância pode produzir efeito semelhante.

Quando os órgãos legislativos são dominados por políticos que põem os interesses de seus patrocinadores financeiros à frente dos interesses de seus constituintes ou sacrificam a segurança econômica duradoura de seu país por vantagens políticas imediatistas, as instituições públicas não mais serão merecedoras de confiança, mesmo que diretrizes éticas não tenham sido transgredidas. Do mesmo modo, quando os líderes empresariais tratam os empregados como recursos descartáveis, enquanto embolsam enormes bônus, ou podam os benefícios dos empregados, ao mesmo tempo que mantêm seus privilégios perdulários, as empresas são vistas com suspeita, mesmo que não se transgrida lei alguma.

Não tenho evidências empíricas de que os líderes se tornaram menos honestos nos últimos anos, mas realmente parece que hoje são menos sensíveis aos interesses dos cidadãos e dos empregados, ou, no mínimo, essa é a percepção generalizada. Muitas são as causas dessa desconexão. No caso do governo federal dos Estados Unidos, aí se incluem: (1) sistema de financiamento das campanhas eleitorais que transformam os legisladores em totós de interesses especiais; (2) divisão dos distritos eleitorais de maneira a blindar os incumbentes contra questionamentos; (3) sistema de seleção de candidatos que atribui influência indevida aos extremistas dos partidos. Nas empresas, o desalinhamento é consequência de: (1) pressões competitivas que criam incentivos para a arbitragem de salários; (2) sistemas de remuneração de executivos que desestimulam a mentalidade de longo prazo; (3) práticas administrativas autoritárias que solapam o moral e frustram a colaboração.

Outro réu mais insidioso é o impulso centralizador dos líderes empresariais e governamentais. Os detentores de poder em geral querem mais poder e, quase sempre, são habilidosos em inventar argumentos para justificar suas pretensões de mais poder. Quem contestaria a necessidade de uma "solução abrangente" para a "harmonização", para o "compartilhamento de serviços", para a adoção das "melhores práticas" ou para a promoção de "economias de escala"? No entanto, à medida que o poder migra da periferia para o centro, a influência dos indivíduos diminui e as políticas se tornam menos sintonizadas com as circunstâncias locais. Resultado: populações que se sentem empulhadas e impotentes.

Acredito que o crescimento da Internet também contribuiu para a fenda entre indivíduos e instituições. Nos anos recentes, milhões de pessoas se apressaram em tirar proveito da arquitetura aberta e da meritocracia da Internet. Temos usado a Web para expressar nossas opiniões, para denunciar as malfeitorias dos poderosos, para construir comunidades on-line e para lançar novas iniciativas populares. À medida que agíamos assim, também nos tornávamos menos tolerantes em relação às estruturas de poder fechadas e de cima para baixo que encontramos no mundo off-line.

Quaisquer que sejam as causas, os dados são claros: cada vez mais pessoas sentem que nossas instituições são dirigidas para o benefício dos plutocratas. Meus amigos católicos se sentem desonrados pelas reações vagarosas da Igreja ao câncer dos abusos sexuais. Os ativistas do Tea Party se sentem logrados pelos políticos que recebem ordens dos lobistas do Beltway (establishment político de Washington). A brigada do movimento Occupy Wall Street se sente ludibriada pelo sistema financeiro que recompensa com prodigalidade os banqueiros imprudentes. E, em todo o mundo, os empregados de linha de frente se sentem marginalizados por gestores que os veem como robôs semiprogramáveis.

Do ponto de vista da base da pirâmide, os problemas do topo não são tanto desonestidade escancarada quanto desconsideração aristocrática. Não admira, então, que o populismo se torne uma força política cada vez mais poderosa nos Estados Unidos ou que os jovens estudantes de MBA que estão à procura de emprego classifiquem "consideração pelos empregados" quase tão alto quanto "salário inicial" ao avaliar o futuro empregador.[6]

Na edição de 2010 do *Global Workforce Study*, a Towers Watson descobriu que os empregados estão mais dispostos do que nunca a trocar benefícios indiretos (como treinamento, bônus e aumentos salariais regulares) por segurança no emprego.[7] O problema é que dificilmente ocorrerá qualquer aumento na segurança do emprego. Empresas que não recompensavam a fidelidade e a dedicação em um mercado de trabalho com baixo desemprego dificilmente o farão em meio a uma recessão, quando os empregados têm poucas escolhas. Em vez disso, é mais provável que os executivos usem seu maior poder de barganha para espremer ainda mais os empregados, ao mesmo tempo que podam seus benefícios. A fragilidade da economia talvez reduza a rotatividade de pessoal, mas, decerto, aumentará o ressentimento.

Não importa o que venha a acontecer com a economia, os liames que entrelaçam indivíduos e instituições continuarão a se esgarçar, até que os líderes de todos os tipos repensem suas premissas básicas sobre o relacionamento entre humanos e organizações.

Abra a cabeça de um gestor médio e você descobrirá uma mentalidade que põe a instituição à frente ou acima dos indivíduos:

INSTITUIÇÃO → INDIVÍDUO → LUCRO

A empresa contrata empregados para produzir bens e serviços que geram lucro para os acionistas. Segundo esse modelo, o indivíduo é para a instituição o que os seres humanos são para o filme *Matrix* – matérias-primas, fatores de produção, contratados para servir aos objetivos da instituição. Na vida real, os seres humanos não estão ligados a máquinas, mas, em geral, estão conectados a papéis em que não se encaixam e a cargos nos quais não se realizam. Em geral, é o indivíduo que deve ajustar-se à organização, e não o contrário. Se você duvidar disso, pergunte-se quais tarefas assumiria se tivesse liberdade de escolha. Para que chefe você trabalharia se tivesse o direito de opção. Que computador usaria no emprego se pudesse ficar com o de sua preferência.

No entanto, podemos imaginar um modelo diferente, em que os interesses dos indivíduos têm precedência:

INDIVÍDUO → ORGANIZAÇÃO → IMPACTO

Observe, aqui, a substituição da palavra "instituição" por "organização". Aquela implica muita estrutura e distribuição hierárquica da autoridade. Esta é um pouco mais ambígua. Pode ser algo celular, como Alcoólicos Anônimos, ou uma entidade em rede, como um projeto de software de fonte aberta. Aqui, as pessoas "incumbidas" são líderes servidores que veem seus constituintes como voluntários, mesmo que sejam remunerados. Há uma compreensão implícita de que as organizações só serão bem-sucedidas se atenderem às necessidades de seus apoiadores. Segundo esse modelo, a organização, não o indivíduo, é o instrumento.

Esses dois modelos são os extremos de um *continuum*, e, embora poucas organizações (ou instituições) se situem nos extremos, a maioria dos grandes empreendimentos ocupa o lado do espectro "instituição primeiro, empregados depois". Acho que devemos inverter esse quadro por duas razões.

Primeiro, interesses desalinhados comprometem a competitividade. Um público cético e receoso se empenhará em emaranhar as grandes empresas numa teia de regras e regulamentos, tornando essas instituições menos flexíveis e responsivas. Além disso, as instituições que inspiram baixa confiança e baixo engajamento não serão capazes de explorar em sua plenitude os talentos de seus membros e, por conseguinte, serão menos inovadoras e resilientes. Essa mistura de excesso de regulação, de um lado, e subaproveitamento do talento, de outro, resultará em instituições menos competitivas que seu potencial.

E, segundo, merecemos algo melhor. Ninguém deve ser obrigado a trabalhar numa organização que mais parece uma economia de planejamento central que uma comunidade aberta e vibrante. Nem ninguém, numa democracia, deve sentir-se mais súdito que cidadão.

A construção de organizações antropocêntricas, ou centradas em humanos, não significa retorno às práticas paternalistas, voltadas ao bem-estar dos empregados, do século XIX. A maioria das pessoas não quer ser pajeada. Compreendemos que vivemos em um mundo de incertezas, no qual ninguém pode garantir a segurança do emprego. Também compreendemos que os interesses individuais variam e que nenhuma organização isolada pode reconciliar todas as nossas demandas concorrentes. No entanto, esperamos que nossas instituições sejam nossas servas, não o oposto. Isso implica organizações erigidas em torno de alguns princípios simples, mas importantes:

- Descentralize sempre que possível.
- Enfatize a comunidade em relação à hierarquia.
- Garanta a transparência na tomada de decisões.
- Torne os líderes mais responsáveis para com os liderados.
- Alinhe as recompensas com contribuições, e não com poder e posição.
- Substitua as avaliações de cima para baixo por avaliações pelos pares.
- Amplie decididamente o escopo da autodeterminação.

Mas você perguntaria, será que um empreendimento centrado na instituição pode virar pelo avesso? Será que os líderes serão capazes de mudar seus modelos mentais? Será que há como persuadi-los a abrir mão de suas prerrogativas? Será que os modelos de comando e controle conseguirão reinventar-se em modelos de mobilização e mentorização? E será que isso não solapará a eficácia organizacional? Acho que a resposta é um "sim" experimental. No próximo capítulo, compartilharei um exemplo animador de uma instituição com 500 anos.

CONSTRUINDO COMUNIDADES MOVIDAS A PAIXÃO 4.3

Não o culparia por pensar que sou um pouco romântico, não do tipo vinho e rosas, mas daquela espécie piegas. Vamos lá, Gary, você diria, não é possível criar organizações em que pessoas comuns vêm em primeiro lugar, a não ser que se comece tudo de novo. Talvez a Whole Foods se enquadre nessa categoria de "o amor, o sorriso e a flor", mas isso porque o fundador, John Mackey, foi hippie e ainda está dirigindo o lugar. Como essas teorias funcionariam em uma organização plena de tradições, com uma hierarquia encravada? E o que você poderia fazer se fosse não mais que um líder de equipe, em vez de um VPE? Sim, sem dúvida, eu gostaria de bombear paixão em minha organização, mas é difícil fazer isso quando se está soterrado sob camadas de burocracia.

Concordo. Seu ceticismo é justificado. É difícil mudar velhas organizações, mas é possível, e você pode começar em qualquer lugar, mesmo com a *sua* equipe. Não acredita? Acompanhe-me e vou contar-lhe a história surpreendente de uma mudança de baixo para cima, em uma organização que nasceu durante o reinado de Henrique VIII, da Inglaterra: a Igreja da Inglaterra.

Hoje, menos de 3% da população inglesa assiste a cultos da Igreja da Inglaterra em um mês típico.[1] Desde 1969, o número de fiéis caiu pela metade.[2] Pesquisa da

Tearfund, instituição filantrópica cristã, estima que um terço da população britânica é, hoje, arreligiosa, ou seja, ex-paroquianos que não mais participam dos serviços semanais.[3] O fato de mais de 50% dos residentes no Reino Unido ainda se descreverem como cristãos torna o declínio da igreja "tradicional" da Inglaterra ainda mais espantoso. Como afirmou um site cristão, "se a Igreja da Inglaterra fosse a seleção nacional de futebol, já teríamos demitido o técnico há muito tempo".[4]

O fato é que a Igreja da Inglaterra se tornou irrelevante para milhões de cidadãos ingleses. A esta altura, devo declarar um interesse pessoal. Durante os 10 anos em que residi no Reino Unido, frequentemente assistia aos cultos anglicanos, que se distinguiam por seus cânticos empolgantes, por suas pregações apaixonadas e por sua programação infantil vibrante. No entanto, eu ainda achava fácil ser carola, consumidor e crítico. Afinal, a única coisa que o vigário parecia querer de mim era coração bondoso e mão generosa. Eu, como outros paroquianos, recebíamos pedidos ocasionais para participar de algumas das iniciativas bem-intencionadas da igreja ou para ajudar a financiar seus vários programas, mas tudo se resumia nisso. Nenhum dos clérigos parecia ansioso para que eu ou qualquer outro fiel realmente tomássemos a iniciativa e *começássemos* algo. Nunca fui convocado para liderar, apenas para "servir". E, se parece que estou justificando minha letargia, você está certo – mas é difícil empolgar-se quando há pouco espaço para iniciativas e quando as categorias de contribuições já foram definidas por outras pessoas. Para ser objetivo, tive dificuldade em encontrar meu nicho em um modelo de "igreja" dirigida de cima para baixo e liderada do púlpito, e ainda tenho. A esse respeito, não estou sozinho; bem, não se a experiência de Drew Williams for algo a considerar.

Conheci Drew uns dois anos atrás, quase 15 anos depois de ter deixado a Inglaterra para residir nos Estados Unidos. Drew, vim a saber, tinha feito, havia pouco, sua mudança transatlântica, para se tornar pastor de uma igreja em Greenwich, Connecticut. Dez anos antes, ele também havia mudado de carreira. Com formação e treinamento em advocacia contenciosa de empresas, Drew exerceu a profissão durante 10 anos, até que resolveu seguir uma "vocação mais alta". Depois de concluir sua educação teológica em Bristol, ele foi nomeado vigário assistente de uma congregação anglicana, cerca de 40 quilômetros a nordeste de Londres, em Shorleywood, Hertfordshire.

Drew me enviou um e-mail depois de ouvir uma palestra na qual argumentei que as organizações deveriam basear-se em "comunidades de paixão". Em seus comentários, ele afirmou: "Quis levantar-me e aplaudir quando você disse isso, mas, como sou inglês, fiquei quieto." Quando, finalmente, conversamos por telefone, soube que Drew fora um dos pioneiros de um novo "modelo gerencial" radical, durante seu mandato em St. Andrews, algo que começava nos bancos, em vez de no púlpito, e se expandia para fora, em vez de para baixo. Uau, pensei, se isso é possível numa instituição que está por aí há meio milênio, talvez de fato *possamos* transpor o abismo entre organizações e indivíduos.

Quando, em 2003, Drew assumiu seu posto em St. Andrews, encontrou uma igreja com 500 membros, que dispunha de todo um repertório de programas e que oferecia vários tipos de cultos altamente refinados todas as semanas; enfim, uma igreja que era, para os padrões ingleses, grande e bem-sucedida.

O problema era que, segundo as palavras de Drew, St. Andrews era uma igreja cuja porta de saída era maior que a porta de entrada. Ela perdia por ano 10% dos paroquianos. Drew não estava satisfeito com o que considerava um modelo de igreja "venha a nós", em que os serviços semanais e o edifício físico eram os pontos focais – em termos físicos e espirituais – da missão da igreja.

"Os cultos eram primorosos", disse Drew, "mas éramos muito fracos em envolver os fiéis. Os paroquianos olhavam para nós e diziam: 'Será que eu poderia fazer alguma coisa? Tudo aqui é tão profissional!' Nossa congregação se via mais como público que como participante."

O vigário de St. Andrews, Mark Stibbe, que também se incomodava com essa realidade, pediu a Drew para se incumbir de desenvolver uma nova estratégia. Drew ainda se lembra: "Eu estava sentado ao lado de Mark, na igreja, certo dia, quando ele disse à congregação: 'Gostaria que todos vocês viessem à igreja, daqui a duas semanas, para um encontro muito importante. Drew vai apresentar-lhes o novo plano de nossa igreja.'" Drew ficou espantado, para dizer o mínimo, pois essa era a primeira vez que ele ouvia falar em sua nova atribuição. "Eu havia sido fisgado – e não tinha a menor ideia de por onde começar."

Acreditando que a verdadeira missão de St. Andrews era levar esperança a quem estava fora do prédio e além da congregação, Drew começou a refletir sobre como poderia construir uma igreja do tipo "vá a eles", uma igreja que estimulasse o crescimento espiritual de seus membros e, ao mesmo tempo, multiplicasse seu impacto na comunidade.

Ao enfrentar esse desafio, Drew se surpreendeu com outra constatação. St. Andrews tinha pequenos grupos (em geral, três a quatro fiéis que se reuniam durante a semana para conversar e rezar) e um grupo realmente grande (toda a congregação), mas não tinha grupos de tamanho intermediário – nada equivalente a uma grande família, mais de 3 e menos de 50. Isso parecia estranho, uma vez que, em seus primórdios, a Igreja Católica fora construída em torno de comunidades exatamente desse tamanho.

Com o relógio tiquetaqueando, Drew pesquisou desesperadamente (palavras dele) estudos de casos que lhe apontassem a direção certa. Finalmente, encontrou algo em Sheffield, Inglaterra. Lá, Mike Breen, vigário de St. Thomas Crookes, vinha fazendo experiências com programas baseados em grupos de porte médio. Aliviado por ter encontrado um possível exemplo, Drew dirigiu até Sheffield e passou várias horas entrevistando Mike sobre sua nova abordagem. No fim do encontro, Drew tinha a impressão de que, mesmo que não tivesse encontrado o Santo Graal, talvez estivesse na direção certa.

Drew viu várias vantagens em organizar St. Andrews em torno de grupos de porte médio, ou o que ele depois denominaria Comunidades Missionárias (Mission-Shaped Communiies).

Primeiro, elas seriam mais abertas e receptivas que os pequenos grupos. Com o passar do tempo, os pequenos grupos tendiam a virar "panelinhas". Quando Drew tentava ajudar um novo membro a se conectar com um grupo pequeno, quase sempre lhe diziam que o grupo estava completo ou lhe perguntavam se o recém-chegado não estava demasiadamente carente. Já os grupos de porte médio eram bastante grandes para que o recém-chegado não se destacasse muito e bastante pequenos para que ele não se perdesse.

Segundo, há muito mais espaço para que os membros exerçam seus dons de liderança em grupos de tamanho intermediário. Uma equipe de três ou quatro não era grande o suficiente para executar projetos significativos nem representavam para os líderes leigos bem-dotados desafio motivador. Por outro lado, poucos membros leigos se apresentavam como voluntários em projetos de grande escala, que envolviam toda a igreja, uma vez que, em geral, não faziam bom uso de talentos específicos da congregação.

Finalmente, Drew esperava que as Comunidades Missionárias fortalecessem o tecido social da igreja, mediante a criação de novas oportunidades para que os membros se relacionassem entre si.

Numa noite de ventania, em novembro, Drew postou-se diante de um santuário quase cheio e esboçou suas ideias. Quem esperava uma estratégia grandiosa ficou desapontado. Em vez disso, ele pastoreou os ouvintes de volta à igreja primordial. Nos primeiros séculos depois de Cristo, a Igreja estava organizada em torno de pequenas comunidades locais. Drew observou que aqueles primeiros fiéis se reuniam na maior casa disponível e, quando ficavam sem espaço, se subdividiam e formavam nova comunidade.

Drew admitiu que não tinha um plano exato para pôr em prática suas ideias, mas pediu a todos que pensassem sobre os tipos de diferenças que poderiam fazer se fossem parte de uma comunidade mais íntima e apaixonada. E desafiou os paroquianos: Qual é sua paixão? Onde está seu coração? Que programas vocês gostariam de começar ou ajudar a ampliar? No fim da palestra, Drew anunciou que uma reunião de acompanhamento seria realizada dali a um mês e convidou todos que estivessem dispostos a liderar uma Comunidade Missionária a expor suas ideias.

No íntimo, Drew esperava que 12 possíveis líderes respondessem a essa convocação. Ele achava que uma dúzia era a massa crítica de que precisava para começar algo novo. Em 6 de dezembro, compareceram exatamente 12 paroquianos.

Depois de uma oração de abertura, os participantes falaram de suas paixões por crianças, por incapazes, por estudantes e por idosos. Drew incentivou-os a conversar com outros membros da congregação, a recrutar voluntários e a elaborar planos. Ele deu muito pouca orientação aos pretensos líderes. Quando lhe perguntavam: "Com que frequência devemos reunir-nos?", Drew respondia: "Não sei, por que você não reza a esse respeito?" Quando indagavam: "Onde devemos reunir-nos?" ou "Qual será nossa estratégia?", ele devolvia a responsabilidade por rechear o novo modelo aos paroquianos.

Mas Drew foi claro a respeito de uma condição: todo grupo precisava ter um propósito que fosse além da mera reunião em si. Todas as semanas, Drew se encontrava com todas as novas equipes, rezava com elas e as encorajava a assumir riscos e a progredir com os erros.

A primeira comunidade missionária se levantou e começou a correr em janeiro. Ela arregimentou um grupo de membros que moravam em Watford, uma grande cidade perto de Chorleywood. O grupo se reunia numa casa para trocar ideias e estimular a criatividade sobre uma possível missão. Enquanto conversavam, perceberam, certo dia, que algumas crianças estavam jogando futebol em um parque nas imediações. Os pais se postavam de pé ao redor do campo, torcendo pelos filhos. Espalhadas pelas laterais, algumas dezenas de crianças menores, algumas encolhidas de frio, pareciam ao mesmo tempo ansiosas e chateadas. Talvez, alguém aventurou-se, pudéssemos organizar uma espécie de clube para aquelas crianças que vêm aqui todas as semanas e não têm a chance de jogar. O clube foi sucesso imediato para as crianças e para os pais. A novidade se espalhou e, em breve, a nova Comunidade Missionária foi convidada a operar um clube que funcionaria depois das aulas, numa escola de ensino fundamental próxima. Os membros da Comunidade Missionária foram francos sobre suas intenções e disseram aos pais: "Vamos falar sobre Jesus, está bem?" e praticamente todos os pais concordaram.

Outra Comunidade Missionária dedicou-se a amparar boêmios na volta para casa de madrugada, depois das festas. Seus membros tomavam as ruas nas primeiras horas da manhã, quando os notívagos saíam cambaleando das boates, com calçados e roupas inadequados. Mulheres com olhos esgazeados, equilibrando-se em saltos altos nas calçadas esburacadas, recebiam sandálias de borracha. Dependendo das circunstâncias, ainda tomavam uma xícara de café quente e eram levadas de carro até em casa.

Uma comunidade missionária comprou um velho ônibus de dois andares e o converteu em café e bar sobre rodas, que circulava pelas comunidades pobres, oferecendo-lhes refeições rápidas em condições de convívio cordial. Apresentações em vídeo foram o ingrediente básico para tornar a ideia "viral". Drew filmava as comunidades missionárias em ação e, depois, apresentava os vídeos na paróquia, aos domingos, estimulando outros paroquianos a se envolverem ou a constituírem seus próprios grupos.

Além do trabalho comunitário, os participantes das comunidades missionárias eram motivados a se reunir pelo menos uma vez por semana fora da igreja, para cultuar e programar. Tipicamente, o grupo organizava seus espaços para cultos como uma igreja, com fileiras de cadeiras e um dos grupos dirigindo as atividades à frente dos participantes. Mas Drew insistia: "Vocês não precisam reproduzir a arrumação da igreja. Vocês podem fazer uma igreja como mais lhes convier e agradar."

O mantra de Drew, inspirado em Mike Breen, era: "Pouco controle e muita responsabilidade."

Todas as equipes tinham liberdade para definir a própria missão, mas os participantes sabiam que toda a igreja esperava que produzissem algo capaz de fazer diferença perceptível na vida de outras pessoas. Além dessa expectativa, havia poucas restrições. "Desde que não fosse imoral, ilegal ou herético", diz Drew, "encorajávamos as equipes a avançar".

No começo, as comunidades missionárias eram estimuladas a fazer brilhar a luz do amor divino nas comunidades. Não impúnhamos pressões pela evangelização. Mas, com o passar do tempo, muitas pessoas que haviam sido beneficiadas pelas comunidades missionárias começaram a encontrar seu caminho para a fé em St. Andrews.

De início, o programa das comunidades missionárias não tinha verba orçamentária, o que reduzia os obstáculos políticos a novas iniciativas, pois Drew não precisava meter a mão nos bolsos de ninguém.

Em grande parte, as comunidades missionárias eram autofinanciadas, embora, em último caso, pudessem recorrer aos recursos da igreja para pequenas despesas operacionais, como aluguel de espaços. A certa altura, Drew estava apoiando 30 comunidades missionárias, com uma verba de 30 mil libras por ano.

Mark e Drew acreditavam que Deus poderia realizar proezas ainda maiores em St. Andrew. Mesmo enquanto o programa das comunidades missionárias já deslanchava, Drew rezava para que Deus pusesse algumas cargas de dinamite sob sua igreja para explodir os últimos bolsões de complacência.

A dinamite detonou sob a forma de uma grande obra nas instalações físicas da igreja, remodelação que fechou o prédio principal durante nove meses. Em vez de procurar outro espaço, Mark e Drew disseram à congregação que, para continuarem a cultuar juntos, precisariam juntar-se a uma comunidade missionária. Houve quem receasse que essa necessidade reduziria o número de paroquianos a algo em torno de 200 membros. Mas, nos nove meses seguintes, a igreja cresceu de 500 para quase 1.000 paroquianos, à medida que os paroquianos indecisos contraíam o vírus das comunidades missionárias.

O modelo das comunidades missionárias oferecia às pessoas a chance de exercer seus dons singulares. Alguém se destacava como vigoroso gerente de projeto, outro sobressaía como excelente programador de material de publicidade. Pais e mães dotados de algum grau de paciência com crianças e adolescentes poderiam encarregar-se da supervisão dos jovens das comunidades durante as reuniões, enquanto outros participantes mais afeitos à culinária preparavam as refeições. Embora os papéis fossem flexíveis, uma regra era rigorosa: sempre que uma comunidade missionária ultrapassava 50 pessoas, ela devia subdividir-se.

Muitos céticos receavam que as doações diminuiriam. Quando se reuniam fora da igreja, os líderes das comunidades missionárias relutavam em receber ofertas. Como solução, a igreja lançou um programa por meio do qual os membros autorizavam débitos automáticos semanais em suas contas bancárias ou em cartões de crédito.

Um fato, contudo, era indiscutível. A nova abordagem comunitária estava convencendo os paroquianos a sair das laterais e entrar em campo. Também estava liberando impressionante profusão de capacidade de liderança latente. Eis como uma líder de comunidade comunitária, uma mulher profundamente surda, se manifestou a esse respeito.

Posso afirmar com honestidade que liderar uma comunidade missionária nos últimos oito meses foi a coisa mais difícil e desafiadora que já fiz em minha vida, tirando a maternidade. Ao dirigir a comunidade missionária, descobri muitas coisas sobre mim mesma. Algumas, eu já conhecia, outras foram novas revelações. Não sou administradora brilhante, nem pregadora convincente. Não acho que seja líder de cultos nem me considero muito habilidosa com crianças, mas tenho de fazer tudo isso, e ainda mais, em algum momento de meu trabalho, e descobri que não sou tão ruim assim em liderar orações, em fazer café, em improvisar sessões com jovens, em fazer pregações, se necessário, e até em tomar decisões difíceis.

Depois da reabertura da igreja, após as reformas, Mark e Drew perceberam que a congregação se tornara grande demais para o prédio, embora essa constatação se tenha revelado menos problemática do que recearam de início. Muitos dos membros das comunidades missionárias esperavam que o trabalho de renovação prosseguisse indefinidamente, uma vez que eles haviam gostado da aventura de, realmente, "fazer diferença", em vez de se limitarem a ficar sentados nos bancos. A maioria das equipes das comunidades missionárias começava a se reunir duas vezes por mês, para cultos e, em outras ocasiões, para programar a missão. Quando os líderes das equipes perguntaram a Drew: "Temos de voltar à igreja?", a resposta foi: "Rezem onde quiserem e façam o que lhes parecer melhor." No entanto, todos foram encorajados a comparecer à igreja no quarto domingo de cada mês, para um momento de "celebração". Para acomodar toda a congregação, os serviços eram oferecidos em quatro horários diferentes durante o dia.

Embora a desagregação de St. Andrews tenha multiplicado as oportunidades de liderança e serviços, havia quem receasse que aquela dispersão solapasse a unidade da igreja como um todo. Havia o risco de que os membros, ao se tornarem mais coesos nas comunidades missionárias, se afastassem uns dos outros na comunidade mais ampla, que se tornaria mais esparsa. Drew queria subdivisões, mas, de modo algum, cismas.

Com isso em mente, lançou uma carta semanal para ajudar as pessoas a se manter conectadas. De tempos em tempos, também reunia os líderes das comunidades missionárias, definia prioridades e identificava novas oportunidades. Com o passar do tempo, muitas das comunidades missionárias constituíram os próprios sites na Internet, o que se converteu em mais um mecanismo para manter informados os paroquianos.

Outros pontos em comum incluíam um manual de orientação usado por todas as comunidades missionárias nas reuniões semanais e um curso de treinamento obrigatório para líderes e membros de comunidades missionárias. No papel de pino mestre, Drew também passava muito tempo estreitando o relacionamento entre os líderes das comunidades missionárias e paroquianos dispostos a prestar serviços.

Evidentemente, ocorreram soluços. Vez por outra, um líder de comunidade missionária lutava com tenacidade por um projeto de eficácia apenas marginal. Outra fonte de atrito eram os vigários vizinhos. A Igreja da Inglaterra se divide em paróquias, com áreas geográficas bem delimitadas e alguns párocos das imediações levantavam objeções quando sabiam que uma equipe de St. Andrews estava atuando fora de sua circunscrição. Em retrospectiva, Mark e Drew reconhecem que poderiam ter feito mais para se antecipar a essas objeções e assentar as penas eriçadas. No entanto, depois de testemunhar sete anos de crescimento e expansão, pouca gente em St. Andrews estava disposta a desativar o experimento das comunidades missionárias.

Nas palavras de Drew: "Trata-se de um modelo totalmente diferente de fazer igreja. Não é mais uma tentativa em que os programas são constituídos e abençoados no centro, mas, sim, uma iniciativa em que a autoridade se infiltra por capilaridade de baixo para cima e o controle se irradia do eixo para a periferia." É, contudo, um modelo que se mostrou extremamente eficaz. Em determinado mês típico, as equipes das comunidades missionárias conduziram mais de 106 projetos de serviços.

Quando Drew deixou St. Andrews, em 2009, a congregação se expandira para mais de 1.600 membros, a maioria dos quais participava de uma comunidade missionária. Ao conversar comigo sobre sua jornada em St. Andrews, Drew se recordou de seu primeiro serviço na noite de Natal:

> **Promovemos sucessivas apresentações de canções de Natal, com uma grande orquestra e um excelente orador sacro. Convidávamos os fiéis para que se aproximassem do altar e rezassem ou cantassem em conjunto, mas todos se mantinham em seus lugares; ninguém vinha para a frente. Mesmo assim, eu achava que aquela era uma boa igreja, exemplo contundente de nossa capacidade de arregimentação. Havíamos atraído os paroquianos de outras igrejas, num raio de quase 80 quilômetros. No entanto, tudo era transferência entre paróquias, sem crescimento real. Concluí que**

seria melhor dividir a congregação e despachar pequenos grupos para as imediações, onde cantariam as canções de Natal. Estava ficando claro para mim que o antigo modelo não estava funcionando.

E prosseguiu:

Antes de começarmos com as comunidades missionárias, dedicávamos todo um domingo ao trabalho com crianças, e o objetivo era angariar mais voluntários. As pessoas choravam no final do serviço, mas a receptividade não passava de zero. Era muito deprimente. Quando iniciamos as comunidades missionárias, os participantes tinham de assumir a dianteira. E, de repente, as pessoas passaram a descobrir que tinham dons especiais, talentos inexplorados. Na cultura da excelência, as pessoas se consideravam pouco qualificadas. Ao ingressarem nas comunidades missionárias, começaram a se relacionar umas com as outras, em pé de igualdade, como amadores, que diziam entre si: "Venha, podemos fazer isso." Havia amigos torcendo por você.

Muitas lições podem ser extraídas desse experimento de mudança de baixo para cima, mas gostaria de me concentrar em duas. Primeiro, se você for nomeado líder formal e quiser converter ovelhas em pastores, será preciso despir-se do manto de liderança e dizer aos liderados: "Não tenho um plano, qual é a sua proposta?" É uma demonstração de humildade e a única maneira de liberar os talentos latentes na organização.

Segundo, você terá de deixar que as pessoas encontrem o trabalho que melhor se ajustar aos interesses delas. Isso é fundamental para o desenvolvimento de comunidades apaixonadas. Ao forçar as pessoas a se encaixarem em escaninhos, você terá contribuições fragmentadas. Se quiser o inesperado, é preciso dar às pessoas liberdade para *fazer* o inesperado.

Mas será que é possível dirigir uma empresa de aviação dessa maneira, ou uma fábrica de semicondutores? Não sei, mas aposto que você poderá dirigir partes de uma organização dessa maneira. De uma coisa, estou certo: se quiser aproveitar ao máximo os talentos ocultos em *sua* organização, será preciso perguntar-se todos os dias: "O que posso fazer para que este lugar pareça menos uma hierarquia e mais uma comunidade?" E a boa notícia é que você não precisa ser o arcebispo de Cantebury para começar.

REVERTENDO A CATRACA DO CONTROLE

4.4

Na maioria das organizações, a liberdade dos empregados de linha de frente para tomar decisões é muito limitada. Representantes de vendas, atendentes de call center, gerentes de escritório e trabalhadores de linha de montagem geralmente são sufocados por uma camisa de força de normas e procedimentos. Acho que isso é um problema, porque é impossível liberar as capacidades humanas sem primeiro expandir o escopo da autonomia dos empregados. No intuito de construir uma organização adaptável e inovadora, as pessoas precisam de liberdade para desafiar o precedente, para "desperdiçar" tempo, para sair dos canais, para experimentar, para assumir riscos e para seguir suas paixões.

Curiosamente, os sistemas sociais mais adaptáveis da humanidade, as democracias e os mercados, são os que concedem maior liberdade a seus constituintes. Nas democracias, não se precisa de autorização prévia para começar um movimento político, organizar uma manifestação ou mudar de partido. Nos mercados abertos, os indivíduos têm liberdade para comprar e investir como mais lhes aprouver.

Obviamente, políticas e normas são importantes – nenhuma organização é capaz de sobreviver sem elas. No entanto, quase todas estão sujeitas a controles demais. É por isso que o controle funciona como uma catraca. Os gestores são incentivados a criar regras, nunca aboli-las. Mais regras significam mais coisas a controlar, o que, por seu turno, proporciona mais segurança no emprego e mais poder. Com o passar do tempo, as regras e os regulamentos se acumulam em sucessivas camadas. Eis por que as organizações mais velhas são mais artríticas que as jovens. Se você duvidar que essa dinâmica esteja em curso na sua organização, faça uma pesquisa simples. Pergunte aos empregados de linha de frente se acham que têm *mais* autonomia hoje que há cinco anos. A menos que sua empresa seja realmente excepcional, a resposta provavelmente será "não".

Imagine, então, os controles que você encontraria numa organização que esteja perto de celebrar seu 150º aniversário, uma instituição venerável como, digamos o Banco da Nova Zelândia. O BNZ é a subsidiária de 148 anos do Banco Nacional da Austrália; no entanto, por mais estranho que pareça, também é um estudo de caso sobre o poder da capacitação ou empoderamento.

EXPERIMENTO IMPROVISADO

Tudo começou de maneira muito simples. Em janeiro de 2007, Chris Bayliss, gerente-geral do BNZ na área de banco de varejo, estava visitando a loja City Center do banco, em Christchurch. (Na cultura do banco, orientada ao varejo, as agências são conhecidas como "lojas".) Era pouco mais de 9 horas e a loja ainda não estava aberta, mas uma longa fila de clientes já se formava na calçada. Na maioria dos dias, as lojas do BNZ abrem às 9 horas, mas era uma terça-feira e, às terças e quartas, sessões de treinamento do pessoal mantinham as portas trancadas até as 9h30 – daí a fila. No BNZ, as normas da matriz determinavam os horários de abertura e fechamento, e todas as 180 lojas do banco, de Invercargill, no sul, até Kaitaia, no norte, cumpriam a mesma programação.

Enquanto a fila de clientes impacientes continuava a aumentar, Chris virou-se para Sue Eden, gerente da loja: "Se você fosse dona da loja, abriria mais cedo e transferiria o treinamento para outro horário?" "Claro que sim", respondeu Sue. "Olha o tamanho da fila!" Chris franziu a testa. Lá estava uma gerente de loja ansiosa para servir bem aos clientes, mas as políticas do banco inibiam suas iniciativas. "Tudo bem", disse Chris, "*você* escolhe a hora de abrir e fechar, mas não espere pagamento de horas extras nem aumento do efetivo de pessoal". A gerente da loja logo concordou e Chris saiu da loja mal se dando conta de que havia deflagrado uma minirrevolução na liberdade dos empregados.

Em poucos dias, a notícia da mudança de política se espalhara por toda a rede de varejo do BNZ. Em breve, Chris estava recebendo pedidos de gerentes de lojas de toda a Nova Zelândia, todos, ao que parecia, ansiosos pelo mesmo grau de liberdade que fora concedido à loja de Christchurch. Com os e-mails inundando a caixa de entrada de seu computador, Chris procurou seu colega Blair Vernon, gerente-geral de marketing. No banco, o horário de abertura era considerado "questão de marca e de experiência dos clientes" e, como tal, se enquadrava na jurisdição de Blair. Quando adolescente, Blair virara sanduíches no McDonald's, empresa que concedia aos franqueados o direito de decidir as horas de abertura e fechamento. Considerando que o que funcionava para o McDonald's podia funcionar para o BNZ, Blair concordou que os requerentes poderiam determinar o horário de funcionamento de suas lojas.

Em Takapuna, minúsculo subúrbio de Auckland, o BNZ foi o primeiro banco a abrir nas manhãs de domingo, o que permitiu à loja atender aos milhares de clientes que acorriam ao mercado agrícola local. Nos resorts de inverno de South Island, os gerentes de lojas optaram por manter as lojas abertas até tarde da noite, para que os esquiadores pudessem ir ao banco depois de um dia nas encostas. Nos centros urbanos, muitos gerentes de lojas preferiram sincronizar seus horários com os dos varejistas locais a seguir as práticas bancárias tradicionais. Em seis meses, quase 95% das 180 lojas do BNZ haviam alterado seu horário de funcionamento de alguma maneira.

NÃO TÃO RÁPIDO ASSIM

Enquanto os gerentes de lojas se movimentavam com rapidez para aproveitar seu novo grau de liberdade, muita gente no escritório central se incomodava com a perda de controle. Chris e Blair logo se viram combatendo uma ação de retaguarda, com o pessoal da matriz, que considerava a mudança de política precipitada, se não imprudente. Tipicamente, uma mudança dessa magnitude era submetida a uma análise de riscos minuciosa, que oferecia a cada função a chance de se manifestar. Chris e Blair lutavam para defender sua decisão apressada. Eles não haviam contornado deliberadamente o processo decisório habitual; apenas haviam sido atropelados pela horda de gerentes de linha de frente que estavam ansiosos por operar com mais flexibilidade.

Na área de RH do banco, havia a preocupação de que o sindicato dos empregados, o Finsec, criasse um caso e se opusesse a quaisquer mudanças que aumentassem a jornada de trabalho ou obrigassem os empregados a trabalhar nos fins de semana. Outra preocupação era a de que os gerentes de lojas, com sua nova autonomia, reduzissem o horário de funcionamento, o que comprometeria a satisfação dos clientes. Os especialistas em gestão de riscos do BNZ também levantaram algumas questões. Havia políticas detalhadas sobre a abertura das lojas e sobre as movimentações de dinheiro entre as agências e os carros-fortes, que deviam ser programadas com exatidão. Considerando tudo isso, como os gerentes poderiam estipular os próprios horários de abertura e fechamento das lojas? A tecnologia da informação era outro ponto que estava pegando. O staff de TI (Tecnologia da Informação) do banco em geral programava grandes manutenções para o período em que as lojas ficavam fechadas. O que aconteceria se as lojas funcionassem em horários diferentes, quando os sistemas de TI estivessem em manutenção?

E ainda havia o marketing da matriz. Incumbidos de proteger a marca, o pessoal mais sênior receava que a variedade de horários de funcionamento prejudicasse a reputação de consistência e confiabilidade construída a duras penas. E todos aqueles avisos manuscritos que estavam sendo afixados para anunciar os novos horários de funcionamento? Davam a impressão de muito desmazelo.

Embora muitas das objeções fossem mais políticas que práticas, algumas eram bem fundamentadas e propiciaram ajustes. Desenvolveu-se um padrão de comunicação por meio do qual os gerentes de lojas imprimiam um aviso simples, divulgando o novo horário de funcionamento. Os membros das equipes foram lembrados de que deveriam observar as políticas de segurança do banco e que não poderiam fazer nada que prejudicasse a segurança dos empregados. Além disso, os gerentes de lojas deveriam consultar os membros da equipe antes de fazer mudanças na jornada de trabalho; qualquer alteração dependia da concordância expressa de todos os empregados. Essa precaução também ajudaria a neutralizar quaisquer objeções do sindicato dos empregados. Como protestar contra o novo horário de funcionamento se ele havia sido estabelecido em comum acordo e com a concordância expressa de todos os empregados, em vez de imposto de cima para baixo?

"O que todos aprenderam", diz Blair, "é que, quando se tratam as pessoas como adultos, elas se comportam como adultos". O apocalipse operacional que alguns receavam jamais ocorreu.

UM DIA NA PRAIA

Os gerentes de lojas compreenderam que a nova política era produto de um experimento espontâneo, não de uma força-tarefa em nível da matriz. Esse fato, assim como o entusiasmo, a toda hora manifestado, de Chris e Blair por uma abordagem de baixo para cima à inovação, encorajou alguns gerentes de lojas a assumirem a liderança no teste de outras ideias inusitadas.

Uma das mais excêntricas foi um banco móvel. Nas palavras de Blair: "É um banco que mais parece uma carrocinha de sorvete, algo tão pequeno que pode ser rebocado por um veículo." Embora o conceito já viesse sendo desenvolvido havia muitos meses, a equipe de uma loja local provocou muito rebuliço quando rebocou o trailer para uma praia no dia de Ano-Novo. Trajando camiseta com o logotipo do BNZ, o pessoal da loja começou a encher bolas de inflar. Logo, as crianças começaram a se aglomerar em torno da carrocinha, com os pais atrás. Quando se formou a multidão, os funcionários do banco acenderam uma churrasqueira portátil e começaram a distribuir salsichas, junto com folhetos sobre os mais recentes produtos do BNZ.

Embora algumas pessoas de RH receassem que os clientes achassem que o banco estava explorando os empregados, fazendo-os trabalhar no dia de Ano-Novo, ou transgredindo as normas de segurança e medicina do trabalho, forçando-os a preparar e a comer alimentos gordurosos, Chris e Blair se mostraram mais empolgados, ao encararem o banco na praia como ótimo exemplo do que empregados energizados eram capazes quando se sentiam investidos de liberdade para experimentar. Diz Chris: "Se lhes tivéssemos pedido para fazer aquilo, a coisa nunca teria acontecido. Mas foi ideia *deles*, e ninguém se preocupou em pedir permissão.

POR QUE FUNCIONA

Afinal, como será que o BNZ conseguiu oferecer aos empregados mais liberdade de ação e, mesmo assim, manter um negócio disciplinado e lucrativo?

Incentivos são parte da resposta. A equipe de uma loja típica do BNZ é composta de quatro a sete membros: o gerente da loja, alguns caixas e uns dois vendedores, ou "consultores". Cada gerente de loja recebe salário mais bônus se cumprir os objetivos financeiros da loja, em geral de 10% sobre o salário-base. Além disso, o gerente recebe 10% da parcela do lucro que superar as metas. Os consultores recebem bônus com base nos produtos que vendem, como cartões de crédito e apólices de seguro de vida. Os empregados da loja também participam de um esquema de incentivos baseado no desempenho de toda a equipe, vinculados aos resultados das vendas e aos indicadores de satisfação dos clientes.

Ao defender a adoção do horário flexível, Chris em geral argumentava que "não há nada mais frustrante para o pessoal do que ficar com a loja aberta quando a cidade está vazia e com a loja fechada quando a cidade está cheia". Há uma lição importante aqui: as empresas se empenham para cultivar a paixão pelos clientes e, depois, convertem o ardor em raiva, quando normas rígidas impedem que os empregados atendam com criatividade às necessidades dos clientes. Quando os empregados são incentivados a produzir os resultados certos, os altos executivos podem, e devem, preocupar-se muito menos com a prescrição dos meios.

O segundo componente do sistema de controle descentralizado do BNZ é a disponibilidade de dados – de muitas informações. Segundo Blair: "Se você dá poderes ao pessoal, mas não lhe dá informações, as pessoas saem tateando no escuro." Para evitar essa situação, o banco lançou um programa, em 2004, que ofereceu a cada gerente de loja uma janela aberta para o desempenho financeiro do banco. Demonstrações do resultado diárias fornecem informações detalhadas sobre os custos, a receita e o lucro de cada loja, tudo desdobrado por produtos e serviços.

Até aqui, nada de extraordinário, à exceção de que, na maioria dos bancos, os gerentes de agências não recebem demonstrações do resultado reais, mas, sim, um conjunto de contas sintéticas que lhes dá apenas uma ideia aproximada da verdadeira lucratividade. Além disso, raramente dispõem de informações detalhadas sobre o desempenho de outras agências. Esses indicadores de desempenho manipulados permitem que os executivos do escritório central mexam à vontade nas estruturas de incentivos, exortando as unidades de alto desempenho a apresentar resultados ainda melhores, mas também tornam mais difícil para o pessoal de linha de frente avaliar o real impacto de suas decisões sobre o lucro.

O BNZ, em contraste, fornece a seus gerentes de loja imagens em alta definição dos resultados de cada agência. Os gerentes de loja até sabem o custo dos fundos por atacado para o banco. Com essa profusão de informações pertinentes, eles dispõem de amplo escopo na tomada de decisões, ao mesmo tempo que são responsabilizados pelos resultados, dos quais devem prestar contas. Por exemplo, um gerente de loja pode conceder um empréstimo em condições favoráveis para conquistar um novo cliente, mas deve pensar com cuidado antes de decidir, pois o empréstimo ficará nos livros da loja até sua total amortização.

"É surpreendente", diz Blair. "Se você tira o escritório central do caminho e fornece às pessoas dados exatos sobre seu desempenho, elas logo se tornam capazes de avaliar com acerto o que é boa ou má decisão!"

Os gerentes de lojas do BNZ têm incentivos, informações e liberdade em níveis típicos de um proprietário de pequena empresa. Em consequência, a maioria se vê como bem mais que meros batedores de relógio de ponto; são líderes com interesses reais em um negócio real, e o dirigem como se fosse sua própria empresa.

Blair resume as mudanças no BNZ com uma anedota: "Eu estava passando por uma de nossas lojas, numa manhã de domingo, com meus filhos, e um deles disse: 'Papai, as portas do banco estão abertas.' Eu pensei: 'Merda! Alguém esqueceu de trancar a loja.' Mas, então, olhei para dentro e vi que toda a loja estava aberta. Ninguém é obrigado a ralar no domingo, mas os membros da equipe tinham vindo de outras agências para a compensação de horas. Uma mãe, por exemplo, estava trabalhando no domingo porque não podia trabalhar na quarta-feira. E, então, atinei que ninguém no escritório central nem mesmo sabia quando as lojas estavam abertas." E concluiu: "A liberdade de abrir as lojas a critério dos próprios funcionários talvez não tenha sido a melhor coisa que já fizemos, mas é a mais simbólica para dizer às pessoas: 'Confiamos em você e falamos sério ao nos referirmos a dar poderes ao pessoal.'"

Nada disso é muito cabalístico e, em si, nenhuma política isolada mudará a sorte de uma empresa. Mas, seja como for, a história é sugestiva. Ocorre que a catraca do controle pode ser invertida, quando uma transgressão aparentemente insignificante de uma cultura de controle abre a porta para mais liberdades. E Chris acrescenta: "O cavalo da delegação de autoridade saiu do estábulo."

Pare um momento e se pergunte: Quantas normas existem em nossa empresa apenas para preservar a ficção de que os superiores realmente exercem o controle? Quantas regras tentam garantir a padronização, em detrimento da iniciativa e da paixão, mas pouco beneficiando o desempenho? Melhor ainda: faça essas perguntas em algum software de colaboração e convide os colegas a juntar forças para a reversão da catraca do controle.

REINVENTANDO A ADMINISTRAÇÃO PARA A GERAÇÃO FACEBOOK

4.5

Como os inventores da lâmpada elétrica, do telefone e do automóvel, os inventores da moderna administração nasceram no século XIX. Esses pioneiros falecidos, há muitos anos, indivíduos como James Mooney, Alfred Sloan e Donaldson Brown, ficariam surpresos ao descobrir que suas invenções (como otimização do fluxo de trabalho, análise de variância, orçamento de capital, especialização funcional, departamentalização e gestão de projetos) ainda são as pedras angulares dos sistemas gerenciais do século XXI.

É difícil para os observadores contemporâneos apreciar o impacto profundo desses avanços revolucionários na organização da vida econômica nas primeiras décadas da revolução industrial americana. Em 1890, 9 em cada 10 homens brancos americanos trabalhavam por conta própria. Os que não se enquadravam nessa categoria eram chamados, pejorativamente, de "escravos assalariados". Na época, a empresa manufatureira média tinha 4 empregados e poucas fábricas contavam com mais de 100 trabalhadores. No entanto, apenas uma geração depois, a Ford Motor Company já fabricava meio milhão de carros por ano; a Sears, Roebuck & Company já dirigia um sistema de distribuição de âmbito continental, e a U.S. Steel se gabava de seu valor de mercado em torno de US$1 bilhão.

A transição de sociedade agrária e artesanal para potência industrial exigiu uma ressocialização épica da força de trabalho. Fazendeiros, artesãos e diaristas independentes e rebeldes tiveram de ser transformados em empregados disciplinados e submissos. Cem anos depois, essa mesma forma de trabalho ainda predomina, com organizações em todo o mundo ainda empenhadas em confinar seres humanos rancorosos e libertários na camisa de força da obediência institucional, da conformidade e da subserviência.

Porém, agora, pela primeira vez desde o começo do século XX, estamos à beira de outra revolução gerencial, que talvez se revele tão desestabilizadora quanto a que difundiu a Era Industrial. Três forças em atuação aumentam a probabilidade dessa metamorfose, três descontinuidades que determinarão o fim da administração tal como a conhecemos.

A primeira é um conjunto de mudanças significativas que tornou o contexto de negócios muito menos complacente. Empresas em todo o planeta estão lutando para enfrentar a velocidade da mudança em aceleração desenfreada, a avalanche de novos concorrentes com custos extremamente baixos, a comoditização do conhecimento, o aumento vertiginoso do poder dos clientes e um menu cada vez mais longo de demandas sociais. Os modelos de gestão tradicionais, que enfatizavam a otimização em detrimento da inovação e a continuidade em prejuízo da mudança, não estão à altura desses desafios sem precedentes.

O segundo vetor é a invenção de novas ferramentas de colaboração baseadas na Internet. Pela primeira vez, desde a construção das pirâmides, os seres humanos dispõem de uma nova maneira de se organizar, via on-line, por meio de redes difusas. Finalmente, surge uma alternativa para a hierarquia formal.

Por fim, o terceiro vetor é a mistura de novas expectativas que a Geração Facebook trará para o local de trabalho nos anos vindouros. Quem é membro da primeira geração que cresceu na Web não considera a Internet algo "complementar" ou "distante" – uma ferramenta a ser usada para fazer reservas em hotéis, para comprar livros ou para atiçar velhas chamas. Em vez disso, a Web é algo constantemente "presente"; um ambiente ubíquo e transparente, como água para peixe. Para os *nativos digitais*, a Web é o sistema operacional da vida, o meio indispensável e corriqueiro por meio do qual você aprende, se diverte, compartilha, namora e se conecta.

A experiência de crescer on-line influenciará profundamente as expectativas da Geração F no local de trabalho. No mínimo, esses nativos digitais esperarão que a vida social no ambiente de trabalho reflita o contexto social da Web, em vez da burocracia predominante em meados do século XX.

Tendo em vista essas considerações, compilei uma lista de 12 características da Web social relevantes para o trabalho. Essas são as realidades pós-burocráticas que os empregados de amanhã adotarão como paradigmas para definir se sua empresa está "por dentro" ou "por fora". Ao elaborar esse breve rol, não tentei catalogar todos os atributos importantes do meio social da Web, mas apenas aqueles mais incompatíveis com o legado de práticas gerenciais predominantes na maioria das empresas.

1. Todas as ideias competem em pé de igualdade.

   Na Web, todas as ideias têm a chance de conquistar seguidores. Ninguém tem a capacidade de matar uma ideia subversiva ou de abafar um debate embaraçoso. As ideias ganham força com base na percepção de seus méritos, não em função do poder político de seus proponentes. Ao dissociar "volume da voz" e "poder da hierarquia", a Web solapa a capacidade das elites de controlar as conversas ou de definir a agenda.
2. As contribuições são mais importantes que as credenciais.

   Quando se posta um vídeo no YouTube, ninguém pergunta se você frequentou uma escola de cinema. Quando se escreve um blog, ninguém quer saber se você fez curso de jornalismo. Posição, título e formação acadêmica – nenhum dos antigos diferenciadores de status tem muito peso on-line. Na Web, o que importa não é o currículo, mas sua capacidade de contribuição.
3. As hierarquias são construídas de baixo para cima.

   Em qualquer fórum da Web, certas pessoas conquistam mais respeito e atenção que outras e, em consequência, exercem maior influência. O fator crítico, contudo, é que esses formadores de opinião não foram nomeados por uma autoridade hierárquica superior. Ao contrário, sua capacidade de influenciação reflete a aprovação voluntária dos pares. Na Web, a autoridade se infiltra para cima, não para baixo.
4. Os líderes servem, em vez de comandar.

   Na Web, *todos* os líderes são servidores; ninguém tem o poder de comandar ou sancionar. Argumentos convincentes, *expertise* comprovada e comportamento altruísta são as únicas alavancas para produzir resultados. Esqueça-se disso on-line e seus seguidores logo desertarão.
5. As tarefas são escolhidas, não atribuídas.

   AWeb é uma economia de escolhas. Contribuindo para um blog, dedicando-se a um projeto de fonte aberta ou compartilhando recomendações em um fórum, as pessoas optam por trabalhar em coisas que lhes interessam. Todos são fornecedores independentes e todos coçam as próprias coceiras.

6. Os grupos se autodefinem e se auto-organizam.

   Na Web, você escolhe os compatriotas. Em qualquer comunidade on-line, você tem a liberdade de se ligar a alguns indivíduos e ignorar o resto, de compartilhar profundamente com alguns caras e não dar a mínima aos outros. Da mesma maneira como ninguém pode incumbir-lhe de uma tarefa enfadonha, ninguém pode obrigá-lo a trabalhar com chatos.

7. Os recursos são atraídos, não alocados.

   Nas grandes organizações, os recursos são distribuídos de cima para baixo, sob influências políticas e restrições orçamentárias. Na Web, o esforço humano flui para ideias e projetos atraentes (e divertidos) e se afasta das alternativas que não são nem uma nem outra. Nesse sentido, a Web é uma economia de mercado em que milhões de indivíduos decidem, a cada momento, como gastar a moeda preciosa de seu tempo e atenção.

8. O poder decorre do compartilhamento, não do entesouramento.

   A Web também é uma economia de oferendas. Para ganhar influência e status, você precisa ofertar sua *expertise* e conteúdo. E precisa fazê-lo com rapidez para que alguém não o derrube e colha os frutos que poderiam ser seus. On-line, há muitos incentivos para compartilhar e poucos para acumular.

9. A mediocridade é exposta.

   On-line, os sistemas de avaliação estão por toda parte – de hotéis, de livros, de empresas locais e de produtos de todos os tipos. Embora nem toda resenha seja útil, no conjunto elas fornecem boa orientação sobre o que é notável e sobre o que é lixo. Nas organizações tradicionais, os empregados não são muito avaliados nem avaliam muito. Em consequência, geralmente prepondera uma "conspiração dos medíocres": "Não questionarei suas decisões nem sua eficácia, se você não questionar as minhas." Não existem essas panelinhas na Web. Se você for incompetente, logo será descoberto. A Web oferece aos clientes insatisfeitos um megafone global. No entanto, poucas empresas parecem ansiosas em dar aos empregados uma plataforma interna de onde possam questionar as decisões executivas e as políticas organizacionais.

10. Os dissidentes podem juntar forças.

    Nas organizações hierárquicas (ou nos sistemas políticos), precisa-se de muita coragem para levantar a voz. Quando os canais de comunicação fluem verticalmente, em vez de lateralmente, pode ser difícil saber se alguém ao seu redor fomenta ideias igualmente rebeldes. As pessoas que se sentem isoladas e vulneráveis relutam em protestar. A Web, em contraste, facilita a identificação *de* e a associação *com* indivíduos que compartilham os mesmos pontos de vista dissidentes. Os agitadores que teriam sido marginalizados numa organização de cima para baixo podem rapidamente mobilizar-se como revoltosos congêneres na "ideocracia" densamente conectada da Web.

11. Os usuários podem vetar a maioria das decisões políticas

Como muitos gurus da Internet descobriram, para sua tristeza, os usuários on-line são opinativos e vociferantes, atacando rapidamente qualquer decisão ou mudança política que lhes pareça contrária aos interesses da comunidade. Somente dando aos usuários participação ativa nas principais decisões, é possível preservar a lealdade deles. Não importa quem construiu a comunidade on-line; os usuários são seus donos e, em termos práticos, suas políticas também devem ser produtos da colaboração coletiva.

12. As recompensas intrínsecas são mais importantes.

A Web é um atestado do poder das recompensas intrínsecas. Pense em todos os verbetes que resultaram de contribuições para a Wikipedia, todos os softwares de fonte aberta hoje disponíveis, todas as orientações ou recomendações gratuitas, todas as fotos submetidas ao Flickr. Acrescente a isso as horas de voluntariado e fica óbvio que os seres humanos se doarão generosamente quando têm a chance de contribuir para algo que lhes pareça importante. O dinheiro é muito bom, mas o reconhecimento e a alegria de realizar algo também são ótimos.

Todos esses atributos da vida na Web estão inscritos no DNA social da Geração F e, em grande parte, não estão presentes no DNA gerencial da média das empresas da *Fortune 500*.

Se sua organização espera atrair os membros mais criativos e vibrantes da Geração F, precisa compreender essas expectativas suscitadas pela Internet e reinventar com base nelas suas práticas gerenciais. Evidentemente, o mercado de talentos é mais do comprador, mas não será sempre assim. No futuro, qualquer empresa que careça de um núcleo vital de empregados da Geração F ficará atolada na lama.

Clay Shirkey escreve, de maneira convincente, sobre como a Web explora o "superávit cognitivo" da humanidade – o tempo ocioso para reflexão que não era usado quando nossos passatempos eram, na maioria, passivos. A Web também tem sido uma válvula de escape para muitas paixões reprimidas (nada disso, não estou falando de pornografia pela Internet). Um exemplo não tão insignificante é a Kahn Academy, tesouro com mais de 2.400 pequenas aulas, todas preparadas por Salman Kahn, polímata formado por MIT e por Harvard. A inspiração para esse supermercado de educação surgiu quando Kahn estava ensinando matemática a um primo, em pequenas sessões de treinamento que ele gravava em uma lousa eletrônica. E Kahn ficou pensando: Por que não oferecer esses vídeos a qualquer pessoa em todo o mundo? Por que não, mesmo? Três anos depois da sua fundação, a Kahn Academy difundia mais de 35 mil vídeos por dia, armazenados no YouTube. Se ele tivesse nascido uma década antes, a paixão de Kahn pelo ensino seria igualmente intensa, mas ele não teria encontrado um público global e, sem esse vasto corpo discente, dificilmente teria construído um empório de educação.

Cada um de nós quer encontrar e seguir a própria paixão. A afirmação também seja ainda mais pertinente no caso da Geração F, mas, provavelmente, também é aplicável a você. Apesar de certos obstáculos, estamos enamorados pela Web porque ela é um amplificador de paixões. Podemos moldá-la a nossos interesses, palmilhar seus vastos reinos em busca de inspiração e usá-la para recrutar colaboradores.

A Web potencializa nossas paixões porque:

Ninguém pode matar uma boa ideia.
Todo mundo pode contribuir.
Ninguém pode liderar.
Ninguém pode impor.
Você precisa escolher sua causa.
Você pode facilmente construir em cima do que os outros já fizeram.
Você não precisa tolerar fanfarrões e tiranos.
Os agitadores não são marginalizados.
A excelência geralmente ganha (e a mediocridade perde).
Em geral, revogam-se as normas repressoras das paixões.
As grandes contribuições são reconhecidas e celebradas.

Agora se pergunte quanto dessas qualidades podem ser atribuídas à sua organização. Não muitas, garanto. Mas, como veremos na próxima seção, você pode mudar isso.

Em 1890 era difícil imaginar uma organização tão grande e eficiente quanto a Ford Motor Company. Hoje, também é difícil imaginar uma organização em escala global que exemplifique todos os atributos fomentadores de paixões quanto a Web. Mas esse é o desafio que nos devemos impor como inovadores da administração no século XXI – pois, apenas assim, criaremos uma organização que amplifique, em vez de reprimir, as paixões humanas, e a paixão importa agora, como nunca antes.

SEÇÃO 5

O que importa agora é a ideologia

QUESTIONANDO A IDEOLOGIA DA ADMINISTRAÇÃO

5.1

Eis uma palavra que talvez não tenha muito espaço em sua organização: *ideologia*. Faça uma pesquisa no site interno de sua empresa e aposto que não encontrará uma única referência a esse termo. Isso é um problema. Como gestores, precisamos nos conscientizar de que nossos dogmas de fé é que impedem nossas instituições de serem mais adaptáveis, mais inovadoras, mais inspiradoras e defensoras de ideais mais nobres.

A história humana é uma crônica de conflitos ideológicos: politeísmo *versus* monoteísmo, materialismo *versus* idealismo, mercantilismo *versus* livre comércio, totalitarismo *versus* democracia e solidarismo *versus* individualismo. Vez por outra, uma ideologia prepondera sobre outras, geralmente porque produz melhores resultados sociais. Por exemplo, a maioria dos economistas acredita que o livre-comércio é melhor para a prosperidade que a autossuficiência – asserção comprovada por uma profusão de dados empíricos. Em outras questões, a poeira nunca assenta, seja porque o debate é puramente filosófico (sendo impossível demonstrar a eficácia de uma proposição em comparação com outra), seja porque as ideologias em cotejo são mais complementares que contrárias.

Na teologia cristã, por exemplo, as ideias de misericórdia e justiça são opostas *e* recíprocas. Nenhum dos dois polos ideológicos é viável em si mesmo. Justiça sem misericórdia é vingança; misericórdia sem justiça é licenciosidade. Acho que todos nós queremos viver em sociedades onde essas duas ideologias sejam concorrentes vigorosas. Charles Simeon, clérigo do século XIX e fellow de King's College, Cambridge, foi feliz ao se manifestar sobre justiça e misericórdia: "A verdade não está no meio nem em nenhum dos extremos; está em ambos os extremos."[1]

É difícil imaginar como duas ideologias diametralmente opostas podem exercer igual influência. Instintivamente, contudo, sabemos que não basta dividir a diferença – entrar, por exemplo, com um pouco de misericórdia e um pouco de justiça em todas as situações. Às vezes, a justiça deve prevalecer na totalidade, como quando um pedófilo que abusou de uma criança é condenado à prisão perpétua. Em outras ocasiões, a misericórdia deve predominar, como quando um futuro pai desrespeita semáforos e infringe limites de velocidade ao levar a parceira em trabalho de parto para o hospital. No primeiro caso, não gostaríamos que o juiz fosse leniente, mesmo que o próprio pedófilo tivesse sofrido abusos. A segurança de nossos filhos está acima de tudo. Da mesma maneira, se um policial intercepta um carro em alta velocidade e nele depara com uma mulher em trabalho de parto, esperamos que ele próprio escolte a mulher até o hospital, em vez de emitir uma multa por uma infração que não teve maiores consequências, além da circunstância atenuante inquestionável.

Conciliar ideologias concorrentes não é fazer concessões; é ponderar adequadamente todas as circunstâncias, em todos os momentos. Agir dessa maneira envolve duas condições: primeiro, senso do objetivo final (no caso da jurisprudência, talvez seja uma sociedade tão justa quanto possível para o maior número de pessoas possível); segundo, consciência da situação (conhecimento das realidades fundamentais a serem consideradas no exercício de opções excludentes – trade-offs); terceiro, grande dose de bom-senso (a inteligência racional, além de outros atributos, indispensáveis para se tomarem decisões salomônicas); e, quarto, incentivos pessoais para se alcançar o equilíbrio certo (as razões práticas para se importar profundamente com as consequências das próprias escolhas).

Quem é pai decerto já tem muita experiência em administrar o paradoxo. Todos os dias, por exemplo, você precisa conciliar amor e disciplina. Você cumula sua filha de 4 anos com muitos mimos, mas, vez por outra, também a repreende e a deixa de castigo. Como pai, você luta o tempo todo para alcançar o equilíbrio. Em todas as situações, pensa no longo prazo *e* no curto prazo. Ao se sentir exausto, no fim de um longo dia, você talvez desista de uma batalha de vontades com uma filha pequena que desafia sua autoridade. Mas mesmo nesses momentos você tem consciência de sua mais alta responsabilidade: formar positivamente o caráter dela. Você sabe que *nem sempre* acertará a ponderação entre amor e disciplina, mas está profundamente empenhado em fazer o melhor possível no longo prazo.

Agora, imagine que houvesse um vice-presidente de criação de filhos que não morasse em sua casa e que nem conhecesse seus filhos. Suponha, ainda, que esse executivo recebesse relatórios mensais de uma dúzia de pais e, em resposta, vez por outra emitisse instruções rigorosas: "Vejo que estamos muito acima do orçamento em má-criações. No próximo trimestre, concentraremos o foco na disciplina. Quero que todos os pais aumentem a quantidade de castigos em 30%." Qual seria a utilidade dessa prescrição?

Para ver como tudo isso se aplica à administração, precisamos tratar de três importantes questões: primeiro, qual é a ideologia da administração – qual é seu núcleo doutrinário? Segundo, qual é seu rival conceitual – qual é o yang do yin da administração? E, terceiro, como construir organizações em que o yin nem sempre ganhe do yang – e haja uma autêntica tensão produtiva, em vez de uma constante mistificação ou uma contínua batalha desequilibrada, com um dos lados sempre vencendo?

Quanto à primeira pergunta, temos uma pista da ideologia da administração quando consultamos um dicionário analógico, ou tesauro. Na maioria das línguas, o primeiro sinônimo das palavras "administrar" ou "gerenciar" é "controlar". Essa associação estreita entre administração e controle é um artefato da revolução industrial. Os engenheiros e contadores que inventaram a administração eram cruzados da eficiência. Para eles, desperdício era anátema, e, assim, atacaram a heresia com um arsenal composto de divisão do trabalho, padronização, otimização do fluxo do trabalho, monitoramento do desempenho, remuneração focada na eficiência, entre outros armamentos pesados do arsenal de controle. Na batalha contra a ineficiência, os gestores eram os oficiais. O trabalho deles era assegurar o cumprimento das normas, a minimização das variâncias, a consecução das cotas e a punição dos ineficientes. E ainda é assim até hoje. Os empregados fabricam produtos e prestam serviços; os gestores engendram controles.

Evidentemente, podemos adotar uma visão mais ampla da administração. Em termos grandiosos, a administração é a *tecnologia das realizações humanas*. Abrange as ferramentas e os métodos que usamos para mobilizar e organizar recursos, com objetivos produtivos. Como espécie, nossa capacidade de administrar – coordenar, alocar, avaliar, motivar e todo o resto – delimita as fronteiras do que somos capazes de realizar. Isso torna a administração uma das "tecnologias sociais" mais importantes da humanidade. Na prática, contudo, a administração é algo muito mais prosaico. No cerne, é uma metodologia para rotinizar o trabalho.

Se você tem um carro ou dois na garagem, uma casa apinhada de prodígios tecnológicos e um armário cheio de roupas confeccionadas em meio mundo, também tem uma enorme dívida de gratidão para com as almas intrépidas que inventaram meios hipereficientes para a produção em grandes volumes. Todos os avanços científicos da humanidade teriam contribuído um pouco para nossa qualidade de vida se tivessem sido acompanhados de avanços igualmente espantosos na ciência da administração. Nos últimos 100 anos, boa parte dessa inovação se concentrou em tornar as pessoas tão confiáveis quanto máquinas, desafio que exigiu uma abordagem inovadora e sistemática ao problema do controle. O nome dessa abordagem: *burocracia*.

Para ganhar tração, as ideologias sociais devem expressar-se, em última instância, como formas organizacionais tangíveis. Para o marxismo, era o Partido Comunista; para a administração, a burocracia. Nos primeiros anos do século XX, Max Weber, renomado sociólogo alemão, exaltou as virtudes desse paradigma organizacional radicalmente inovador:

> **[A burocracia] é, de um ponto de vista puramente técnico, capaz de atingir o mais alto grau de eficiência e é, formalmente, nesse sentido, o meio conhecido mais racional de exercer controle imperativo sobre seres humanos. É superior a qualquer outra forma em precisão, em estabilidade, em rigor metodológico e em confiabilidade. Portanto, torna possível um grau sobremodo elevado de quantificação dos resultados para os titulares da organização e para os que agem em seu nome.[2]**

Nesse parágrafo simples e conciso, Weber desnuda a ideologia da administração – control*ismo*; e, 100 anos depois, essa continua sendo a pedra angular filosófica de praticamente todas as organizações humanas em grande escala.

Observe as graças da burocracia, que Weber enaltece: precisão, estabilidade, disciplina e confiabilidade. São, sem dúvida, bem-aventuranças, mas hoje, na maioria dos setores de atividade, não passam de capital inicial. São os pré-requisitos da paridade competitiva, condições necessárias, mas não suficientes, para a conquista da real vantagem competitiva. Hoje, nossas instituições se defrontam com *novos* desafios: velocidade da mudança em rápida aceleração; hipercompetição, comoditização do conhecimento e demandas cada vez maiores de responsabilidade social. Esses imperativos exigem algo mais que mais controle. Conforme argumentei em todo esse volume, necessitamos de organizações cheias de paixão, criativas e maleáveis. O problema é que esses atributos organizacionais são inversamente proporcionais ao controle burocrático.

Estranhamente, os seres humanos desenvolveram muitas das qualidades de que carecem nossas organizações. As pessoas se caracterizam por admirável capacidade de adaptação. Tenho um irmão médico que voltou à escola com cinquenta e poucos anos para fazer mestrado em Administração da Saúde, com o propósito de se tornar CEO de um grupo hospitalar. Tenho amigos que atravessaram oceanos para oferecer melhor qualidade de vida à família, que buscaram trabalhos mais desafiadores em busca de crescimento pessoal e que se fortaleceram por tragédias individuais ou familiares, em vez de se deixarem esmagar pelo infortúnio. Os seres humanos são resilientes e inovadores. Todo dia, eu me surpreendo com a profusão de criatividade humana que se encontra na Web. *Nascemos* para criar – não há como evitar esse impulso. Precisamos apenas das ferramentas certas e de um pouco de encorajamento por outras almas criativas. Também somos profundamente interessados uns nos outros – por isso os "reality shows" da televisão são tão populares em todo o mundo. Essa é a razão pela qual gostamos de assistir às grandes tragédias da humanidade bebericando alguma coisa no café da esquina. Você, eu e o ocupante do cubículo ao lado, todos nós temos histórias a contar, anedotas que divertem, iluminam e energizam. Por que será, então, que nossas organizações são menos adaptáveis, menos criativas e menos inspiradoras que os seres humanos que as compõem? Porque esses seres humanos são reféns de uma ideologia que, na verdadeira acepção do termo, *desumaniza*.

Weber compôs um hino à burocracia, mas também estava ciente de seus efeitos desumanizadores. Em discurso de 1909, ele advertiu quanto a seu lado escuro:

> **[Numa burocracia] o desempenho de cada indivíduo é medido matematicamente, cada um se torna um pequeno dente de engrenagem e, consciente disso, sua única preocupação é transformar-se em dente maior...**

> **Portanto, a principal questão não é como promover e acelerar [a burocracia], mas o que opor a essa máquina, a fim de manter uma parcela da humanidade livre desse fatiamento da alma.[3]**

Weber compreendeu que, ao rotinizar o trabalho, corremos o risco de rotinizar os seres humanos. Com efeito, essa consequência era inevitável, uma vez que o objetivo da burocracia era (e é) extirpar o fator humano, para converter as pessoas em máquinas feitas de carne e sangue. É fácil acreditar que, depois de um século, sejamos de alguma forma mais iluminados que aqueles precursores da administração. Afinal, não mais chamamos os subordinados de "empregados", mas de "associados" ou "membros da equipe". Como líderes, dizemos a nós mesmos que *realmente* nos importamos com o equilíbrio entre vida profissional e vida privada, com crescimento pessoal, diversidade, mentorização, capacitação (*empowerment*), transparência e uma dúzia de outras questões simpáticas ao ser humano. No entanto, ainda deparamos com uma realidade: 80% dos empregados em todo o mundo não estão de modo algum engajados no trabalho. Comparecem todos os dias ao trabalho, mas deixam boa parte de sua humanidade em casa.

Isso não significa que não tenhamos tentado tornar nossas organizações mais humanas. Cinquenta e dois anos atrás, Douglas McGregor, então professor do MIT, publicou um livro paradigmático, *O lado humano das empresas*. Se você for estudioso da teoria da administração, talvez se recorde da distinção que ele fez entre "Teoria X" e "Teoria Y".

"Teoria X" era o epíteto de McGregor para a mentalidade gerencial que considera os empregados preguiçosos e indisciplinados. Segundo essa visão, os trabalhadores são embromadores, desviando-se das dificuldades. Demonstram diligência apenas quando são monitorados pelos supervisores e motivados por recompensas extrínsecas, como dinheiro, ou atemorizados por ameaças de punição. O controle, numa organização que se pauta pela Teoria X, vem de fora, não de dentro. A "Teoria Y", em contraste, era a antítese que apresentava os seres humanos como automotivados por natureza, que anseiam fazer um bom trabalho e que o farão de bom grado se tiverem a oportunidade. Aqui a motivação deriva do orgulho da realização, não de uma combinação habilidosa de cenoura e chicote. Construa uma organização de autoconfiança e os empregados retribuirão com alto grau de autocontrole.

A maioria das práticas "progressistas" de hoje tem raízes nos preceitos da Teoria Y. Infelizmente, contudo, todas essas políticas bem-intencionadas ainda não conseguiram desburocratizar nossas organizações. Talvez você não acredite que sua organização, na essência, ainda se paute pela Teoria X, porque é muito bombardeado pela retórica da Teoria Y – esse papo de capacitação (*empowerment*), envolvimento, participação, confiança e abertura. No entanto, na prática, nossas organizações ainda são ideologicamente assimétricas. O credo do controle reina supremo. Se você duvida, pergunte-se: Será que sua organização é hoje menos formal que 10 ou 20 anos atrás? Será que as pessoas na linha de frente se sentem menos controladas? Será que suas liberdades são menos cerceadas? Será que os pequenos dentes da engrenagem estão menos obcecados em se tornar grandes dentes?

Quem leu a história de St. Andrews, no Capítulo 4.3, sabe que autonomia e paixão se correlacionam positivamente. Veja sua própria vida: Você alguma vez ficou mais entusiasmado com algo que lhe mandaram fazer que com algo que você *escolheu* fazer? O que se interpõe no caminho da capacitação genuína (*empowerment*) não é o gestor ocasional, obcecado por controles, mas, sim, as estruturas de controle profundamente arraigadas que privam os empregados da discricionariedade. E o que é pior: damos por certas essas estruturas autoritárias. No entanto, dê um passo atrás, por um instante, para observar a certa distância crítica às práticas vigentes, e elas começarão a parecer absurdas. Por exemplo, você não se choca com o fato de um consumidor ser capaz, unilateralmente, de comprar um carro de US$25 mil e, como empregado, precisar pedir permissão para comprar uma cadeira de escritório?

Paixão e iniciativa não são as únicas vítimas da *controlite* – também o são a adaptabilidade e a criatividade. Na maioria das empresas, o desenvolvimento da estratégia e a alocação de recursos são atividades centralizadas, fato que solapa gravemente a resiliência.

Quando a responsabilidade pela definição da estratégia se concentra no topo de uma grande organização, um bando de executivos se torna capaz de sufocar a mudança, e não raro o fará, em vez de baixar como despesa, reconhecendo como custo irrecuperável, o próprio capital intelectual depreciado. Veja o caso da Microsoft. Durante anos, Bill Gates manteve-se no trono de "arquiteto--chefe de software" da empresa. Como soberano, precisava chancelar qualquer novo software importante. Infelizmente, Gates via o mundo através de lentes PC-cêntricas, focadas no produto e orientadas para os tradicionais clientes empresariais da Microsoft. Acho que foi essa confluência de ortodoxia estratégica e de centralização autoritária que condenou a Microsoft à condição de seguidora, quando o paradigma setorial se deslocou para a Web, para a fonte aberta e para a computação em nuvem. O fato de a Microsoft, sob tantos aspectos, ser uma empresa extraordinária, se presta a enfatizar ainda mais os efeitos debilitantes da centralização.

As estruturas de cima para baixo, voltadas para o controle, são igualmente tóxicas para a criatividade. Conforme argumentei no Capítulo 3.5, a inovação, em especial a do tipo disruptiva, dificilmente floresce, quando uns poucos altos executivos têm o poder de estrangular a alocação de recursos. A experiência demonstra que, com frequência, eles investirão demais nos negócios existentes (os que compreendem e lideram) e deixarão famintas de talento e capital as novas iniciativas. Quando se trata de destinar os recursos certos às oportunidades certas, no momento certo, as organizações hierárquicas quase sempre erram a mão. Com efeito, é esse fato que confere aos capitalistas de risco a oportunidade de sair na frente, em relação às incumbentes ricas em recursos.

Acho que é impossível ter uma organização adaptável, inovadora e envolvente quando o poder se infiltra de cima para baixo, quando os grandes líderes nomeiam os pequenos líderes, quando um punhado de gestores toma as decisões críticas e quando os altos executivos são menos responsáveis perante os empregados que estes em relação àqueles. Em termos simples, não se consegue construir uma organização apta para o futuro com base em uma ideologia que, de maneira estrutural e preventiva, capacita poucos e incapacita muitos.

Agora, quero ser cuidadoso. Não tenho nada contra o controle *em si*. Nenhuma organização é capaz de sobreviver sem uma forte espinha dorsal de disciplina. Acredito, no entanto, que a maioria das organizações está sujeita a *controles excessivos* e a *controles inadequados*. São, ao mesmo tempo, controladas demais, no sentido de que os gestores tentam controlar coisas demais, com excesso de rigor; e mal controladas, no sentido de que o controle é exercido, em grande parte, pelos supervisores e pela regulação, em vez de pelos pares e pelos costumes. O resultado final é um contexto de trabalho de baixa confiança, no qual os indivíduos não têm autonomia para exercer opções excludentes (trade-offs), em tempo real, entre prioridades concorrentes.

Considerando todas essas restrições à ideologia do controle, por que será que ainda não temos uma alternativa filosófica *eficaz* para a burocracia clássica? Por que será que a Teoria Y ainda é, em grande parte, *teoria*? Por que será que, meio século depois de McGregor, os professores de Administração *ainda* escrevem livros sobre capacitação (*empowerment*)? Talvez seja porque a ideologia do controle arrancou muito na frente e está agora profundamente impregnada nos sistemas e processos gerenciais. Talvez seja porque a burocracia, por maiores que sejam suas deficiências, tem sido muito eficaz. Melhor o diabo conhecido que o anjo desconhecido. E ainda há o fato de a maioria dos gestores jamais ter visto nada que pareça uma alternativa viável para o modelo burocrático, algo que ofereça o grau necessário de controle e permita, ao mesmo tempo, o florescimento dos seres humanos. A maioria de nós cresceu *em* e ao redor *de* organizações que aderem ao paradigma comum: há camadas de gestores com títulos claros e autoridade bem definida. Os empregados se reportam a supervisores que definem prioridades e avaliam o desempenho. As grandes decisões são tomadas por executivos com títulos pomposos e salários à altura. As promoções são altamente cobiçadas e disputadas com ferocidade. É assim que as organizações *devem* parecer.

O fato é que muitas coisas – como o primeiro iPhone, o mundo mágico de J. K. Rowling, os vestidos longos de Lady Gaga – eram difíceis de imaginar, até que se deparou com elas. Mas tudo isso existe agora. (O quê? Hogwarts não é *real*?) Alguém imaginou tudo isso; assim, o que nos impede de imaginar organizações em que o cipoal do controle burocrático seja de todo erradicado, em vez de apenas podado? Até agora, a maioria dos ataques à burocracia foi mais tática que estratégica; apenas recebeu tapinhas amistosos (vamos fazer avaliações de 360 graus), em vez de poderosos ganchos de esquerda (vamos derrubar o gigante).

Agora que desembrulhamos a ideologia da administração, passemos à segun da questão: Será que o controle tem um rival filosófico viável? É claro que sim, a *liberdade*. As pessoas livres para seguir seus interesses, escolher suas lealdades e assumir os próprios compromissos *florescem*. E o que precisamos mais do que nunca é de organizações que propiciem o progresso dos seres humanos. Uma organização jamais será capaz disso se não for totalmente humana. A condição, evidentemente, é ir além da retórica. Precisamos de uma ideologia que seja radical *e* potente, que emancipe os empregados, que imploda a hierarquia de cima para baixo e que ainda produza resultados humanos substanciais.

Será que encontraremos maneiras mais inteligentes de manejar a tensão entre controle e liberdade? Será que conseguiremos superar as incompetências sistêmicas de nossas estruturas gerenciais obcecadas por controle? Sim. Nos próximos capítulos prospectaremos mais profundamente duas empresas extraordinárias que foram desenvolvidas em torno da ideologia da autodeterminação:

W. L. Gore e Morning Star. Não se trata de emergentes enfatuadas nem de experimentos efêmeros. São grandes empresas, intensivas em processos, que se destacam como líderes setoriais. O que não se encontra em nenhuma dessas duas empresas é hierarquia formal, nem estrutura de poder que se infiltra de cima para baixo, nem empregados que se sentem como servos. O que se vê nelas é um equilíbrio dinâmico de yin *e* yang, de liberdade *e* disciplina, de prestação de contas *e* autonomia.

É fácil lutar contra a burocracia? Não. Não é possível capacitar a multidão sem incapacitar os privilegiados, e esses poucos provavelmente não gostarão da ideia. Com efeito, essa é uma das razões pelas quais o modelo burocrático tem sido tão resistente: fornece uma razão poderosa para o sistema de castas organizacionais. Como todos nós, os CEOs, os VPs e os chefes de departamento são zelosos em relação às suas prerrogativas. Eles gostariam de acreditar que é impossível administrar sem uma hierarquia organizacional, mas não é.

A verdade é que, como gestores, estamos ciscando nas margens. Achatamos as hierarquias, mas não as eliminamos. Enaltecemos a capacitação (*empowerment*), mas não renunciamos a nossos privilégios decisórios. Estimulamos os empregados a falar alto, mas não permitimos que escolham os próprios líderes. Denunciamos a burocracia, mas não a destronamos. Mas agora, finalmente, temos de depor a velha tirana, e podemos aprender muito com as organizações progressistas que entraram em guerra contra a burocracia. Uma dessas organizações é a HCL Technologies, empresa de serviços de TI, com sede na Índia, que você conhecerá nesta seção.

Nas décadas vindouras, nossas organizações vão se tornar menos assimétricas, pois assim terá de ser. Liberdade e controle se confrontarão todos os dias, a todo instante, em cada questão. Quando o controle prevalecer, não será porque um gestor, em algum lugar, sentiu a necessidade de manter o *controle* e impôs sua autoridade. O controle prevalecerá porque, naquele momento específico e naquela situação singular, o controle é importante. Nessas condições, a decisão sobre para onde pular não será tomada por algum executivo "paternalista" distante, com muitos dados, mas pouco contexto, mas, sim, no solo, por indivíduos superdotados de informações, extremamente apaixonados pelo propósito da organização e imbuídos de liberdade para fazer a coisa certa.

Para construir essa nova realidade organizacional, precisaremos de uma agenda ousada e focada na inovação da administração. No último capítulo, trataremos desse tema.

ADMINISTRANDO SEM HIERARQUIA 5.2

Como pesquisador da administração, tive a oportunidade de perscrutar o interior de muitas organizações. Quase todas apresentam semelhanças enfadonhas. De vez em quando, contudo, uma se destaca como exceção surpreendente, como a W. L. Gore & Associates. Mais conhecida por sua variedade de tecidos Gore-Tex, de alto desempenho, a empresa fabrica mais de mil produtos e emprega mais de nove mil pessoas, em 50 localidades em todo o mundo. Em todos os lugares nos quais opera, a Gore sempre se classifica como um dos "melhores lugares para trabalhar".

Visitei pela primeira vez a Gore ao fazer uma pesquisa para meu livro *O futuro da administração*. Meus amigos da revista *Fast Company* nomearam a Gore "empresa mais inovadora do mundo", razão pela qual eu estava ansioso para saber mais. Aquela primeira visita foi estranha, até desconcertante. Não encontrei praticamente nada na Gore que correspondesse às práticas gerenciais que eu havia observado em centenas de outras empresas. Não havia títulos, nem chefes, tampouco hierarquia formal.

Logo constatei que o modelo gerencial progressista da Gore já estava à frente de seu tempo, mais de meio século atrás, quando a empresa foi fundada, em 1958, por Wilbert (Bill) L. Gore, engenheiro químico que saiu da Du Pont com o objetivo de construir uma empresa em que toda a organização se sentisse como um laboratório de experimentação. Um indicador da resiliência da Gore, movida à base de inovação: em mais de 50 anos, a empresa nunca gerou prejuízo.

Embora não tenha vice-presidente executivo, nem vice-presidente de vendas, tampouco os velhos vice-presidentes de coisa nenhuma, a Gore tem uma CEO. Terri Kelly assumiu o cargo em 2005, em processo induzido pelos pares. Ela entrou na empresa em 1983, depois de se formar *summa cum laude* pela Universidade de Delaware, com bacharelado em Engenharia Mecânica. Durante sua carreira na Gore, ela exerceu seus consideráveis dons de liderança em ampla variedade de funções.

Reuni-me com Terri perto de meu escritório, na Califórnia, e ela me levou para um mergulho profundo no modelo de gestão pós-burocrático da Gore.

Gary: Para alguém de fora, o que é mais estranho nas práticas gerenciais da Gore?

Terri: Primeiro, não operamos como hierarquia, com as decisões precisando escalar a organização até o topo e depois descer de volta às bases. Somos uma treliça ou uma rede, e os associados podem dirigir-se a qualquer pessoa na organização a fim de obter o que precisam para ser bem-sucedidos.

Segundo, tentamos resistir aos títulos. Temos muitas pessoas em posições de responsabilidade na organização, mas toda a noção de título o coloca numa caixa e, pior ainda, o deixa em situação propícia para presumir que você tem autoridade para comandar outras pessoas na organização.

Terceiro, nossos associados, que são todos donos da empresa, se comprometem com aquilo em que querem trabalhar. Acreditamos que, em vez de ter chefes que dizem às pessoas o que fazer, é melhor deixar que cada um decida em que quer trabalhar e onde pode fazer a maior contribuição. Mas, depois que você assume seu compromisso como associado, precisa corresponder às expectativas. Portanto, a moeda tem duas faces: liberdade de decidir e compromisso de entregar.

E, quarto, nossos líderes ocupam posições de autoridade porque têm seguidores. Em vez de se basear em processo de nomeação de cima para baixo, pelo qual você, em geral, é promovido porque é mais antigo, ou é o melhor amigo de um alto executivo, permitimos que a voz da organização realmente determine quem é realmente qualificado para ser líder, com base na disposição dos outros para serem seguidores.

Gary: Bill Gore fundou a empresa mais de 50 anos atrás. Qual era a visão dele? De onde vêm essas ideias radicais sobre administração?

Terri: Bill nutria grande paixão por novos materiais e considerava os fluoropolímeros muito promissores. Ao fundar a Gore, o plano de negócios dele não estava todo desenvolvido, mas ele realmente tinha um conjunto de crenças com raízes muito profundas sobre como você lidera pessoas e constrói uma organização. O que motivava Bill era a compreensão de que, como empresa, tínhamos de inovar. Não seríamos bem-sucedidos se não lançássemos produtos inovadores no mercado.

Bill passava muito tempo refletindo sobre o fator humano nesse contexto. Ele foi influenciado pelo livro *O lado humano das empresas*, de Douglas McGregor. Também ficou muito impressionado com Abraham Maslow e suas visões sobre como as pessoas reagem quando não se sentem seguras. Essas filosofias assentaram os alicerces dos valores de nossa empresa. Ele sabia que, se você não consegue envolver seus associados, se eles não sentem que podem fazer diferença, se não se consideram valorizados pelo que trazem para a empresa e se não se sentem encorajados a colaborar e a compartilhar seus conhecimentos, você não consegue inovação. Mas, em tudo isso, havia um propósito empresarial nítido; o objetivo não era criar um ambiente de trabalho feliz.

Na Du Pont, Bill teve a oportunidade de trabalhar em pequena equipe de projeto experimental, e ficou impressionado com o fato de os membros da equipe se comportarem de maneira tão diferente do que ele observava em outros lugares. Iam para o trabalho juntos, trabalhavam todo o dia para construir algo e passaram a se conhecer uns aos outros. E ele ficava pensando por que toda uma empresa não podia funcionar daquela maneira.

Gary: A Gore não tem hierarquia formal, nem títulos. Assim, como alguém se torna líder na Gore?

Terri: Um de meus associados disse: "Se você convoca uma reunião e ninguém aparece, provavelmente você não é líder, porque ninguém está interessado em segui-lo." Na Gore, o teste de liderança é muito simples: Será que outras pessoas estão dispostas a segui-lo? Usamos um processo de avaliação pelos pares para identificar indivíduos que estão crescendo em funções de liderança.

Quem nossos associados estão ouvindo? Quem eles querem em suas equipes? Na Gore, os líderes emergem, e, quando estão em função de liderança, compreendem que a tarefa deles é trazer à tona as forças da equipe e contribuir para o sucesso dos colegas. Nosso modelo também inverte o papel do líder; a maneira como o líder usa o poder é muito diferente do que se encontra na maioria das outras organizações. No fim das contas, nossos líderes sabem que seus seguidores se originam entre os pares e que podem perdê-los facilmente se não corresponderem às expectativas deles e aos valores da empresa.

Gary: Na Gore, parece que as pessoas alcançam o poder sustentando outras pessoas e, se deixam de fazê-lo, o poder começa a erodir. Assim, como será que essa realidade molda os comportamentos de liderança e impulsionam os resultados da empresa?

Terri: O desafio nesse modelo de liderança compartilhada é garantir que ele não degenere em caos. Antes de tudo, há normas de comportamento e diretrizes a seguir. Essas são nossas "regras de engajamento". Todos os associados compreendem como esses valores são fundamentais, de modo que, quando os líderes tomam decisões, as pessoas querem compreender os "porquês". Os associados estão conscientes de que têm o direito de questionar, que têm o direito de saber por que aquela decisão é a certa para a empresa. Isso impõe ao líder a tremenda responsabilidade de explicar as razões por trás da decisão e de contextualizá-la em nossa cultura: Por que isso é justo? Por que isso é compatível com nossas crenças e princípios? Portanto, mais uma vez, as atribuições de nossos líderes são diferentes daquelas que se encontram em muitas outras empresas, porque nossos líderes precisam fazer um trabalho incrível de venda interna para movimentar a organização.

Gary: Compreendo que esse cuidadoso processo de consultas promove a aceitação, mas também não retarda muito as coisas?

Terri: O processo é algo frustrante, mas acreditamos que, quando se é mais lento no começo, vendendo as ideias, passamos a contar com associados que não só compraram a ideia, mas também que se empenham em atingir os resultados almejados. Ao longo do processo, eles ajudam a refinar a ideia e a melhorar ainda mais a decisão. Logo, a resposta é sim, é mais demorado; porém, descobrimos que, depois que se toma a decisão, é melhor sair da frente, pois, agora, toda a organização está ansiosa para acelerar o processo e executar essa decisão. Em muitas organizações, os líderes decidem com rapidez, mas não compreendem que a organização não está apoiando a decisão. Metade das pessoas não sabe por que a empresa está avançando naquela direção e a outra metade faz força na direção oposta, com ou sem intenção. Portanto, se você considera todo o processo de decisão e de implementação, nosso método é mais rápido porque, quando se chega a uma decisão, toda a organização está por trás dela, em vez de apenas uns poucos líderes.

Gary: Os executivos geralmente tentam promover o alinhamento vendendo a decisão depois de ter sido tomada. Para eles, alinhamento é exercício de comunicação. Ou acham que podem conseguir o alinhamento por meio de um conjunto consistente de incentivos financeiros, de um boletim de avaliação comum. Em contraste, parece que a Gore encara o problema de alinhamento como uma questão de engajamento.

Terri: Absolutamente. Todos os nossos associados são donos e se sentem incrivelmente responsáveis pelos resultados da empresa. Se pensam que estamos indo na direção errada ou se acreditam que a decisão é inadequada, eles se consideram obrigados a falar, e sabem que nossos valores lhes dão o direito de se manifestar. Às vezes, para os líderes, isso pode ser embaraçoso, pois você é avaliado não só pelos resultados alcançados, mas também pela maneira como executa o trabalho. Uma das tarefas mais difíceis é ser líder na Gore, pois esperamos muito dessa categoria.

Gary: Sei que a Gore dá muita importância à formação de equipes ótimas, assim como ao desenvolvimento de líderes ótimos. Você poderia explicar o pensamento por trás disso?

Terri: Acho errado supor que as decisões mais importantes numa empresa são tomadas pelos líderes seniores. Algumas das decisões mais impactantes da Gore são tomadas por equipes pequenas. Em qualquer equipe, você encontra pessoas com perspectivas muito diferentes; nem todos pensam da mesma maneira, e estimulamos essas divergências. Encorajamos as equipes a dedicar muito tempo à integração, ao desenvolvimento da confiança, à construção dos relacionamentos, pois sabemos que, se você jogar as pessoas numa sala, sem os alicerces da confiança, o resultado será caótico, o processo será político e as pessoas se sentirão como se estivessem sendo atacadas. Investimos muito na eficácia de nossas equipes para que, quando ocorrem grandes debates, quando um cientista não concorda com um vendedor ou alguém da fabricação discorda de um especialista em produto, a discussão se desenvolve em um contexto no qual todos buscam a melhor solução, em vez de "você ganha, eu perco".

Queremos evitar situações em que as decisões emergem no centro, porque isso solapa nosso objetivo de que nossos colaboradores mais esclarecidos sobre o tema orientem as decisões. Queremos que as pessoas se considerem com autoridade para tomar decisões e que se responsabilizem pelos resultados.

Gary: Compreendo por que ser líder na Gore é um desafio. Na maioria das organizações, os líderes desfrutam do poder da posição, alguém os tornou titular de um negócio ou de uma função, e seus subordinados devem segui-lo. Além disso, eles podem impor sanções. Podem demitir ou rebaixar subordinados que não os acompanham a bordo. Mas isso não é verdade na Gore. Quando você recruta líderes de fora, eles têm dificuldade de se adaptar ao modelo? Eles lutam para descobrir como as coisas são feitas?

Terri: Às vezes, contratamos talentos externos, mas somos muito cuidadosos antes de lhes atribuir funções de liderança, pois, embora tenham muita capacidade e experiência, ainda não sabem navegar em nossa cultura, razão pela qual é muito perigoso lançá-los direto numa posição de liderança. Em geral, para começar, nós os colocamos em posições funcionais ou em algum outro cargo no qual possam comprovar suas habilidades e conhecimentos. Nós os ajudamos a liderar de maneira compatível com nossa cultura. Em geral, somos bem-sucedidos, mas não é fácil. Quando contratamos pessoas de fora, pedimos que falem sobre seus valores, e elas respondem: "Gosto de gente. Acredito no trabalho em equipe." Mas, quando você as mergulha em nosso ambiente e as despe do poder da posição, o impacto pode ser muito forte, pois elas ainda não tinham dado conta do quanto de seu sucesso era consequência da posição e do poder, assim como de sua capacidade de comandar e de controlar.

Em outras empresas, o líder, em geral, deve ser a pessoa mais esclarecida da equipe, a voz da empresa, todo sabedoria e todo conhecimento. Temos uma visão diferente. Se você quiser explorar o potencial de toda a organização, é preciso distribuir a responsabilidade pela liderança entre os associados com conhecimentos relevantes. O modelo da Gore altera o papel tradicional do líder. O trabalho do líder é garantir que a cultura seja saudável: Está funcionando como sistema? As equipes estão integradas? Estamos ouvindo pontos de vista diversos? As melhores ideias estão aflorando? Nossos líderes devem sentir-se à vontade em não serem o centro da ação, sem tentar direcionar todas as decisões, sem pretender ser a pessoa mais importante da equipe nem a proponente das melhores ideias. A contribuição dos líderes é ajudar a organização a aumentar de tamanho e a ser eficaz.

Gary: O que acontece quando novos associados se juntam à empresa Gore? Como não têm chefe, como se integram na empresa? Como se adaptam à cultura?

Terri: No primeiro dia, como eles não sabem em que trabalhar, orientamos cada novo associado na identificação de seus primeiros compromissos. Eles também têm um patrocinador, que é uma função muito singular da Gore, que não se confunde com a de líder. O patrocinador assume como objetivo pessoal o sucesso e o desenvolvimento do associado. O líder também pode ser patrocinador, mas é preciso que deixe muito claro qual é o chapéu que está usando. Se você for um líder de negócio, é possível que enfrente conflitos, uma vez que seu sucesso depende de até que ponto melhorou os resultados; mas, talvez, um dos membros mais valiosos da equipe precise deixar seu negócio para desenvolver e crescer. Esse é um ponto de tensão, mas sua responsabilidade como patrocinador é ajudar o associado a realizar todo o seu potencial.

O novo associado provavelmente experimentará um grau de liberdade muito superior ao que tinha no emprego anterior, mas também muito mais responsabilidade, em termos de automotivação e autoiniciativa. Embora o patrocinador esteja lá para orientá-lo, você precisa definir os próprios objetivos de carreira e determinar por conta própria onde pode dar a maior contribuição. Para muita gente, isso é muito diferente do que experimentariam em um ambiente mais estruturado.

Gary: Outra característica única da Gore é o método de localização de fábricas. Em geral, vocês evitam construir grandes fábricas para produtos específicos em localidades com baixo custo de mão de obra. As fábricas se aglomeram, constituindo clusters, ou arranjos produtivos locais. A Gore também cinde as empresas quando atingem determinado porte. Nada disso parece muito eficiente. Qual é a lógica?

Terri: Adotamos duas práticas que nos tem prestado bons serviços. A primeira é o tamborete de três pernas. Gostamos de agregar as funções, porque a inovação depende da combinação de pesquisa, fabricação e vendas, tudo no mesmo lugar, no qual podem reforçar-se mutuamente. Isso também nos ajuda a desenvolver líderes.

Segundo, se uma fábrica ou uma empresa torna-se muito grande, mais de 250 ou 300 pessoas – você começa a ver uma dinâmica bem diferente. O senso de propriedade, o envolvimento no processo decisório, a percepção da própria capacidade de fazer diferença começam a se diluir. Nessas condições, buscamos oportunidades de dividir um grande negócio em pequenos negócios. Bill Gore dizia que uma das principais responsabilidades do líder é descobrir como dividir para ser capaz de multiplicar. Procuramos oportunidades que possibilitem a divisão de uma unidade e a replicação de algumas de suas atividades como meio de acelerar o crescimento.

Os grandes negócios tendem a sufocar os pequenos negócios, absorvendo recursos críticos. Quando você cinde um negócio, as unidades menores garantem seus próprios recursos e podem definir as próprias prioridades. Outra vantagem: surgem novos líderes, por que já não existe uma única equipe de liderança sob um grande telhado, mas, sim, duas equipes de liderança distintas.

O que mais nos ajudou no contexto da atual crise econômica foi reunirmos diferentes negócios no mesmo local. Se determinado setor entra em recessão, é bom poder remanejar o pessoal para outra oportunidade. Se nossas fábricas estivessem espalhadas por diferentes localidades, isso seria muito mais difícil. Portanto, gostamos da ideia da formação de um *campus*, como um arranjo produtivo local, em que numerosas pequenas fábricas se espalham em um raio de 40 quilômetros. Dessa maneira, as pessoas não têm medo de mudar para outro negócio nem hesitam em aceitar novas oportunidades. Isso reduz o risco de os associados tentarem preservar um negócio ou um produto que talvez já não seja lucrativo para a empresa.

Gary: Para um típico gestor convencional durão, o modelo da Gore provavelmente parecerá utópico, talvez até ingênuo. Vocês não têm hierarquia. Os líderes não podem comandar. Os empregados escolhem os próprios compromissos. Parece um paraíso de indolentes. Não admira que a empresa seja sempre classificada como ótimo lugar para trabalhar. Mas de onde vem a disciplina? A maioria dos gestores encara liberdade e disciplina como termos de uma opção excludente, de um trade-off, mas, certamente, não é assim na Gore. Vocês vendem para clientes exigentes, como Nike e Procter & Gamble, e geram lucro todos os anos, desde que a empresa foi fundada. O que induz a disciplina na Gore?

Terri: Às vezes, as coisas ficam caóticas. Não quero pintar um quadro de algo quase perfeito. As equipes se formam, desenvolvem projetos e constroem relacionamentos. Mas algumas coisas fundamentais mantêm a coesão na Gore. Nossos valores pairam acima de tudo. Eles definem como tratamos uns aos outros e a confiança é fator central.

Um dos indutores mais poderosos da disciplina é o fato de todos na organização saberem que serão avaliados pelos pares e que sua remuneração dependerá dessa avaliação. A pressão dos pares é muito mais poderosa que a pressão de cima para baixo.

Como mencionei, nossos associados escolhem os compromissos que assumirão. Se não soubessem que serão avaliados pelos pares, talvez caíssem na tentação de escolher uma atribuição pessoalmente interessante para eles, um passatempo, mesmo que não fosse importante para a empresa. Mas todos os associados estão sempre pensando: "Quero ser visto como alguém que faz grandes contribuições para a empresa." E, assim, buscam oportunidades mais compatíveis com seus pontos fortes. Portanto, há uma pressão natural implícita: todos os associados querem trabalhar em algo impactante.

Tipicamente, cada associado é avaliado por 20 ou 30 pares e, por seu turno, avaliará 20 ou 30 colegas. Os pares são classificados de cima para baixo. Pede-se que você avalie apenas as pessoas que conhece. O que constatamos é que, em geral, há muita consistência em quem as pessoas consideram os principais contribuintes e em quem preterem para o fim da lista. Não recomendamos critérios de avaliação aos associados. Apenas pedimos que baseiem a avaliação na contribuição de cada um para o sucesso da empresa. Você não avalia as pessoas apenas com base no que estão fazendo na equipe, mas em termos do impacto mais amplo que produzem em toda a empresa. E, além das contribuições, será que seus comportamentos e atitudes são colaborativos? Será que estão vivendo os valores? Às vezes, alguém consegue grandes resultados, mas a enormes custos para a organização. Essas são as questões que os associados consideram ao reunir suas avaliações.

Temos um comitê transfuncional de pessoas em funções de liderança, que analisam todos esses inputs, os debatem e depois montam uma classificação geral, do primeiro ao último. Então, ao definir os níveis de remuneração, eles se empenham em atribuir uma inclinação adequada à curva de salários, de modo que os contribuintes recebam remuneração compatível com seu nível de contribuição.

O processo é um pouco brutal, mas garante que os verdadeiros talentos sejam reconhecidos. O sistema evita o problema de pagar mais a alguém, com base na antiguidade ou no título. Quando novos associados entram na organização – por exemplo, cientistas que não querem ser líderes de pessoas –, fazemos questão de que sejam valorizados, pois podem ser os mentores da próxima invenção. Nenhum sistema é perfeito, mas o nosso nivela o campo de jogo, cria condições para o surgimento de novos talentos e possibilita que sejam recompensados proporcionalmente às suas contribuições.

Não precisamos de um sistema burocrático para garantir a responsabilidade e a prestação de contas no nível de cada associado. Não precisamos de cartões de ponto, porque não nos importa a hora em que a pessoa chega ou sai; só queremos saber de suas contribuições. Portanto, podemos dispensar muitos dos processos burocráticos típicos, que são usados para avaliar e controlar o desempenho. Também descobrimos que a ausência de critérios rigorosos e objetivos de avaliação do desempenho evita muitas consequências não intencionais. Você provoca muitos comportamentos negativos ao adotar critérios de avaliação estreitos que realmente não refletem a complexidade do negócio. Ao contrário, pedimos aos associados que considerem o desempenho em termos holísticos, em vez de se concentrar em poucas variáveis específicas.

Gary: Muitas empresas têm dificuldade em exercer opções excludentes (trade-offs) entre crescimento e lucro, curto prazo e longo prazo, e assim por diante. Em geral, essas decisões são tomadas no topo. O CEO dirá: "Neste ano, precisamos concentrar o foco no controle dos custos." No ano seguinte, a empresa descobre que perdeu uma grande oportunidade por estar obcecada pela redução de custos. Ou o líder exigirá crescimento e, mais tarde, descobre que conseguiu esse resultado em detrimento do lucro no curto prazo. E, assim, surge o efeito pêndulo. Como a Gore evita essa situação? Como vocês descentralizam a responsabilidade para gerenciar opções excludentes difíceis?

Terri: Apresentamos esse tipo de ambiguidade e polaridade a nossos associados desde cedo. Não os protegemos. Se você os coloca numa caixa e os alimenta com um modelo de negócio simplista, eles não serão capazes de lidar com essas opções excludentes sutis. Queremos expor a essas pressões conflitantes todos os nossos associados, não apenas os líderes, que, em geral, acham que devem proteger o resto da organização dessas tensões. Nossos associados compreendem muito bem como essas opções excludentes realmente são complexas, porque nossos líderes dedicam muito tempo a ajudar os associados a compreendê-las. Os líderes devem explicar todos os fatores a serem considerados ao se tomar a decisão. Em vez de contar com uns poucos indivíduos capazes de exercer essas opções excludentes, temos uma grande base de associados que tomam decisões complexas.

Vez por outra, preocupamo-nos em como expandir o modelo. Fizemos essa pergunta a 50 associados; depois a levamos a outros 500; e a repetiremos para 10 mil. Mas descobrimos que nosso modelo gerencial nos ajuda a ampliar a escala, pois não dependemos de uns poucos líderes empresariais centralizados para tomar todas as decisões. Na verdade, empurramos a autoridade para as equipes operacionais que dispõem de melhores condições para tomar a decisão certa no momento certo.

Gary: A Gore tem mais de 50 anos e foi objeto de muitos estudos de casos. Por que esse modelo gerencial não foi adotado por outras empresas? Por que ele não foi mais imitado?

Terry: Primeiro, devo afirmar que ainda estamos evoluindo. Não descobrimos tudo. Mas o que dizemos a outros CEOs é o seguinte: você precisa considerar os valores impregnados na empresa: Que comportamentos têm sido recompensados e reforçados ao longo de décadas? A cultura organizacional realmente acredita nas pessoas e as estimula a dar o melhor de si? Ela fomenta o espírito de colaboração? Encoraja o compartilhamento do conhecimento? Primeiro é preciso tratar desses aspectos. Um dos maiores erros das organizações é definir grandes valores mas não vivenciá-los, não agir à altura deles – nesse caso, as pessoas se tornam céticas, pois a experiência delas no dia a dia com os líderes não é compatível com os valores proclamados.

Segundo, é preciso avaliar seu modelo de liderança. É incrivelmente importante olhar para a motivação dos líderes, como eles se recompensam, quais são seus valores. Se não tratar dessas questões, você enfrentará problemas. Nosso modelo exige que os líderes encarem suas funções de maneira diferente. Eles não são comandantes; não são pinos mestres. O trabalho deles é garantir o sucesso do restante da organização. Eles precisam renunciar ao poder e ao controle para permitir que se desenvolva esse processo caótico, de modo que diversas perspectivas e equipes se reúnam para tomar decisões.

Terceiro, é necessário ser claro quanto aos freios e contrapesos. Na Gore, eles são representados pelo processo de avaliação pelos pares, mas poderia ser algo diferente em outra organização. O que será que recompensará e reforçará os valores em bases contínuas? Isso precisa ser imbuído nas práticas gerenciais.

Esta é a sequência que eu seguiria se estivesse tentando fomentar a cultura da Gore em outra organização.

Gary: No passado, alguém teria olhado para o modelo da Gore e dito: "Bem, isso é interessante, mas não é essencial – há outras maneiras de gerenciar." Mas, quando reflito sobre os elementos centrais de seu modelo – processo decisório colaborativo, organização em que os líderes não são nomeados, mas despontam nas bases, associados com conhecimento e autoridade para exercer opções excludentes típicas em tempo real –, parece-me que esses atributos estão tornando-se imperativos competitivos.

Terri: Se você refletir sobre as mudanças demográficas, nossos jovens associados esperam exatamente isso. Eles esperam ter a chance de causar impacto. Eles esperam saber por que estão trabalhando em algo. Eles esperam atuar numa rede colaborativa em que a informação seja compartilhada sem restrições. Se uma organização não preenche esses requisitos, minha suspeita é que ela não será capaz de competir. Você não atrairá novos talentos e, decerto, tampouco reterá os ainda disponíveis. Tudo se resume nisto: reunir os melhores cérebros.

No capítulo anterior, indaguei se seria realmente possível desenvolver um sistema gerencial em que a ideologia da liberdade fosse tão robusta e tão poderosa quanto a ideologia do controle. Espero que você concorde que a resposta é "sim". Embora exemplos como a Gore sejam raros, o fato de existirem nos força a admitir que realmente há alternativas para a administração nos termos hoje predominantes. E se você acha que a Gore é radical, espere até conhecer os caras da Morning Star.

ELIDINDO O TRIBUTO DA ADMINISTRAÇÃO 5.3

Uma estrutura gerencial macrocéfala é não só tirânica, mas também onerosa, de maneiras óbvias e sutis. Para começar, os gestores aumentam as despesas gerais. À medida que a organização cresce, essas despesas aumentam em termos absolutos e relativos. Para compreender a razão, imagine uma pequena organização com 10 empregados e um chefe. Aqui o índice de gestores para empregados é de 1:10. Agora, imagine uma organização com 100 mil empregados de primeiro nível e o mesmo alcance do controle de 1:10. Esse gigante globalizado terá 11.111 gestores – ou seja, um chefe para cada nove empregados, ou 11% do efetivo de pessoal total. Por quê? Porque agora há gestores gerenciando *outros* gestores. Suponha ainda que cada um desses gestores receba três vezes o salário de um empregado de primeiro nível. Nesse caso, o custo da administração corresponderá a 33% da folha de pagamento da empresa (11% × 3). Além

Nota: Esse capítulo é adaptação do artigo "First, Let's Fire All the Managers" (Primeiro, vamos demitir todos os gestores), de Gary Hamel, publicado na *Harvard Business Review*, dezembro de 2011.

disso, evidentemente, o colosso terá milhares de pessoas em funções de apoio, como TI, finanças, recursos humanos e planejamento. Missão básica de todas essas funções de apoio? Impedir que a organização desabe sob o peso da própria complexidade.

Outro custo potencial é o risco de uma grande decisão calamitosa. As grandes decisões sempre envolvem grandes riscos, mas esses riscos são exacerbados pelas estruturas hierárquicas. Na maioria das organizações, os gestores seniores vetam as decisões dos subordinados, mas o oposto raramente ocorre. Na teoria, os conselhos de administração são incumbidos de analisar as decisões executivas, mas a maioria desses órgãos é relativamente submissa – até que uma grande decisão dê errado. Paradoxalmente, à medida que as decisões se tornam mais importantes, a quantidade de pessoas com autoridade para questioná-las diminui. Arrogância, miopia e ingenuidade podem corromper decisões em qualquer nível, mas esse risco aumenta quando o poder dos tomadores de decisão, na prática, é incontestável.

Há um risco correlato. Os gestores mais poderosos, na maioria das organizações, são os que mais estão distantes da realidade da linha de frente. Com muita frequência, decisões tomadas no topo do Olimpo se mostram inviáveis na planície. Isso dito, não causa admiração que as revistas de negócios estejam cheias de fábulas admonitórias sobre megafusões, apostas bilionárias e reorganizações avassaladoras que não produziram os resultados almejados. Atribua a alguém autoridade de monarca e, mais cedo ou mais tarde, você verá uma mancada real.

Finalmente, a estrutura gerencial multicamadas cria atrito. As propostas que surgem nas bases passam por um corredor polonês de sucessivas aprovações, à medida que sobem na hierarquia. Maior número de camadas significa ciclos decisórios mais longos, reações mais lentas e, possivelmente, perda de oportunidades. Os gestores são pagos para gerenciar, mas, na ansiedade de demonstrar sua autoridade, não raro retardam, em vez de adiantar.

Juntos, esses custos compõem o "tributo da administração". A questão é, evidentemente, o que a empresa obtém em troca dessa exação e se esses retornos poderiam ser obtidos a custos mais baixos. Uma das coisas bem-sucedidas é controle; mas, como vimos no caso da Gore, esse resultado pode ser obtido "duty-free", ou sem tributação, quando os pares, em vez dos superiores, são usados para reforçar a responsabilidade e a prestação de contas. Outro valor agregado pela administração é a coordenação. Os gestores harmonizam, sincronizam e integram. Eles são como rebites que mantêm unida a organização, conectando atividades, equipes, programas e unidades de negócios. Os retângulos de um organograma são os rebites da coordenação. A premissa implícita é, evidentemente, que coordenação requer centralização. Em outras palavras, para integrar com eficácia uma vasta gama de contribuições, precisa-se de um quadro de gestores, de indivíduos que estão acima das costuras, que veem o panorama geral e que têm o poder de induzir as pessoas a trabalhar juntas para agregar valor. Mais uma vez, contudo, por todas as razões expostas, a centralização é dispendiosa.

MERCADOS *VERSUS* HIERARQUIAS

É por isso que os economistas há muito enaltecem a capacidade dos mercados de coordenar a atividade humana com pouco ou nenhum controle de cima para baixo. Considere, por exemplo, a vasta horda que se integra todos os dias para alimentar oito milhões de nova-iorquinos: agricultores, embaladores, atacadistas, caminhoneiros, empregados de supermercados, atendentes de restaurantes e fornecedores de refeições. A cidade de Nova York não tem um "czar da alimentação" nomeado pelo prefeito, mas, de alguma maneira, as pessoas ainda se alimentam. Lição? Milhares de indivíduos relativamente autônomos, tomando as próprias decisões, não raro produzem resultados superiores aos que seriam obtidos mediante a coordenação de uma autoridade central. *Viva o capitalismo*!

No entanto, economistas como Ronald Coase e Oliver Williamson já reconheceram, há muito tempo, que os mercados têm limites. Contratos formais funcionam bem quando as interdependências a serem gerenciadas são simples, estáveis e de fácil especificação. É fácil, por exemplo, redigir um contrato que defina as condições sob as quais um embalador de frutas fornece maçãs a um hortifrutigranjeiro. Mas, quando a coordenação é complexa – quando os inputs são muito diversificados, quando devem amalgamar-se sem descontinuidades ou quando o sucesso exige a interação de formas de conhecimento totalmente novas – a mão invisível deixa a bola cair. É difícil imaginar, por exemplo, como um grupo de fornecedores independentes, sem coordenação central explícita, conseguiria integrar um conjunto variegado de atividades que, no conjunto, compõem uma operação de fabricação em grande escala, intensiva em processos.

Daí a necessidade de "empresas" – organizações que reúnem colaboradores críticos, sob um telhado legal. Nesse caso, os gestores fazem o que os mercados não podem fazer: fundem milhares de contribuições diferenciadas em um único produto integrado (como um Ford Focus) ou um serviço ponta a ponta (como um voo transpacífico da Singapore Airlines).

Os gestores constituem o que o historiador empresarial Alfred Chandler denominou de "mão visível". Porém, como vimos, a mão visível é, em geral, canhestra. Altas despesas gerais. Grandes mancadas. Reações lentas. Empregados estropiados. Não seria ótimo se fosse possível alcançar altos níveis de coordenação sem a superestrutura de supervisão?

Analise um projeto de software de fonte aberta e você talvez suponha que alcançou esse nirvana organizacional. Você encontrará dezenas ou talvez centenas de colaboradores e poucos gestores ou até nenhum gestor. No entanto, essa modalidade de coordenação é, quase sempre, do tipo "plug and play". Em um projeto de fonte aberta, as tarefas são modulares, os voluntários são capazes de trabalhar com independência, as interfaces são definidas com clareza e não se esperam rupturas científicas. Compare essa situação com os desafios de coordenação com que se defronta a Boeing no desenvolvimento de uma nova aeronave. Para alcançar sucesso nesse trabalho hercúleo, milhares de especialistas devem trabalhar ombro a ombro na tentativa de resolver centenas de questões de projeto e fabricação cruciantes. Como a Boeing descobriu recentemente, para seu desalento, terceirizar grandes nacos do processo de desenvolvimento não atenua nem um pouco o problema da coordenação. O mercado não consegue construir uma grande aeronave transoceânica.

E, assim, será que entalamos? Será que a centralização é a única maneira de coordenar as atividades complexas? Será que teremos de pagar o tributo da administração? Os economistas responderiam "sim". Os mercados são descentralizados e as empresas são centralizadas, por *definição*. A maioria dos gestores também concordaria, porque eles nunca depararam com uma empresa que seja ao mesmo tempo altamente descentralizada e extremamente sincronizada. No entanto, eu tive a grande sorte de topar com esse prodígio.

CONHEÇA A MORNING STAR

Se você alguma vez já comeu pizza, encheu um sanduíche com ketchup ou derramou molho em uma panela com espaguete, provavelmente consumiu um produto da Morning Star. Com sede em Woodland, Califórnia, perto de

Sacramento, a empresa é o maior processador mundial de tomates, manipulando de 25% a 30% de todos os tomates processados por ano nos Estados Unidos. A Morning Star tem 400 empregados em tempo integral e gera uma receita anual superior a US$700 milhões. Na alta estação, cada uma de suas amplas fábricas é capaz de devorar 1 mil toneladas de matéria-prima por hora. É um negócio complexo, intensivo em capital, no qual dezenas de processos críticos devem ser orquestradas com exatidão.

Qualquer pessoa que já tenha dirigido pela Interstate 5, na região central da Califórnia, provavelmente já viu os caminhões-reboque da Morning Star transitando dos campos para as fábricas. A empresa foi fundada em 1970, como transportadora de tomates, por Chris Rufer, na época aluno de MBA na UCLA. Quarenta e um anos depois, Rufer ainda é presidente da Morning Star.

Como jovem caminhoneiro, Rufer se sentiu atraído pelo desafio de tornar mais eficiente o processamento de tomates, mas se frustrou ao não encontrar veteranos do setor que levassem a sério suas ideias. Sem desanimar, Rufer continuou procurando investidores e, em 1983, comprou sua primeira linha de processamento de tomates.

Poucos anos depois, Rufer enfrentou um impasse com os sócios sobre a filosofia organizacional e gerencial da empresa. Para escapar do beco sem saída, ele vendeu sua participação na unidade de processamento, mas manteve o controle do nome Morning Star. Em breve, estava planejando novas instalações. Inaugurada em 1990, perto de Los Banos, Califórnia, a fábrica se espalha por mais de 160 mil metros quadrados. Apareça lá no meio do verão e você verá uma longa fila de caminhões esperando a vez de subir uma rampa suave e descarregar seu conteúdo. Jatos de água empurram os tomates para fora das caçambas, rumo a um labirinto de calhas. Uma primeira lavagem limpa os tomates e separa folhas, talos e outros resíduos. À medida que os tomates descem para os fogões da fábrica, sensores optoeletrônicos disparam dispositivos parecidos com dedos, que separam a fruta por cor e tamanho. A maioria dos tomates se transforma em pasta; o resto é fatiado. No fim da linha, grandes caixas assépticas são enchidas com quase 1.400 quilos de frutas processadas, que, em seguida, são carregadas em caminhões e vagões.

Hoje, a Morning Star opera três grandes unidades de processamento. Em cada fábrica, há várias salas de controle à prova de som. Aqui, cada centímetro de parede está coberto por telas de plasma que exibem informações em tempo real sobre dezenas de processos críticos. O ambiente mais parece controle de missão da NASA que a cozinha da vovó.

A Morning Star processa tomates de acordo com centenas de receitas ligeiramente diferentes, dependendo das necessidades dos clientes. Além dos produtos por atacado, a empresa fabrica tomates enlatados que vão diretamente para os supermercados e para os clientes de serviços de alimentação. As fábricas são apenas uma ponta do negócio de tomates da Morning Star. Também há uma empresa de transporte por caminhões que movimenta mais de 2 milhões de toneladas de tomates por ano, e outra empresa de colheita. Em um ano típico, a Morning Star processa quase 32.500 hectares de tomate, dos quais quase 3 mil são de cultivo próprio.

Nos últimos 20 anos, os volumes, receitas e lucros da Morning Star aumentaram a taxas de dois dígitos, isso em um setor em que o crescimento gira em torno de 1% ao ano. Como empresa de capital fechado, a Morning Star não divulga seus resultados financeiros. No entanto, eu soube que ela financia praticamente todo o seu crescimento com recursos internos, proeza que sugere alta lucratividade. Com base em suas próprias comparações, a Morning Star se considera a processadora de tomates mais eficiente do mundo. Rufer observa com ironia que todas as cinco empresas de pasta de tomate que ele abastecia como jovem caminhoneiro hoje estão fora do mercado. Com efeito, a Morning Star adquiriu sua maior fábrica, a preço de liquidação, dos administradores judiciais de um concorrente falido.

DESEMBALANDO A AUTOGESTÃO

Não são as matérias-primas, as fábricas ou o lucro que fazem da Morning Star um estudo de caso em inovação da administração, mas, sim, a crença fervorosa da empresa na "autogestão". O objetivo, de acordo com a "visão organizacional" da Morning Star, é desenvolver uma empresa em que todos os membros de equipes

> **sejam profissionais autogerenciados, que promovam a integração e a coordenação de suas atividades com as de colegas de trabalho, clientes, fornecedores e outros participantes do setor, sem diretrizes alheias.**

Você tropeçou nas três últimas palavras? Como dirigir uma empresa *sem diretrizes alheias*? De que maneira as pessoas podem "gerenciar a si mesmas"? Eis como.

A missão é o chefe

Não há supervisores na Morning Star. Na verdade, a missão é o chefe. Todos os empregados (ou "colegas", no jargão da Morning Star) são incumbidos de redigir uma declaração de missão pessoal, que delineie como ele contribuirá para o objetivo da empresa de "produzir itens e serviços de tomates que correspondam consistentemente às expectativas de qualidade dos clientes". Para Rodney Regert, da fábrica de Los Banos, a missão é converter a matéria-prima, tomates, em suco para processamento, corrente abaixo, tudo isso com tanta responsabilidade ambiental quanto possível.

Todos os colegas da Morning Star são membros de uma equipe da unidade de negócio. Algumas das 20 unidades de negócios são empresas independentes (como a operação de caminhões). Cada unidade de negócio tem a missão ampla de fornecer contexto para as declarações de missão de cada membro de equipe.

Rufer considera a missão pessoal a pedra angular da autogestão. Diz Rufer: "Compreender a missão é fundamental. Um sistema de feedback que lhe permita saber como está indo também é crítico. Você deve sentir que é o principal responsável por sua missão. Se alguma outra pessoa tiver uma opinião sobre o que você deve fazer, deve falar. Mas você é o responsável final pela realizaçao de sua missão e pela obtenção do treinamento, dos recursos e da colaboração que sejam necessários para a realização de sua missão." Ao que acrescenta Paul Green Sr., experiente técnico de fabricação: "Sou movido pela missão e pelos meus compromissos, não por um gerente."

Deixe que os empregados forjem os próprios acordos

Esses compromissos são enumerados em uma "Carta de Compreensão do Colega" (Colleague Letter of Understanding – CLOU), documento que detalha as iniciativas específicas a serem tomadas pelo empregado para cumprir a missão. Todos os anos, cada empregado negocia sua CLOU com os colegas mais afetados pelo seu trabalho. Aí se incluem pessoas na própria unidade de negócios, assim como "clientes" corrente abaixo. Por exemplo, o membro da equipe responsável pela compra de gás natural deve negociar com as pessoas da unidade de negócios "vapor" (steam).

Um empregado pode conversar com 10 ou mais associados durante a negociação da CLOU. Cada uma dessas conversas pode demorar nada mais que 20 minutos ou bem mais que uma hora. Uma CLOU completa pode abranger 30 áreas de atividade separadas e também definir critérios relevantes de avaliação do desempenho.

Toda CLOU é mantida em um arquivo central e pode ser revisada por qualquer empregado. Em conjunto, as CLOUs resumem cerca de 3 mil relações formais entre os empregados em tempo integral da Morning Star.

Como prelúdio da atualização anual das CLOUs, os colegas da unidade de negócio se reúnem para debater os desafios e compartilhar os objetivos de desenvolvimento pessoal. As CLOUs evoluem de ano para ano, de modo a refletir as mudanças nas competências e interesses de cada associado. Tipicamente, colegas experientes assumem atribuições cada vez mais complexas, ao longo do tempo, descarregando as tarefas básicas em associados recém-admitidos.

Ao explicar a lógica das CLOUs, Rufer com frequência menciona a noção de "ordem espontânea", a ideia de que numerosos acordos voluntários entre agentes independentes podem gerar formas de coordenação altamente eficazes.

"Para mim", diz Rufer, "estrutura é um conjunto de relacionamentos que os indivíduos estabelecem livremente uns com os outros. A questão não é ter estrutura, mas como desenvolvê-la – de cima para baixo ou de baixo para cima. Nossos colegas criam estrutura: concordo em fornecer-lhe este relatório ou levarei esses contêineres para um caminhão ou operarei um equipamento de determinada maneira. Isso é ordem espontânea, que lhe confere mais fluidez. Assim, os relacionamentos podem mudar com mais facilidade do que quando tentamos fixá-los de cima para baixo".[1]

Rufer prossegue: "Há muitas nuances pessoais em como as pessoas trabalham juntas e, quanto maior for a liberdade delas para explorar essas nuances e ajustar seus relacionamentos com base nas próprias competências específicas – aquilo em que são melhores e em que os outros são bons –, mais exato será o encaixe de todas as contribuições." O impressionante é que Rufer não vê a liberdade como inimiga da coordenação, mas como aliada.

Todos os colegas da Morning Star são fornecedores numa teia de compromissos multilaterais. É como me disse um membro de equipe: "Aqui, ninguém é seu chefe e todos são seu chefe."

A CLOU tem um equivalente no nível das unidades de negócios. Todos os anos, as unidades de negócios negociam acordos cliente-fornecedor umas com as outras. Em média, sempre há 50 desses acordos em vigor. Cada unidade de negócio tem a própria demonstração do resultado, e a negociação entre elas pode ser acirrada. A unidade agrícola e as fábricas de processamento, por exemplo, barganharão em torno de volumes, preços e prazos de entrega. A filosofia, contudo, é a mesma das CLOUs: os acordos entre entidades contratantes independentes são melhores em alinhar incentivos e em refletir as realidades do mercado que os relacionamentos impostos por uma unidade central.

Delegue autoridade – de verdade!

Na maioria das empresas, a realidade da delegação de autoridade fica muito aquém da retórica. Não na Morning Star. A esse respeito, Nick Kastle, especialista em desenvolvimento de negócios, estabelece uma comparação nítida entre a Morning Star e seu empregador anterior: "Antes de vir para cá, eu trabalhava numa empresa em que me reportava a um vice-presidente, que se reportava a um vice-presidente de vendas, que, por sua vez, se reportava a um vice-presidente executivo. Na autogestão, *você* dirige o ônibus. Você nunca diz a alguém: 'Faça isso.' Você faz o que precisa ser feito." Outro colega, que havia trabalhado em duas multinacionais de alimentos antes de vir para a Morning Star, concordou. "Em meus outros empregos, eu tinha um chefe que ficava no escritório e dava ordens. Os operadores dependiam muito do supervisor de turno ou do gerente de fábrica. Mas, nas organizações horizontais, todo mundo é responsável pela própria área."

Entre outras coisas, isso significa que os empregados são responsáveis por adquirir as ferramentas e os equipamentos necessários à execução do trabalho. Na Morning Star, não há departamento de compras central nem alto executivo que aprove as despesas de capital. Todos podem emitir pedidos de compra. Se um engenheiro de manutenção precisa de uma máquina de soldar de US$8 mil, encomenda uma. O colega anota o nome no pedido de compra e, ao receber a fatura, confirma que o equipamento foi recebido e remete a duplicata para contas a pagar. Como seria de esperar, os novos fornecedores ficam espantados com o esquema. Não há gerente de compra a ser bajulado e qualquer pessoa pode emitir um pedido de compra.

Rufer explica a ideia por trás do processo de requisição aberta da empresa: "Um dia, eu estava assinando cheques e me lembrei do ditado famoso: 'Eu seguro a bola.' Pensei comigo mesmo que aquilo não era verdade. Eu tinha diante de mim um pedido de compra, um contrato que alguém na empresa fez com um terceiro para comprar um equipamento. Além disso, havia um documento afirmando que a coisa havia sido expedida, que já a recebêramos e que o preço da fatura batia com o pedido de compra. E também havia um cheque a ser assinado. E agora? Eu tinha a escolha de não assinar o cheque? Não. Portanto, a pergunta não é: 'Quem segura a bola?', mas sim: 'Quem chuta a bola?' A bola é chutada por quem precisa do equipamento, que é a pessoa em melhores condições de tomar a decisão. Eu não preciso rever tudo aquilo e quem chuta a bola não precisa da aprovação do gerente. E, assim, acabei com tudo aquilo. Quem tem o talento e a informação toma a decisão."[2]

Doug Kirkpatrick, que entrou na Morning Star em 1983, salienta esse ponto: "Nosso modelo acaba com a diferenciação entre operário e burocrata. Meus colegas de linha de frente têm mais autoridade que a maioria dos trabalhadores do conhecimento do Vale do Silício."

Essa autoridade também inclui admissão de pessoal. Cada colega é responsável por iniciar o processo de recrutamento e seleção quando se encontra sobrecarregado ou quando identifica uma nova função a ser preenchida.

Os executivos geralmente enaltecem a delegação de autoridade, mas rara é a empresa que compartilha o talão de cheques com os empregados de linha de frente ou permite que tomem a iniciativa no recrutamento e seleção. Para Rufer, contudo, trata-se de simples bom-senso: "Não quero que ninguém na Morning Star ache que não foi bem-sucedido porque não tinha o equipamento certo ou não contava com colaboradores capazes."

Não encaixe as pessoas em escaninhos

Como as funções na Morning Star não são definidas por uma autoridade central, os empregados têm a oportunidade de assumir maiores responsabilidades ao longo do tempo, à medida que desenvolvem suas habilidades. Paul Green Jr., que seguiu o exemplo do pai e também trabalha na Morning Star, como responsável pelas iniciativas de treinamento e desenvolvimento, explica: "Acreditamos que você deve fazer aquilo em que é bom; logo, não tentamos encaixar as pessoas numa função. Em consequência, os colegas da Morning Star tendem a exercer funções mais amplas e mais complexas que as típicas de outras empresas."

Um dos princípios centrais da Morning Star é que todos têm o direito de sugerir melhorias em qualquer área da empresa. As pessoas são estimuladas a oferecer e a solicitar ajuda de outras partes da organização. Assim agindo, não há canais de comunicação a navegar. Diz Rufer: "A diferença entre a Morning Star e a maioria das organizações é que, aqui, quem tem alguma ideia não procura um supervisor ou um chefe; vai direto à pessoa ou à equipe mais interessada. Se acreditarem que a ideia os ajudará a cumprir a missão, ela será adotada."

Tipicamente, os empregados de primeira linha assumem que a mudança vem de cima, mas, na Morning Star, não existe "acima", e todos compreendem que é atribuição deles induzir a mudança. Paul Green Jr.: "Temos muitas inovações e mudanças espontâneas que se originam em lugares incomuns. Achamos que você tem o direito de se envolver em qualquer lugar em que ache que suas habilidades podem agregar valor; assim, não raro as pessoas iniciam mudanças fora do âmbito mais estreito de sua função."

Estimule a competição pelo impacto na organização, não pela promoção na hierarquia

Sem hierarquia e sem títulos, não há escala de carreira a galgar na Morning Star. Contudo, isso não significa que todos sejam iguais. Em qualquer área de atividade, alguns colegas serão reconhecidos como mais competentes que outros. Essas diferenças em nível de *expertise* e valor agregado se refletem também na remuneração.

Como em qualquer organização, também na Morning Star há competição interna, mas aqui a rivalidade gira em torno de quem pode contribuir mais, e não em quem consegue o cargo com título mais pomposo. Para avançar, o empregado deve dominar novas habilidades ou descobrir novas maneiras de servir aos colegas. Ron Caoua, especialista em TI, se expressa nos seguintes termos: "Não existe esse negócio de promoção aqui. O que fortalece meu currículo é mais responsabilidade, não um título mais pomposo."

Quando perguntei a Chris Rufer como as pessoas progridem na Morning Star, ele me apresentou uma analogia com o golfe: "Da mesma maneira como os melhores jogadores avançam no ranking do golfe profissional: Quando Jack

Nicklaus jogava, será que se preocupava em se tornar um golfista 'vice-presidente sênior'? Não. Ele gostava de golfe e sabia que, se fosse realmente bom naquilo, alcançaria o que todo mundo quer: senso de realização. Ele também sabia que o bom desempenho no golfe lhe proporcionaria a renda necessária para desfrutar a vida que queria. Avançar tem a ver com competência e reputação, não com o cargo que você ostenta."

Um colega da Morning Star disse: "As pessoas ansiosas por agregar valor e crescer querem trabalhar aqui. As outras vão para os concorrentes."

LIVRE PARA ALCANÇAR O SUCESSO

No âmago desse modelo de gestão excêntrico, mas eficaz, encontra-se uma ideia simples: *liberdade*. Diz Rufer: "A filosofia organizacional deve começar com as pessoas e com as condições que lhes permitem ser mais criativas e apaixonadas em relação ao trabalho; acho que a liberdade propicia isso. Todo mundo se dá melhor se tiver liberdade para avançar no próprio caminho. Quem tem liberdade será atraído para aquilo de que *realmente* gosta, em vez de ser empurrado para aquilo de que deveria gostar, na opinião dos outros. Portanto, pessoalmente, será mais bem-sucedido; terá mais entusiasmo e se empenhará em fazer melhor."

Os empregados da Morning Star repercutem esse sentimento. Um operador assim se expressou: "Quando as pessoas lhe dizem o que fazer, você é uma máquina." É verdade, mas aqui há um dilema. Para dirigir operações em grande escala, que dependem de máquinas, precisa-se de pessoas que, às vezes, se comportem como máquinas. A eficiência operacional exige pessoas confiáveis, exatas e trabalhadoras. Sem um senso de responsabilidade agudo, a liberdade pode degenerar em anarquia. No entanto, quando se caminha por uma das fábricas colossais e complexas da Morning Star, o que se vê é a antítese da anarquia. Na maioria das empresas, os supervisores e gerentes se esforçam para que os empregados não desviem a atenção do trabalho, mas não na Morning Star. Assim, como toda essa liberdade é canalizada para uma coordenação tão rigorosa?

Metas claras, dados transparentes

As pessoas não podem autogerenciar-se sem informação. Visite um resort de inverno e você talvez veja um esquiador cego descendo uma encosta sob a orientação de um guia que o segue de perto, dando-lhe a direção: "esquerda", "direita", "pare". Já os esquiadores sem limitações podem seguir o mesmo caminho sem ajuda. Na Morning Star, o objetivo é fornecer aos empregados todas as informações necessárias para que monitorem o próprio trabalho e tomem decisões inteligentes. Premissa: as pessoas *querem* fazer as coisas certas, mas precisam de muita informação para saber o que é "certo".

Todas as CLOUs contêm indicadores que mostram o "caminho das pedras". Os empregados seguem esses critérios para monitorar seu sucesso em atender às necessidades dos colegas. Além disso, um conjunto de contas detalhadas, referente a cada unidade de negócio, é divulgado duas vezes por mês, acessível a todos os colegas.

A eficiência é parte da missão de todos e os colegas são encorajados a se manter responsáveis em relação a si mesmos e aos demais, pelos resultados, de modo que qualquer aumento inesperado nas despesas seja identificado e questionado imediatamente. "Como todos estão atentos aos números", explica Paul Green Sr., "as pessoas não hesitam em perguntar: 'Por que estamos gastando dinheiro com isso?' Em contextos transparentes, a extravagância e a indolência logo transparecem."

A transparência é importante na Morning Star também por outra razão. Como a empresa é integrada nos sentidos vertical e horizontal, os empregados precisam de informações de toda a organização para calcular como as próprias decisões afetarão outras áreas. Rufer quer que os colegas pensem no negócio de maneira holista, e sabe que isso só acontecerá se todos tiverem acesso aos mesmos dados, abrangendo todo o sistema. É por isso que não há silos de informação na Morning Star. Também é por essa razão que ninguém jamais questiona a "necessidade de saber" dos colegas.

Cálculos e consultas

Embora os colegas tenham liberdade para gastar o dinheiro da empresa, precisam desenvolver argumentos de negócios sólidos para justificar suas decisões. Em geral, essa necessidade envolve o desenvolvimento de modelos financeiros detalhados, que incluem cálculos de retorno sobre o investimento e de valor presente líquido. "Nossos colegas", diz Paul Green Jr., "têm muita consciência do que constitui um bom investimento e um mau investimento. Na média, acho que são melhores nesses tipos de análises que muitos graduados em MBA."

Ao elaborar uma justificativa de investimento, os colegas da Morning Star se consultam muito uns aos outros. Embora não haja um processo formal de aprovação de despesas de capital, todos compreendem que serão responsáveis perante os pares pela maneira como gastarem o dinheiro da empresa. Um empregado que esteja defendendo um investimento de US$3 milhões, por exemplo, deve consultar não menos que 30 colegas antes de puxar o gatilho. A esse respeito, afirma Paul Green Jr.: "Como há a tendência de envolver muitas pessoas nas decisões, você não se perde no limbo."

O mesmo se aplica às decisões sobre recrutamento e seleção. Um colega que queira expandir o efetivo de pessoal de uma unidade de negócio deve vender a ideia aos pares, que pedirão descrições de cargos e argumentos convincentes. Se houver consenso para ir adiante, os especialistas internos se incumbirão da contratação.

Na Morning Star, os colegas têm muita autoridade, mas raramente tomam decisões unilaterais. No sentido oposto, ninguém, isoladamente, tem poder para derrubar uma ideia. Em vez de atuar como júri, juiz e carrasco, membros de equipe experientes servem como treinadores (coaches). Um jovem empregado com uma ideia ousada será orientado a procurar os veteranos da Morning Star. Esses especialistas lhe darão uma breve aula particular: "Aqui está um modelo para analisar sua ideia. Faça um pouco mais de dever de casa e, quando estiver pronto, volte para conversarmos outra vez."

Quase todos com quem conversei na Morning Star reconhecem que essas consultas são demoradas, mas não hesitam em elogiar seus benefícios: decisões altamente bem informadas, sem influência política; planos escorados em amplo comprometimento e colegas que sabem ser capazes de promover mudanças, qualquer que seja sua função.

Solução de conflitos e devido processo legal

O que acontece quando alguém abusa da liberdade, apresenta desempenho sempre deficiente ou se desentende com os colegas? Na Morning Star, não há gerentes para resolver as disputas; ninguém tem autoridade para forçar uma decisão. No mundo comercial, as discordâncias entre as partes contratantes em geral são resolvidas por meio de mediação ou na justiça. Também é assim na Morning Star.

Para mostrar como o processo funciona, suponha, por um instante, que você e eu trabalhemos em diferentes unidades de negócios e que, em sua opinião, eu não tenha cumprido os compromissos que assumi com você na CLOU. Como primeiro passo, nós nos encontraríamos e você exporia seus argumentos. Eu poderia oferecer uma desculpa e prometer melhorar, ou jogar a culpa em você. Se nós dois sozinhos não conseguirmos resolver a questão, escolheremos um mediador interno, alguém em quem confiamos. Nós três nos reuniremos e defenderemos nossas posições. Digamos que o mediador entenda que você tem razão, mas que eu não concorde com a solução proposta. Nesse caso, constitui--se um grupo de seis colegas para ajudar a resolver a controvérsia. Esse conselho pode endossar a recomendação do mediador ou propor outra solução. Se, mais uma vez, eu resistir, Chris Rufer reúne todas as partes, ouve seus argumentos e, então, toma uma decisão vinculante. No entanto, é muito raro que uma disputa chegue à mesa de Rufer.

Quando as preocupações com o desempenho de um colega são sérias demais, esse processo de solução de conflito pode terminar em demissão. No entanto, na Morning Star, o destino de um empregado nunca depende de um único chefe, sujeito a caprichos e idiossincrasias.

Rufer explica os benefícios do processo da Morning Star: "Quando ocorre uma disputa e se convoca um grupo de pares, a fábrica toma conhecimento de tudo e as pessoas podem ver que o processo foi justo e razoável. Todos sabem que podem recorrer. Eliminamos o poder dos chefes de tratar os empregados como sacos de pancada, só porque estão enfrentando problemas em sua vida pessoal."

Revisão pelos pares e processo de questionamento

O senso de responsabilidade e de prestação de contas está profundamente impregnado no DNA organizacional da Morning Star. Primeiro, todos os novos empregados participam de seminários sobre os fundamentos da autogestão. Aqui, eles aprendem que responsabilidade e liberdade são irmãs gêmeas. Embora lhes seja outorgada muita autoridade discricionária, eles também serão responsabilizados por suas decisões. Ninguém tem a opção de rejeitar uma convocação. Consulte tantas pessoas quantas quiser, mas, no fim das contas, a decisão é *sua*, e seus colegas o responsabilizarão pelos resultados.

A avaliação do desempenho no fim do ano, em que todos os empregados recebem feedback detalhado dos colegas da CLOU, é outro mecanismo de responsabilização. Esse processo tem algo análogo no nível das unidades de negócios. Em janeiro, todas as unidades de negócios devem defender seu desempenho nos 12 meses anteriores. Como a análise de uma única unidade de negócio pode consumir boa parte do dia, esse processo de "questionamento" se estende por várias semanas. Cada reunião envolve as equipes das unidades de negócios relevantes e qualquer outra parte que tenha interesse nos resultados da unidade de negócio em questão.

Cada apresentação das unidades de negócios é, com efeito, um relatório para os acionistas. Os membros da equipe devem justificar o uso dos recursos da empresa, reconhecer suas deficiências de desempenho e apresentar planos de melhoria. Por fim, as unidades de negócios são classificadas pelo desempenho e aquelas que ficarem aquém dos planos podem esperar um interrogatório minucioso. "Se uma unidade de negócio fizer investimentos que não geram retorno satisfatório", observa Rufer, "estará sujeita a muitas críticas e terá dificuldade em angariar o apoio dos colegas nas futuras propostas de investimentos". "Há um risco social", disse um membro de equipe, "em fazer algo que os colegas considerem estúpido".

Em fevereiro, promove-se uma rodada de reuniões estratégicas que oferecem outra oportunidade de revisão pelos pares. Durante alguns dias, cada unidade de negócio tem 20 minutos para apresentar seu plano referente ao ano em curso a um público de toda a empresa. Os colegas, então, têm a oportunidade de "investir" nas estratégias mais promissoras, usando uma moeda virtual. A competição por investimentos é intensa. Qualquer unidade de negócios que não atrair sua parcela de moeda de fantasia se verá sob intenso escrutínio.

Comitês de remuneração eleitos

A abordagem da Morning Star à competição é mais parecida com a que se encontraria em empresas de serviços profissionais do que com a mais comum em empresas industriais. Ao fim de cada ano, todos os colegas elaboram um documento de autoavaliação, expondo como se saíram em comparação com os objetivos da CLOU, com as metas de ROI e com os indicadores do caminho das pedras. Os colegas, então, elegem um comitê de remuneração local. Nos anos típicos, constituem-se, em média, oito desses órgãos em toda a empresa. Com base em processo altamente participativo, os comitês validam as autoavaliações e identificam contribuições que talvez não tenham sido relatadas. Casos em que os associados tomaram a iniciativa de ajudar colegas de outras unidades de negócios são vistos com muito bons olhos. Depois de ponderar esses inputs, o comitê ajusta os níveis de remuneração individuais, na tentativa de garantir que valor agregado e nível de remuneração estejam em estreito alinhamento.

O LADO POSITIVO DA AUTOGESTÃO

Não há muitas pessoas na Morning Star que tenham frequentado escolas de negócios nem que hajam conquistado título universitário, mas muita gente trabalhou para outros empregadores menos progressistas – e, quando se lhes pergunta sobre as vantagens da autogestão, elas se mostram apaixonadas e eloquentes.

Benefício nº 1: Mais iniciativa

"O que é", perguntei a um mecânico de fábrica, "que leva os membros de equipe a serem proativos no oferecimento de ajuda aos colegas?". Resposta: "Nossa organização é movida pelo capital da reputação. Quando você tem algo a acrescentar em outra área da empresa, algum conselho valioso, por exemplo, essa contribuição melhora sua reputação." Lógica: quando as funções são definidas em termos amplos e quando as pessoas recebem afagos por ajudar os outros, o espírito de iniciativa floresce.

Benefício nº 2: Mais expertise

O modelo de autogestão também estimula os empregados operacionais a desenvolver habilidades profundas. Na Morning Star, os experts não são os gestores, nem os especialistas de áreas funcionais, tampouco os consultores internos; são as pessoas que fazem o trabalho. Por exemplo, o pessoal que enche contêineres assépticos na linha de embalagem tem conhecimentos profundos sobre microbiologia. Scott Marnoch, expert em qualidade, explicou os incentivos que induzem os colegas a agir com inteligência: "Todos aqui são responsáveis pela qualidade de seu trabalho. Há muito orgulho nisso e não existe chefe a ser responsabilizado se algo der errado." Outro colega salientou ainda mais esse aspecto: "Antes de vir para cá, eu não conhecia nenhuma alternativa, a não ser a hierarquia organizacional. Mas, olhando para trás, acho que ela alimenta o senso de preguiça e de incompetência."

Benefício nº 3: Mais flexibilidade

O modelo de gestão da Morning Star também promove velocidade e flexibilidade, ponto que Rufer salienta por meio de uma analogia com as nuvens: "As nuvens se formam e logo se desfazem. As condições atmosféricas, a temperatura e a umidade fazem com que as moléculas de água se condensem ou se evaporem. E isso decorre das forças que cercam as moléculas de água. As organizações devem funcionar da mesma maneira. As estruturas precisam construir-se e desconstruir-se, em resposta às forças que atuam na organização. Quando as pessoas têm mais liberdade para agir, são mais capazes de detectar essas forças e de agir para melhor ajustar-se à realidade externa."

Paul Green Jr. agrega substância a esse ponto, ao observar que, em um ano típico, centenas de projetos de mudança se iniciam, à medida que os empregados buscam novas maneiras de cumprir melhor sua missão e de se tornar mais valiosos para os colegas. "Como não há muitas fronteiras nem restrições, nossa organização está em constante metamorfose."

Benefício nº 4: Mais integração entre os colegas

Uma das maiores falhas da pirâmide organizacional é o fato de ser piramidal: subir e afinar. Em consequência, na batalha por promoções, há muito mais perdedores que vencedores. Embora a competição pelo progresso possa estimular as realizações individuais, a natureza de jogo de soma zero da disputa encoraja a politicagem e acentua as rivalidades. Já nas organizações horizontais, não há superiores a adular nem adversários a golpear. Paul Terpeluk, colega da Morning Star que já trabalhou em duas empresas da *Fortune 500*, descreve os benefícios de uma empresa sem chefes: "Há menos golpes baixos aqui porque não estamos competindo por essa mercadoria escassa denominada promoção. Todas as suas energias convergem para fazer o melhor trabalho possível e para ajudar os colegas." Em outras palavras, quando se demole a pirâmide, drena-se grande parte do veneno da politicagem organizacional.

Benefício nº 5: Mais julgamento

Na maioria das organizações, as principais decisões sobem até os executivos que foram treinados na ciência da análise de negócios. Os gestores seniores dispõem de profusão de dados e de sofisticação analítica, mas carecem do contexto e da compreensão sutil dos "fatos no chão". Eis por que as decisões que parecem brilhantes para os executivos de alto nível geralmente são consideradas absurdas pelo pessoal de linha de frente. Em vez de empurrar as decisões para cima, a Morning Star puxa a *expertise* para baixo. Por exemplo, mais ou menos a metade dos empregados da empresa já participou de cursos que os ensina a negociar com os fornecedores.

Os investimentos da Morning Star na competência dos colegas refletem um postulado central da autogestão: é mais fácil e mais eficaz equipar os empregados com ferramentas de tomada de decisões do que imbuir os altos executivos com a consciência da situação. Na Morning Star, os fazedores e os pensadores são as mesmas pessoas. Resultado: decisões mais oportunas e apropriadas.

Benefício nº 6: Mais lealdade

Poucos colegas experientes deixam a Morning Star para trabalhar num concorrente, mas a recíproca acontece com frequência. Um novo colega de equipe deixou de trabalhar a cinco minutos de casa para gastar uma hora no percurso casa-trabalho-casa, ao se mudar para a Morning Star. Por que a troca? "Porque aqui tenho a chance de crescer."

Todos os verões, quando os tomates são colhidos, as unidades de processamento da Morning Star contratam mais de 800 trabalhadores temporários. Noventa por cento desses colegas voltam todos os anos, e todos foram treinados nos princípios da autogestão. É essa filosofia, acredita Rufer, que explica os níveis da liderança setorial da Morning Star, em termos de lealdade dos empregados.

Quer uma prova concreta? Pouco tempo atrás, uma equipe de pesquisadores independentes fez uma avaliação comparativa do senso de "empoderamento" e de "propriedade" dos colegas sazonais da Morning Star. O que constataram foi surpreendente. Esses trabalhadores *temporários* demonstraram níveis de envolvimento típicos de *gestores seniores* em outras empresas.

Benefício nº 7: Menos despesas gerais

Finalmente, obtém-se o simples benefício da eficiência de uma folha de pagamento sem gerentes. Diz Rufer: "Em muitas empresas, você tem executivos que dizem aos gerentes o que fazer, gerentes que dizem aos supervisores o que fazer e supervisores que dizem aos caras da linha de frente o que fazer. Isso gera muita despesa geral, mas você não tem nada disso aqui."

Parte das economias vai para os empregados em tempo integral da Morning Star, que ganham de 10% a 15% mais que seus pares no setor; o restante se destina a financiar o crescimento da Morning Star, acima da média.

ALMOÇO BARATO, MAS NÃO DE GRAÇA

Embora o modelo organizacional da Morning Star reduza drasticamente os custos da gestão, tem alguns inconvenientes. Os colegas experientes apontam quatro, em especial.

Primeiro, nem todas as pessoas se ajustam ao modelo de autogestão da Morning Star. Isso é menos questão de capacidade que de aculturação. Alguém que trabalhou durante anos em uma organização extremamente estratificada em geral tem dificuldade de se adaptar à autogestão. Essa constatação aumenta a duração e a complexidade do processo de recrutamento e seleção. Quando a empresa era menor, Rufer passava metade do dia entrevistando todos os candidatos a emprego, quase sempre na casa do candidato e, não raro, na presença do cônjuge do pretendente a empregado. Boa parte da conversa se concentrava na avaliação da compatibilidade entre a filosofia da Morning Star e as expectativas do candidato. Hoje, todos os candidatos assistem a uma palestra de duas horas sobre autogestão e, depois, são entrevistados por 10 ou 12 colegas.

Mesmo assim, cometem-se erros. Paul Green Jr. estima que nada menos de 50% dos novos empregados para nível sênior deixam a empresa em dois anos. Os gestores experientes, em especial, têm dificuldade de se adaptar a um sistema no qual não podem "bancar Deus".

Conseguir que os colegas cobrem responsabilidade e se mantenham responsáveis entre si é um segundo desafio. Numa organização hierárquica, o chefe é responsável por lidar com os criadores de caso e com os maus operadores. Na Morning Star, essa responsabilidade é compartilhada. Todos os colegas são responsáveis por garantir a qualidade, a eficiência e o trabalho em equipe, advertindo os colegas que transgridem políticas e normas.

Se os colegas não assumem responsabilidade nem atuam com amor diligente, quando necessário, a autogestão pode transformar-se rapidamente numa conspiração de mediocridade. "Facilitarei sua vida se você facilitar a minha." Esse risco é abordado explicitamente nos programas de treinamento da Morning Star e, a toda hora, é lembrado aos colegas que a "regulação pelos pares" não funciona sem pares corajosos.

O crescimento é o terceiro desafio. Durante anos, a Morning Star cresceu mais que o setor. Hoje, dispõe de recursos financeiros para crescer em ritmo ainda mais acelerado. No entanto, Rufer e seus colegas seniores receiam destruir a cultura distintiva da empresa, preocupação que os leva a não adquirir uma grande empresa em funcionamento. Paul Green Jr. estima que, em média, os novos associados levam um ano, ou mais, para se tornar plenamente funcionais no contexto da autogestão. Embora a empresa venha procurando maneiras de acelerar esse processo, até agora resistiu às pressões para trocar sua "vantagem gerencial" por crescimento mais rápido.

O acompanhamento do progresso funcional é um quarto desafio na Morning Star. Na maioria das empresas, há uma escada a subir, e os empregados usam os degraus para mapear seu crescimento pessoal: líder de equipe, supervisor, chefe de departamento, vice-presidente e assim por diante. Os colegas da Morning Star têm plenas oportunidades para ampliar suas funções, e quase todo mundo com quem conversei menciona esse atributo como uma das vantagens da organização meritocrática. Ao mesmo tempo, torna-se mais difícil comparar o próprio progresso com o de colegas do setor, o que pode ser uma desvantagem para colegas experientes que queiram mudar de empregador, mas não podem comprovar que atingiram determinado nível hierárquico.

Rufer e os colegas da Morning Star não ignoram essas dificuldades em garantir a eficácia da autogestão, mas todos parecem convencidos de que esses encargos são menos onerosos que o tributo da administração.

GESTORES *VERSUS* GESTÃO

Ao nos sentarmos numa pequena sala de reuniões, sugeri a Chris Rufer que a Morning Star havia aprendido a gerenciar sem gestores. Ele imediatamente me corrigiu: "Todos aqui são gestores. Somos ricos em gestores. O trabalho da gestão inclui planejar, organizar, dirigir, prover pessoal e controlar. Todos na Morning Star devem fazer tudo isso. Todos são gestores da própria missão, gestores dos acordos que fazem com os colegas, gestores dos recursos de que precisam para executar o trabalho e gestores que cobram responsabilidade dos colegas."

No entanto, Rufer sabia o que eu estava insinuando. Durante décadas, prevaleceu o pressuposto de que o trabalho de gestão é executado com mais eficácia por "gestores" formalmente nomeados. Porém, o experimento de longa duração da Morning Star com a autogestão sugere que é possível e lucrativo estender o trabalho da gestão até as margens da organização. Ocorre que o trabalho da gestão pode ser executado por quase *qualquer pessoa* com as informações, os incentivos e as ferramentas certas, que se disponha a assumir e a exigir responsabilidade.

MERCADOS *E* HIERARQUIAS

Ainda bem que *não* temos de escolher entre as vantagens dos mercados e das hierarquias. A Morning Star não é uma confederação frouxa de fornecedores individuais nem uma burocracia estupefaciente. É, isso sim, uma empresa impiedosamente eficiente e altamente integrada, que se caracteriza como uma mistura sutil de mercado *e* hierarquia.

Mercado com densidade social

De um lado, pode-se imaginar a Morning Star como um mercado com densidade social. Os colegas têm liberdade para negociar contratos com os pares, como no mercado. Embora possa parecer que se trata de um processo contencioso e complicado, vários fatores atenuam esse risco. Primeiro, todos os participantes das negociações *compartilham o mesmo boletim de avaliação*: tornar a empresa a melhor no que faz. Nos mercados reais, os consumidores realmente não querem saber se o negócio é bom para o vendedor: "Olha! Uma queima de estoques por falência. Que bom!" Em contraste, todos na Morning Star sabem que não terão um ótimo lugar para trabalhar se a empresa não se sair bem. Eles compreendem que a situação é: remar *juntos* ou afundar.

Os colegas na Morning Star tendem a prestar serviços duradouros. Como membro de equipe, você sabe que, se tirar vantagem de um colega ou não cumprir o prometido, as consequências negativas também o afetarão. Essa constatação incentiva os colegas a pensar em termos de relacionamentos, não de transações. Finalmente, como todas as pessoas da Morning Star estão no negócio de tomates há anos, desenvolveram muita sensibilidade em relação ao que deve ser feito e a quem deve fazê-lo. Nem todos os aspectos de todos os contratos precisam ser reescritos a cada ano. Sem essa cola – objetivos comuns, relacionamentos duradouros e um pool profundo de conhecimento setorial –, o sistema de contratação no estilo de mercado da Morning Star seria mais fragmentado e menos eficiente.

Hierarquia naturalmente dinâmica

Por outro lado, a Morning Star também é uma *hierarquia naturalmente dinâmica.* Embora não haja hierarquia formal na Morning Star, há muitas informais. Em qualquer questão, alguns colegas falarão mais alto que outros, dependendo de sua *expertise* e de sua disposição para entrar em ação e ajudar os colegas. Fator muito importante é que se trata de hierarquias de influência, não de posição, e que são construídas de baixo para cima. Na Morning Star, acumula-se autoridade demonstrando *expertise*, ajudando os pares e agregando valor. Pare de agir dessa maneira e sua influência desvanecerá, assim como o seu salário.

Na maioria das empresas, a hierarquia não é natural nem dinâmica. Os líderes não emergem na base, mas são nomeados pelo topo. Para a fúria de muitos, em geral, os principais cargos vão para os mais politicamente mais aptos, não para os mais competentes. Além disso, como o poder decorre da posição, tende a ser "pegajoso"; não flui automaticamente das pessoas menos capazes para as mais capazes. Com muita frequência, os gestores com mau desempenho perdem o poder apenas quando, finalmente, são rebaixados ou demitidos. Até então, continuam causando estragos. Ninguém na Morning Star acredita que todos devem ter o mesmo voto em todas as decisões, mas ninguém acha que alguém deve ter a última palavra porque é o (a) "chefe".

Como na Gore, o modelo de gestão da Morning Star se baseia na noção de hierarquias naturais e líderes naturais. Diz Rufer: "Trouxe gestores seniores de outras empresas e, francamente, não deu certo. Falavam como líderes, sabiam dar ordens, mas não eram líderes de verdade. O verdadeiro líder é capaz de compreender a situação, de refletir sobre as complexidades, de apresentar soluções, de defender uma estratégia e de recrutar seguidores. Os líderes naturais se impõem naturalmente, não precisam da autoridade de comando nem de demitir pessoas."

AUTOGESTÃO: COMO COMEÇAR

No Capítulo 5.1, argumentei que a ideologia da administração padece de graves distorções, que superestima o controle e subestima a liberdade. Na Morning Star, a liberdade tem vez. Não é uma consideração à parte nem um slogan; é um fulcro ideológico. Ninguém na Morning Star fala em delegação de autoridade ou capacitação, e por uma razão muito simples. No conceito de delegação de autoridade, está implícita a premissa de que o poder se infiltra para baixo, que é outorgado de cima, quando o detentor julga adequado. Porém, quando o poder é compartilhado, quando não há gestores com poder a ser delegado, a ideia de delegação de autoridade perde o sentido.

Estou supondo que sua organização não foi construída em torno dos princípios da autogestão, que não é um mercado com densidade social ou uma hierarquia naturalmente dinâmica. Provavelmente, ela é uma burocracia, com um emaranhado de regulamentos, com uma hierarquia multicamada e com uma hoste de processos administrativos que valorizam a conformidade e a previsibilidade acima de tudo. E, assim, você se surpreende numa encruzilhada ideológica. Você precisa decidir: gestão do chefe ou autogestão?

Os fundadores dos Estados Unidos não queriam atenuar os excessos de um sistema monárquico; queriam superá-lo. Não partiram de um programa nem de um processo, mas de verdades "evidentes por si mesmas". Você deve agir da mesma maneira. Se assumir o compromisso inequívoco com a autogestão, você corre o risco de fazer concessões onde não deve ou de se contentar com meias-medidas (facilmente reversíveis), quando deve empenhar-se mais.

No entanto, você deve partir de onde está. Ninguém lhe dará permissão para explodir as velhas estruturas gerenciais, nem deve fazê-lo. Você precisa demonstrar que autogestão não significa falta de gestão e que descentralização radical não significa convite à anarquia.

Eis algumas dicas sobre como começar.

Primeiro, peça a todos os membros da equipe para escrever uma declaração de missão pessoal. Pergunte-lhes: "Que valor você quer criar para os colegas?"

ou "Que problemas quer resolver para outros membros da equipe?" Desafie as pessoas a ampliar o pensamento e a focalizar os benefícios entregues, em vez das atividades executadas. Depois que todos escreverem um ou dois parágrafos, divida a equipe em díades e tríades e peça-lhes para criticar as declarações de missão uns dos outros. Ao fazê-lo, você começará a deslocar o foco da observância movida a regras para a responsabilidade negociada com os pares.

Segundo, busque maneiras simples de expandir o escopo da autonomia dos empregados. Pergunte aos colegas: "Quais são as políticas e normas que o atrapalham na realização da missão?" Depois de identificar as mais exasperantes, suspenda-as em parte e/ou durante algum tempo. Como vimos no caso do Banco da Nova Zelândia (Capítulo 4.4), é possível reverter a onda do controle e, se estiver falando sério sobre autogestão, você deve fazer aos poucos.

Terceiro, empenhe-se em desenvolver demonstrações do resultado em nível de equipes. A estrada para a autogestão é pavimentada com informações. Esforce-se para dar às pessoas na linha de frente as mesmas informações detalhadas sobre desempenho fornecidas ao CEO. Como veremos no próximo capítulo, essa foi uma das primeiras providências de Vineet Nayar, na HCL Technologies, ao resolver inverter a pirâmide.

Finalmente, busque maneiras de eliminar as diferenças de tratamento entre quem gerencia e quem é gerenciado. Se você for gestor, seu ponto de partida pode ser enumerar seus compromissos com a equipe. Isso feito, peça aos colegas para anotar na lista as observações que considerarem adequadas. Conseguir que os líderes sejam mais responsáveis perante os liderados e lhes prestem contas é um passo crítico na construção de uma teia de responsabilidades recíprocas.

Cultivar o senso de missão, revogar normas embaraçosas, fornecer à equipe demonstrações do resultado abrangentes e reforçar a noção de responsabilidade mútua: eis algumas placas de sinalização fundamentais na estrada para a autogestão.

Acho que é hora de acabar com o domínio de 100 anos da burocracia como principal sistema operacional de organizações grandes e pequenas. Para as empresas com organizações tradicionais, a estrada para a autogestão será longa e acidentada, mas a experiência de empresas como Morning Star e W. L. Gore (ver Capítulo 5.2) sugere que o destino justifica o esforço. Não mais precisamos escolher entre organizações altamente eficazes e organizações profundamente humanas. Na verdade, já se foi o tempo em que precisávamos pagar o tributo da administração.

CONCLUSÃO

Gestores em todo o mundo passaram os últimos 10 anos espremendo ineficiências de suas práticas operacionais. Agora, eles precisam enfrentar o fato de que a administração em si está coalhada de ineficiências. Algumas dessas ineficiências transparecem na demonstração do resultado, mas as que não transparecem com clareza, como atrasos nas decisões, distorções ocultas e concentração de autoridade, talvez sejam as mais custosas. Na economia global, as ineficiências não têm onde se ocultar. Portanto, as empresas que não forem capazes de reduzir o tributo da administração enfrentarão, em última instância, profunda desvantagem competitiva.

Embora o futuro da administração ainda tenha de ser escrito, as pessoas da Morning Star redigiram um prólogo instigante. Evidentemente, ainda restam muitas dúvidas. Será que o modelo de autogestão da empresa pode ser ampliado? Será que funcionaria numa empresa com 10 mil ou 100 mil empregados? Será que pode ser exportado para outras culturas? Será que ele seria capaz de enfrentar uma ameaça fundamental ao modelo de negócios da empresa (como um concorrente de baixo custo em outro país)? Não sei, mas essas são perguntas que tiram o sono de Rufer e colegas. Eles não hesitam em admitir que a autogestão é um trabalho em andamento. "Acho que, ideologicamente, já percorremos 90% do caminho", diz Rufer. "Mas, na prática, talvez só uns 70%."

Quaisquer que sejam as incertezas, duas coisas são certas. Primeiro, com um pouco de imaginação, é possível superar opções excludentes aparentemente intratáveis (como liberdade *versus* coordenação) que, de há muito, infernizam as organizações. E, segundo, você não precisa ser louco para sonhar com organizações em que gerenciar já não é o direito de uns poucos ungidos, mas responsabilidade de todos.

INVERTENDO A PIRÂMIDE 5.4

W. L. Gore e Morning Star são mutantes positivas. Elas foram *construídas* para serem meritocráticas e têm a liberdade impregnada no próprio DNA. Talvez não se possa dizer o mesmo da sua organização. No entanto, com coragem e visão, é possível reconstruir as fundações ideológicas de uma empresa tradicional. Nos últimos anos, isso é exatamente o que Vineet Nayar vem fazendo na HCL Technologies (HCLT).

A HCL Enterprise é uma das empresas de TI mais progressistas da Índia. De início, Hindustan Computers Limited, a HCL hoje compreende dois negócios principais: HCL Infosystems, que se concentra em fabricação de hardware e integração de sistemas, e HCL Technologies, organização de serviços de US$3,5 bilhões, cujas raízes foram a terceirização de processos internos. Com 77 mil empregados, a HCLT opera em 26 países. Vineet Nayar é vice-chairman e CEO da HCLT.

Em artigo de 2006 para a revista *Fortune*, meu amigo David Kirkpatrick se referiu ao modelo de gestão da HCLT como "o mais moderno do mundo".[1] Um pouco de hipérbole, talvez, mas, em 2009, a Hewitt Associates classificou a HCLT como a melhor empregadora da Índia,[2] e, em 2011, a empresa foi reconhecida como um dos contextos de trabalho mais democráticos do planeta.[3]

Entre 2009 e 2011, nas profundezas da Grande Recessão, a empresa aumentou sua receita à taxa anual composta de 24%, enquanto sua capitalização de mercado quase triplicou, de US$2,6 bilhões para US$7,5 bilhões.

Desde que se tornou presidente da HCLT, em 2005, Vineet Nayar vem conduzindo uma reforma radical da administração. Durante minha primeira conversa com Vineet, na primavera de 2008, ele proclamou com ousadia:

> **Devemos destruir o conceito de CEO. A ideia do "visionário", do "capitão do navio" está falida. Estamos dizendo aos empregados: "Você é mais importante que seu gerente." Cria-se valor entre o empregado e o cliente, e a tarefa da administração é possibilitar a inovação nessa interface. Para tanto, devemos eliminar os conceitos e as práticas de comando e controle.**

O fervor de Vineet era palpável, e um tanto estranho. As revoluções dificilmente são deflagradas pela aristocracia. Não pude deixar de me perguntar se ele estava reforçando sua retórica revolucionária com iniciativas concretas. Nos meses seguintes, explorei com mais profundidade as transformações da HCLT e descobri que a resposta era "sim". Sob todos os aspectos, por meio de atos grandiosos e singelos, Vineet e colegas estavam empenhados em construir uma empresa onde os empregados têm a chance de se tornar "transformadores" de boa-fé, solucionadores de problemas inspirados, que trabalham com os clientes para descobrir novas maneiras de criar valor com a tecnologia. O princípio norteador por trás desse esforço é a ideia de "responsabilidade reversa".

A história, evidentemente, não começou com um propósito formidável; começou com um problema prático: Como deflagrar o crescimento em alta velocidade? Em 2005, a HCL Technologies era uma empresa de 29 anos, com vendas de US$700 milhões e 30 mil empregados. Nos cinco anos anteriores, ela vinha crescendo a 30% ao ano – nada mal pela maioria dos paradigmas, mas não o suficiente para acompanhar os principais concorrentes.

Na tentativa de diagnosticar as causas do crescimento abaixo dos padrões, Vineet se reuniu com milhares de empregados, em grupos grandes e pequenos. E iniciava cada reunião reconhecendo o que muita gente relutava em admitir: a HCLT aos poucos se tornava irrelevante. A cada ponto percentual a menos em sua fatia de mercado, a empresa, aos poucos, perdia a relevância. Depois de despir o elefante, Vineet pedia aos ouvintes que se mostrassem destemidos na análise das deficiências da empresa. As trocas eram de uma franqueza brutal e, à medida que se desenrolavam, duas conclusões começaram a tomar forma na mente de Vineet.

Primeiro, a HCLT atuava no negócio de serviços. Como tal, os empregados de linha de frente, não os gestores, desempenhavam o papel mais importante na criação de valor. Na visão de Vineet, o mundo estava cheio de clientes com problemas espinhosos que só poderiam ser resolvidos por equipes criativas altamente engajadas. Para a HCLT, a "zona de valor" se situava na interseção de empregados e clientes. Se os empregados criassem valor singular para os clientes, a empresa prosperaria; do contrário, declinaria. As decisões mais importantes para o futuro da HCLT eram as tomadas no dia a dia pelos empregados de primeiro nível.

Segundo, conforme Vineet escreveria mais tarde, o modelo de gestão de cima para baixo da HCLT "exaltava os detentores de poder hierárquico, não os que criavam valor para os clientes".[4] Isso significava que os processos gerenciais da empresa estavam mais bem sintonizados com as necessidades de executivos obcecados pelo controle que com as necessidades de empregados obcecados pelos clientes. "A pirâmide arcaica", escreveu Vineet, "estava algemando as pessoas, impedindo-as de contribuir com todo o seu potencial, da maneira como almejavam". A afirmação se aplicava ainda mais aos jovens empregados, com mentalidade tecnológica. Tendo crescido na Web, eles valorizavam a colaboração e desconfiavam da hierarquia.

Em retrospectiva, essas conclusões nada tinham de desbravadoras. Os empregados de linha de frente são fundamentais em *qualquer* empresa que preste serviços complexos, e os processos burocráticos *sempre* sufocam a imaginação e a iniciativa. No entanto, na maioria das empresas, essas realidades não convertem sóbrios executivos engravatados em hereges da administração. Em geral, os CEOs optam por pequenos ajustes: estimulam os gerentes de nível médio a passar mais tempo com os clientes, reforçam as recompensas para os empregados que superam as expectativas, derramam mais dinheiro no treinamento e insistem em mais compartilhamento do conhecimento entre equipes de clientes.

Vineet, por outro lado, sabia que isso não seria suficiente para turbinar o conhecimento. Só havia um curso a seguir: Ele era íngreme e pedregoso, à beira de abismos de perguntas não respondidas. A HCLT teria de inverter a pirâmide. Qualquer coisa menos ambiciosa rapidamente seria imitada pelos concorrentes. Embora ainda não tivesse refletido sobre os detalhes, Vineet saiu em campo para vender sua visão. Nos mais diversos contextos, defendeu o mote: "Primeiro, os empregados; segundo, os clientes", ou PESC. A HCLT, argumentava ele, precisava de uma nova filosofia gerencial. Os gestores deveriam ser responsáveis perante os que atuavam na zona de valor.

De início, muita gente ficou em dúvida sobre se o PESC não era apenas um estimulante para levantar o moral, manipulado para consumo interno. Grande parte desse ceticismo desapareceu quando Vineet subiu ao pódio, em fevereiro de 2006, em evento que reuniu os maiores clientes da empresa. Ele expôs a lógica de pôr os empregados em primeiro lugar e argumentou que a nova abordagem acabaria rendendo grandes benefícios também para os clientes. Naquela noite, o preço da ação da HCTL caiu 8%. Por outro lado, milhares de empregados que tinham ouvido o discurso pela Internet foram dormir sabendo que o PESC era mais que um slogan.

Nos cinco anos seguintes, Vineet e equipe escalaram a encosta escarpada da inovação gerencial. A cada passo, aproximavam-se mais do objetivo de inverter a velha pirâmide. Alguns dos marcos mais importantes:

DADOS FINANCEIROS TRANSPARENTES

Vineet compreendia que é difícil sentir-se com poderes se seu gerente tem muitos dados a que você não tem acesso. Com essa consideração em mente, a equipe de TI da HCLT desenvolveu um dispositivo simples que oferecia a todos os empregados um conjunto detalhado de indicadores financeiros referentes à própria equipe e a outras equipes em toda a empresa. De repente, equipes com baixo desempenho tinham um incentivo para melhorar. Para as equipes com alto desempenho, era um desafio e um estímulo para se manter no topo. Outro benefício: os empregados agora tinham uma prova positiva de que a empresa estava disposta a lhes confiar informações estratégicas. "Necessidade de saber" transformou-se em "direito de saber".

U&I (YOU AND I – VOCÊ E EU)

Desde o início, Vineet e sua equipe de liderança lançaram um fórum on-line e estimularam os empregados a fazer perguntas difíceis e a oferecer feedback honesto. Nada era censurado no site "U&I"; todas as postagens, por mais virulentas que fossem, eram exibidas para toda a empresa. Vineet se lembra de que, no começo, "praticamente 100% das perguntas eram 'maldosas'. 'Por que vocês nos exploram tanto?', 'Por que a estratégia de vocês exige tanto dos empregados?', 'Por que vocês não correspondem aos valores da empresa?'" Enquanto alguns gestores lamentaram o fato de a empresa estar "lavando roupa suja" on-line, os empregados elogiavam o fórum como um símbolo do compromisso da HCLT com a transparência e um mecanismo para cobrar responsabilidade e prestação de contas da alta administração. Além disso, o portal U&I tinha outro valor: era o sistema de alerta avançado para questões críticas com que se defrontava a empresa.

Em 2009, Vineet abriu a seção "Meus problemas" no site U&I, onde podia pedir conselhos sobre questões cruciais com que *ele* estava às voltas. Embora quisesse que os gestores se sentissem mais responsáveis perante as linhas de frente, também queria que os empregados desenvolvessem senso de responsabilidade por ajudar a enfrentar os problemas árduos com que se defrontava a alta administração.

ACORDOS NO NÍVEL DOS SERVIÇOS

Poderosas unidades de apoio, como RH e finanças, parecem, em geral, mais interessadas em adotar políticas abrangentes que em facilitar a vida para os empregados. Reconhecendo essa realidade, Vineet começou a perguntar aos empregados de linha de frente: "O que as funções de apoio têm feito para ajudá-lo a criar valor na zona de valor?" Em geral, os interlocutores respondiam a essa pergunta com silêncio e perplexidade. Quando precisavam recorrer a essas funções, a maioria dos empregados se sentia na condição de suplicante ou requerente, situação em nada capacitadora. Solução: uma espécie de Serviço de Atendimento ao Cliente (Smart Service Desd) on-line, em que qualquer empregado podia abrir uma "reclamação", se tivesse alguma queixa contra um grupo de apoio interno.

Por seu turno, as funções de apoio foram incumbidas de analisar essas reclamações com rapidez. Depois de registrada, a reclamação só podia ser encerrada pelo próprio reclamante. Se isso não acontecesse em 24 horas, a reclamação galgava a hierarquia. No primeiro mês, foram registradas 30 mil reclamações, número que caiu acentuadamente ao longo do tempo. Vineet acredita que o SAC on-line gerou três benefícios: primeiro, tornou as unidades de apoio mais responsáveis perante os usuários da zona de valor; segundo, nivelou o campo de jogo para os empregados – as preocupações de todos agora eram tratadas com rapidez e eficiência, qualquer que fosse a posição hierárquica; e, terceiro, produziu uma profusão de dados que a HCLT tem usado para melhorar suas políticas internas.

AVALIAÇÕES ABERTAS

Quase todas as empresas têm a própria versão de um sistema de feedback de 360 graus. No entanto, Vineet constatou vários problemas no método enlatado da HCLT. Primeiro, ele não se concentrava explicitamente em como os gestores estavam impactando a zona de valor. Segundo, os empregados, receosos de retaliação, em geral eram comedidos na avaliação dos supervisores. E, terceiro, o fato de o feedback só ser solicitado em relação aos colegas imediatos tendia a reforçar os silos organizacionais.

Com o passar do tempo, tudo isso mudaria. Hoje, os empregados da HCLT avaliam o desempenho de *qualquer* gerente cujas decisões afetam sua vida no trabalho, e o fazem sob anonimato. Essas avaliações são divulgadas on-line e podem ser vistas por qualquer pessoa que tenha participado do processo. Essa visibilidade desafia os gestores a serem mais responsivos e a exercerem a autoridade de maneira mais criteriosa e judiciosa. O número e o escopo organizacional das avaliações referentes a um gestor também são um bom indicador de sua zona de influência: ele está adicionando valor em um amplo espectro da empresa ou apenas em âmbito mais estreito? Consideração importante é que esse processo de "feed-forward", ou pró-alimentação, não está vinculado a decisões sobre remuneração ou promoção; destina-se apenas a atividades de desenvolvimento de pessoal. No entanto, na HCLT, não há muitos esconderijos para gestores medíocres.

MYBLUEPRINT

Com a reaceleração do crescimento da HCLT, o processo de planejamento da empresa aos poucos se tornava intratável. Como CEO, Vineet tinha de analisar centenas de planos por ano, no nível de unidades. Reconhecendo seus limites de tempo e de competência, Vineet desafiou os colegas a desenvolver um processo on-line de avaliação do planejamento pelos pares. Solução: MyBlueprint. Em 2009, 300 gestores postaram on-line seus planos de negócios, ou "blueprints". Cada documento era acompanhado por uma apresentação em áudio. Mais de 8 mil empregados foram convidados a participar do processo e analisar os planos. O resultado foi uma torrente de conselhos e recomendações. A natureza horizontal do processo ajudou a enfatizar oportunidades de colaboração entre as unidades e deu aos líderes de negócios a chance de aprender com os pares interessados em toda a HCLT. No final do exercício, quase todo mundo concordou que o novo processo fora muito mais valioso que a velha análise de cima para baixo.

CONSELHOS EMPREGADO PRIMEIRO

Como condição de avanço de organização hierárquica para organização em rede, é preciso fortalecer as relações laterais entre os empregados. Foi com esse objetivo que a HCLT lançou seus "Conselhos Empregado Primeiro". Com o apoio de uma plataforma de Internet, a nova iniciativa rapidamente disseminou muitas comunidades com propósitos culturais, recreativos e profissionais. Como cada conselho devia eleger um líder, hoje mais de 2.500 empregados exercem essa função. A equipe de Vineet também lançou 32 conselhos com propósitos específicos, voltados para questões de negócios e de tecnologia, como computação em nuvem. Essas equipes, com estruturas frouxas, rapidamente demonstraram seu valor e se tornaram fontes críticas de novas ideias estratégicas. Quando um conselho chega a um consenso quanto a determinada recomendação, ela é transferida para um grupo com dedicação exclusiva que promove a execução da ideia.

Em conversa recente, Vineet falou comigo sobre a lógica das comunidades on-line. "Queríamos reverter a noção de que determinada pessoa tem a incumbência de tomar decisões-chave ou que tem o poder de dizer sim ou não. Em vez disso, queremos migrar para comunidades de interesses; que podem formar as bases de uma organização paralela. Três anos depois do lançamento do conceito, 20% da receita da HCLT provém de iniciativas propostas por essas comunidades de interesses."

Embora o PESC ainda seja um trabalho em andamento, a ideia de reverter a responsabilidade está hoje arraigada com firmeza na HCLT. Ainda há hierarquia, mas hoje seu papel está muito reduzido.

Diz Vineet: "Todos acreditamos que a democracia é boa e que o totalitarismo é ruim; no entanto, toleramos ditaduras em nossas empresas, mesmo que as pessoas no topo não tenham informações suficientes para avaliar o que é preciso ser feito. Na HCLT, estamos tentando democratizar a empresa."

Será que a inovação da administração vale a pena? Parece que sim. Nos últimos anos, a HCL tem superado em muito o desempenho dos concorrentes indianos.

Evidentemente, nada disso garante que a empresa continue a prosperar nos anos vindouros. Muitas são as causas possíveis do desacarrilamento de uma empresa e nem mesmo um modelo de gestão brilhante é capaz de proteger uma empresa contra todas as injunções.

No entanto, se uma empresa de US$3,5 bilhões pode inverter a pirâmide e consegue sobreviver para contar a história, ainda há esperança para a sua empresa. A verdade é que não precisamos satisfazer-nos com um modelo organizacional concebido para servir aos interesses de comandantes militares da antiguidade e de CEOs da era das chaminés.

Duas ideias conclusivas: Primeiro, Vineet está certo ao compreender que o mundo se tornou complexo demais para que o CEO exerça a função de "visionário em chefe". Em vez disso, o CEO deve tornar-se o "arquiteto da gestão", alguém que sempre pergunta: "Quais são os princípios e processos que podem ajudar-nos a fazer aflorar as melhores ideias e a liberar os talentos de todos que trabalham aqui?"

Segundo, realmente é impossível mudar o DNA da administração de uma grande empresa tradicional. O fundamental é que Vineet não partiu de um plano-mestre. Em vez disso, orientou-se pelo objetivo *primeiro, os empregados; segundo, os clientes*. Tampouco começou pedindo ao pessoal sênior da HCLT para reformular os processos gerenciais existentes na empresa. Uma iniciativa desse tipo enfrentaria resistência feroz e correria o risco de provocar o caos operacional. Ao contrário, Vineet pediu à equipe para rodar os novos processos em paralelo com os antigos, pelo menos durante algum tempo. É como diz Vineet: "Os velhos processos focalizavam o funcionamento da empresa. Precisávamos de novos processos que focalizassem a mudança da empresa." Os valores do PESC já estão impregnando os sistemas antigos, mas isso está acontecendo aos poucos, como deveria.

Há algumas lições importantes aqui. Primeiro, você não precisa de um programa de mudanças minucioso para dar a partida. Os motoristas de ônibus seguem mapas; os pioneiros seguem estrelas-guias. Para Vineet e colegas, o farol norteador eram os processos para mudar o modelo de gestão. É impossível ser revolucionário *e* evolucionário. Portanto, se você é candidato a rebelde da administração, é bom saber que não tem mais desculpas para protelar.

MIRANDO MAIS ALTO 5.5

Nós, como gestores, nos satisfazemos com muita facilidade. Se assim não fosse, estaríamos trabalhando com mais empenho para contrabalançar a ideologia do controle. Embora quase todos nós não estejamos *totalmente* contentes com o funcionamento de nossas organizações, também não nos sentimos furiosos com a situação. Não estamos indignados com a politicagem venenosa, com a dilapidação da criatividade, com o ceticismo debilitante, com os valores ignóbeis, com os atalhos éticos, com a egomania executiva e com a miopia estratégica que infectam nossas organizações – ou ao menos não estamos bastante revoltados para gritar "Basta!", comprometendo-nos a criar algo melhor.

Também parecemos pouco dispostos a sonhar. Quase todos ainda precisamos ser cativados pela visão aliciante de organizações apaixonadas, meritocráticas, abertas, exuberantes, solidárias, amistosas, revigorantes e *divertidas*! A esse respeito, sofremos de déficit de imaginação. Como leões nascidos em cativeiro,

Parte do material deste capítulo foi extraída de "Moon Shots for Management", de Gary Hamel, na *Harvard Business Review*, fevereiro de 2009. Copyright © 2009 Harvard Business School Publishing Corporation, all rights reserved. Usado com permissão http://hbr.org/2009/02/moon-shots-for-management/ar/1.

que conhecem apenas a própria jaula, não conseguimos imaginar as pastagens mais verdes e os céus mais azuis das savanas organizacionais, onde os seres humanos realmente desfrutem de liberdade para florescer.

Se isso parece uma condenação, tudo bem – a intenção foi essa mesma, mas sou o primeiro a bater com a mão no peito e dizer *mea culpa*. Sou administrador e professor de Administração há 35 anos e, durante todo esse tempo, ao observar e aturar a vida organizacional, raramente me mostrei tão indignado ou tão esperançoso quanto deveria estar. E isso é lamentável, pois são os descontentes e os idealistas que, em última instância, mudam o mundo.

Cheguei a essa conclusão medíocre e humilde numa esteira de correr. Em geral, leio o *Financial Times* enquanto malho (até o *FT* é mais interessante que uma parede bege). Naquele dia, quando terminei de ler o jornal, ainda precisava correr quase 2km. Olhando ao redor, vi um exemplar abandonado da revista *People* e saltei da máquina para apanhá-lo. Confesso que não estou muito interessado na vida de Angelina, Brad, Paris, Jen, Lindsay, Zac, Justin, Kim e todos os outros ícones tão adorados da *haute culture* do século XXI, mas eu estava enfadado e, como não havia ninguém mais na academia, resolvi dar uma olhada nas fofocas. Ao folhear o sumário, um nome chamou minha atenção: Nicholas Negroponte. Encontrei-me com Nick em algumas ocasiões. Ele é o fundador do renomado Media Lab do MIT e ainda é seu presidente emérito. O que será que o Nick está fazendo na *People*? Que eu saiba, Nick nunca passou por clínicas de reabilitação nem jamais foi fotografado saindo de uma limusine às 2 horas sem alguma peça crucial do vestuário.

A história era, evidentemente, sobre o esforço pioneiro de Nick para equipar as crianças pobres do mundo com computadores. A iniciativa dele, sem fins lucrativos, One Laptop per Child (Um Laptop para Cada Criança), foi lançada em 2005, com o objetivo de produzir um computador simples, baseado na Internet, que pudesse ser vendido a países em desenvolvimento por US$100. Depois de um árduo processo de criação e produção, o primeiro modelo laptop da OLPC, o "XO", começou a ser entregue em fins de 2007. Embora o preço de US$100 ainda não tenha sido atingido (o preço vigente é US$200), os computadores XO foram fornecidos a mais de 30 países. O Uruguai, por exemplo, comprou um para cada aluno do ensino fundamental.

Ao ler sobre o projeto ousado de Nick, não pude deixar de me perguntar qual era o *meu* propósito. Ao contrário de Nick Negroponte, não sou guru digital nem empreendedor social e, em geral, tampouco sou assim tão generoso.

Sou professor de Administração e passo boa parte do tempo falando a pessoas de negócios sobre problemas controversos do tipo: Como melhorar o processo de planejamento? Como reforçar o trabalho em equipe? Como lançar produtos no mercado com mais rapidez? Talvez essas espécies de problemas também ocupem sua atenção. Mas e se eu mirasse mais alto? E se eu sonhasse maior?

Poucos anos atrás, a Academia Nacional de Engenharia dos Estados Unidos reuniu um grupo de importantes tecnólogos e pediu-lhes que preparassem uma lista dos desafios mais contundentes e mais prementes para os engenheiros do século XXI. O comitê era composto de luminares como J. Craig Venter, geneticista pioneiro; Larry Page, cofundador da Google; e William Perry, ex-secretário de Defesa dos Estados Unidos. Uma amostra dos 14 grandes desafios: tornar a energia solar econômica, fazer a engenharia reversa do cérebro humano, proteger o ciberespaço de ataques.[1] A iniciativa de elaborar a agenda foi financiada pela Fundação Nacional de Ciência dos Estados Unidos, com o objetivo de concentrar a atenção nos problemas de engenharia que moldarão nosso futuro comum.

Ao tomar conhecimento da iniciativa, mais uma vez me perguntei quais seriam os grandes desafios que deveriam inspirar quem não é engenheiro, mas, sim, gestor, executivo e líder. Quais são nossos equivalentes ao sequestro do carbono ou à geração de energia pela fusão nuclear? Como argumentei em capítulo anterior, administração é a *tecnologia das realizações humanas*. A solução dos problemas mais difíceis do mundo ou, em termos mais modestos, a criação de organizações profundamente humanas exigirá mais do que avanços científicos revolucionários; demandará novas maneiras de planejar, organizar, colaborar, alocar, motivar e, sim, controlar.

Como gestores, somos fazedores pragmáticos, não sonhadores nefelibatas. No entanto, como seres humanos, somos avaliados, em última instância, pelas causas a que servimos e pelos problemas a que nos dedicamos. Embora os grandes problemas nem sempre resultem em grandes avanços, os pequenos problemas jamais produzem grandes soluções.

Foi esse pensamento que reuniu 36 especialistas em administração, em Half Moon Bay, Califórnia, em maio de 2008. Missão: criar um rol de "disparos à Lua" do tipo "ou vai ou racha", capaz de inspirar inovadores empresariais em todo o mundo. Afinal, até os descontentes e sonhadores precisam de uma agenda, algo que focalize suas frustrações e aspirações.

O evento foi organizado pela Management Lab, organização sem fins lucrativos, sediada na Califórnia, com o apoio da McKinsey & Company, compondo uma mistura diversificada de acadêmicos, consultores e CEOs, além de dois capitalistas de risco. (A lista completa dos participantes se encontra no fim deste capítulo.) Como seria de imaginar, as conversas foram animadas e, vez por outra, combativas, mas, em todo o seu transcurso, ninguém perdeu de vista nosso objetivo: definir os equivalentes na administração de proezas como erradicação da malária, revelação dos segredos do Big Bang ou colonização do espaço.

Os 25 disparos à Lua que daí resultaram não são nem mutuamente excludentes nem coletivamente exaustivos. Nosso atual modelo de gestão é um todo integrado e não pode ser desmembrado com facilidade. Por isso muitos desafios se sobrepõem. Contudo, cada desafio mapeia um caminho crítico na jornada para a Administração 2.0.

No inventário a seguir, os disparos à Lua foram agrupados em seis temas: (1) Cura da Alma, (2) Liberação das Capacidades, (3) Fomento à Renovação, (4) Distribuição do Poder, (5) Busca da Harmonia, (6) Mudança de Mentalidade

CURA DA ALMA

Disparo à Lua número 1: Garantir que a administração sirva a propósitos mais elevados

A maioria das empresas se esforça para maximizar a riqueza dos acionistas, objetivo que é inadequado sob muitos aspectos. Como catalisador emocional, a maximização da riqueza carece do poder de mobilizar as energias de todos os empregados. É uma defesa insuficiente quando as pessoas questionam a legitimidade do poder das empresas, e não é nem específico nem aliciante o suficiente para instigar a renovação. Por essas razões, as práticas gerenciais do futuro devem focalizar a realização de objetivos sociais significativos e nobres.

Disparo à Lua número 2: Imbuir o etos de comunidade e de cidadania

No mundo interdependente de amanhã, os sistemas colaborativos superarão em desempenho os caracterizados por relacionamentos antagônicos, do tipo ganha-perde. As estruturas de governança tradicionais geralmente exacerbam o conflito, ao promover os interesses de alguns grupos, como altos executivos e fornecedores de capital, em detrimento dos de outros, quase sempre empregados em comunidades locais. Para avançar, os sistemas e as estruturas gerenciais precisarão abranger explicitamente as noções de comunidade e de cidadania. A interdependência inevitável de todos os grupos de partes interessadas não mais pode ser ignorada.

Disparo à Lua número 3: Humanizar a linguagem e a prática das empresas

Os objetivos das empresas em geral são descritos por meio de palavras como eficiência, vantagem, valor, superioridade, foco e diferenciação. Por mais importantes que sejam esses objetivos, em geral não têm o poder de instigar os corações humanos. Para construir organizações verdadeiramente humanas, em termos de capacidade de adaptação, de inovação e de engajamento, os pioneiros da administração de amanhã devem encontrar maneiras de infundir nas atividades comerciais mundanas ideais mais profundos e instigadores da alma, como honra, verdade, amor, justiça e beleza. Essas virtudes eternas não raro inspiraram realizações extraordinárias e não mais devem ser relegadas às margens sombrias do discurso e da prática da administração.

LIBERAÇÃO DAS CAPACIDADES

Disparo à Lua número 4: Aumentar a confiança, reduzir o medo

Os sistemas gerenciais tradicionais geralmente refletem falta de confiança profunda no compromisso e na competência dos empregados. Também tendem a enfatizar em excesso as sanções como meio de forçar a observância. No entanto, a resiliência das organizações depende intensamente de uma cultura de muita confiança e de pouco medo. Nesse contexto, estimula-se a assunção de riscos, compartilha-se amplamente a informação e estimula-se a livre expressão de opiniões contenciosas. A desconfiança desmotiva, o medo paralisa. Por isso é que esses sentimentos devem ser espremidos das organizações do século XXI.

Disparo à Lua número 5: Reinventar os meios de controle

Os sistemas de controle tradicionais garantem altos níveis de observância, à custa da criatividade, do empreendedorismo e do engajamento. Se quiserem avançar, as empresas terão de superar essa opção excludente entre disciplina e inovação. Para tanto, os sistemas de controle do futuro deverão depender mais da revisão pelos pares e menos do monitoramento de cima para baixo. Também precisarão alavancar o poder dos valores e aspirações comuns, ao mesmo tempo que afrouxam a camisa de força das regras e restrições. Objetivo: construir uma organização composta de indivíduos capazes de autodisciplina.

Disparo à Lua número 6: Inspirar saltos da imaginação

Sabemos muito sobre como estimular a criatividade humana: dote as pessoas de ferramentas de inovação, destine algum tempo à reflexão, desestigmatize o fracasso, crie oportunidades para o aprendizado por serendipitia e assim por diante. No entanto, muito pouco desse conhecimento se infiltrou nos sistemas gerenciais. Pior ainda: muitas empresas institucionalizaram uma espécie de sistema de castas para a inovação, ao atribuírem a umas poucas pessoas funções criativas e tempo suficiente para perseguir seus interesses, enquanto assumem que, aos empregados, em geral, falta imaginação e que, portanto, não merecem tempo e espaço para criar. Os processos gerenciais de amanhã devem desenvolver-se com base na premissa de que a criatividade é muito bem distribuída e que, portanto, deve ser fomentada de maneira ampla e sistemática.

Disparo à Lua número 7: Expandir e explorar a diversidade

A diversidade é essencial não só para a sobrevivência das espécies, mas também para a viabilidade contínua de qualquer organização. As empresas que não promovem alto grau de diversidade em experiências, valores e capacidades serão incapazes de gerar os tipos de ideias e experimentos não convencionais que impulsionam a renovação da estratégia. Os sistemas gerenciais do futuro deverão valorizar a diversidade, o dissenso e a divergência tanto quanto os de hoje enfatizam a uniformidade, o consenso e a convergência.

Disparo à Lua número 8: Capacitar comunidades de paixão

A paixão é importante multiplicador do esforço humano, mormente quando indivíduos com mentalidades semelhantes se aglutinam em torno de uma causa valiosa. No entanto, uma profusão de dados indica que a maioria dos empregados não se engaja emocionalmente no trabalho. Em consequência, não se realiza e, por conseguinte, suas organizações apresentam mau desempenho. As empresas devem facilitar o surgimento de comunidades de paixão, permitindo que as pessoas encontrem uma vocação maior no trabalho, conectando empregados que compartilham visões semelhantes e alinhando melhor os objetivos da organização com os interesses naturais de seus empregados ou membros.

Disparo à Lua número 9: Tirar o trabalho do trabalho

Os seres humanos são mais produtivos quando o trabalho parece diversão. O entusiasmo, a imaginação e a engenhosidade se libertam quando as pessoas se divertem. No futuro, as organizações mais bem-sucedidas serão aquelas que aprenderem a esmaecer a linha entre trabalho e diversão. Na prática, isso talvez signifique permitir que as pessoas escolham o próprio trabalho, convertendo tarefas repetitivas no equivalente a jogos on-line para vários jogadores ou engendrando funções que abranjam uma grande variedade de tarefas. No século passado, fez-se enorme progresso em eliminar as ineficiências do trabalho; agora, a inovação gerencial deve extirpar a mesmice e o enfado do trabalho.

FOMENTO À RENOVAÇÃO

Disparo à Lua número 10: Compartilhar o trabalho de definir a direção

Os visionários de ontem dificilmente serão os primeiros a divisar as oportunidades de amanhã, sobretudo em um mundo altamente dinâmico. À medida que o ambiente de negócios se torna cada vez mais complexo e turbulento, ficará cada vez mais difícil para pequenos grupos de altos executivos conceber e dirigir o trabalho de renovação organizacional. É por isso que a responsabilidade por definir a direção futura de uma empresa deve ser amplamente compartilhada. Outro benefício do processo altamente participativo é o compromisso autêntico por ele engendrado. Quando se trata de definir a direção, os fatores determinantes da capacidade de influência dos participantes devem ser antevisão e visão, mais que poder e posição.

Disparo à Lua número 11: Aproveitar o poder da evolução

Em um mundo turbulento, a previsão é difícil, e o planejamento no longo prazo, pouco valioso. Os processos gerenciais que buscam trazer à tona a melhor estratégia, por meio de métodos analíticos de cima para baixo devem dar lugar a modelos baseados em princípios biológicos de *variedade* (gerar muitas opções), *seleção* (usar experimentos de baixo custo para testar rapidamente pressupostos críticos) e *retenção* (dobrar a aposta em ideias que estão ganhando mais tração no mercado). Nesse modelo, a alta administração não faz a estratégia, mas trabalha para criar condições em que novas estratégias possam emergir e crescer.

Disparo à Lua número 12: Desestruturar e desagregar organizações

Em um ambiente em que as oportunidades aparecem e desaparecem à velocidade da luz, as organizações devem dispor de meios para rapidamente reconfigurar recursos e infraestrutura. Infelizmente, em muitas organizações, o realinhamento rápido de habilidades e de ativos é seriamente inibido por limites organizacionais, por silos funcionais e por reinos políticos delimitados com rigidez. Em grandes unidades organizacionais, determinadas maneiras de pensar tendem a predominar, restringindo, assim, o escopo para a experimentação. Para se tornarem mais adaptáveis, as empresas devem "desorganizar-se" em unidades menores e criar estruturas mais fluidas, baseadas em projetos. As reorganizações não devem ser eventos traumáticos que ocorrem a cada quatro ou cinco anos, mas algo que tenha lugar continuamente, quase sem esforço.

Disparo à Lua número 13: Criar mercados internos para ideias, talentos e recursos

No longo prazo, os mercados tendem a superar as hierarquias porque são melhores na alocação de recursos. Enquanto as decisões sobre financiamento nas empresas são tomadas, em geral, de cima para baixo, sob forte influência de fatores políticos, a alocação de recursos em sistemas de mercados, como a Bolsa de Valores de Nova York, é altamente descentralizada e apolítica. Sim, os mercados talvez estejam sujeitos a distorções de curto prazo, mas, no longo prazo, são melhores em distribuir os recursos certos para as oportunidades certas que as grandes organizações. Para garantir que a alocação de recursos se torne mais flexível e menos política, as empresas devem criar mercados internos nos quais novas iniciativas e programas tradicionais concorram em igualdade de condições por talento e dinheiro.

Disparo à Lua número 14: Despolitizar a tomada de decisões

Na maioria das organizações, as grandes decisões são tomadas por pessoas com grandes títulos. Ao tomar essas decisões, os líderes de alto nível raramente buscam orientações nas linhas de frente. Isso representa um problema pelo menos sob três aspectos. Primeiro, as decisões de alto nível geralmente são comprometidas pela arrogância dos executivos, pelos vieses da posição e pela insuficiência de dados. Segundo, geralmente os que atuam nas bases é que dispõem de melhores condições para avaliar as questões práticas que determinarão o sucesso ou o fracasso de importantes manobras estratégicas. E, terceiro, à medida que o ambiente de negócios se torna cada vez mais complexo, o número de variáveis a serem consideradas nas principais decisões cresce com muita rapidez. Considerando tudo isso, as empresas precisam de processos decisórios politicamente neutros, que explorem a sabedoria coletiva da organização e abranjam uma ampla gama de opiniões e contribuições.

DISTRIBUIÇÃO DO PODER

Disparo à Lua número 15: Construir hierarquias naturais flexíveis

Ainda que as hierarquias sempre venham a ser um atributo das organizações humanas, há uma necessidade premente de limitar os danos infligidos pelas estruturas de autoridade de baixo para cima. As desvantagens típicas incluem sobrevalorizar a experiência em detrimento da experimentação; restringir a influência dos seguidores na escolha dos líderes; perpetuar as disparidades de poder que não se justificam por diferenças de capacidade; criar incentivos para que os gestores acumulem em vez de distribuir a autoridade; e solapar o valor pessoal dos que têm pouco poder formal. Para superar essas falhas, as hierarquias formais devem dar a vez às hierarquias "naturais", em que status e influência se correlacionem com a contribuição, e não com a posição. As hierarquias rígidas devem tornar-se mais dinâmicas, para que o poder flua espontaneamente para quem está agregando valor e se afaste de quem não está contribuindo. E, em vez de uma hierarquia única, é preciso que haja muitas, cada qual servindo como indicador de *expertise* numa área de habilidade crítica.

Disparo à Lua número 16: Expandir o escopo da autonomia

Em grande parte, as pessoas nas linhas de frente de uma organização têm pouca ou nenhuma capacidade de iniciar a mudança. A falta de tempo discricionário, o emaranhado de regras burocráticas e o acesso limitado ao capital restringem gravemente a autonomia desses indivíduos e solapam a capacidade de renovação da organização. A bem da adaptabilidade e do engajamento, as fronteiras da liberdade dos empregados devem ser muito expandidas e flexibilizadas. Os sistemas gerenciais devem facilitar em vez de dificultar a experimentação local e as iniciativas das bases.

Disparo à Lua número 17: Mudar o foco do trabalho da liderança para a mobilização e a mentorização

As hierarquias naturais exigem líderes naturais, indivíduos capazes de mobilizar outras pessoas, apesar da falta de autoridade formal. Os líderes não mais devem ser vistos como grandes visionários, como tomadores de decisão sábios e como negociadores heroicos, mas, sim, como "arquitetos sociais", como "legisladores constituintes" e como "empreendedores de significado". Devem imbuir-se da responsabilidade primordial de criar um ambiente de trabalho que estimule os associados a colaborar, a inovar e a superar.

Disparo à Lua número 18: Criar uma democracia de informação

Tradicionalmente, o poder dos gestores depende do controle da informação. Quando se entesoura a inovação, incapacitam-se os empregados, fomenta-se a desconfiança e frustra-se o processo decisório rápido nas linhas de frente. As informações sobre o desempenho devem ser amplamente compartilhadas. As pessoas nas linhas de frente devem ser as mais bem informadas, não o contrário. No futuro, as empresas precisarão de sistemas de informações "holográficos" que municiem todos os empregados com os dados e os conhecimentos de que precisam para agir em defesa e para a promoção dos melhores interesses da organização.

Disparo à Lua número 19: Encorajar os dissidentes

Tipicamente, as indústrias são reinventadas por dissidentes, não por incumbentes. Por quê? Porque os executivos com longo tempo de serviço em geral relutam em questionar as próprias crenças profundamente arraigadas. Solução: sistemas gerenciais que estimulem o pensamento herético e as atitudes apóstatas, que legitimem o dissenso e que impeçam executivos poderosos de matar ideias desconfortáveis.

BUSCA DA HARMONIA

Disparo à Lua número 20: Desenvolver indicadores de desempenho holísticos

Os sistemas de avaliação do desempenho existentes apresentam muitas falhas. Primeiro, atribuem muito peso à realização de alguns obstáculos, como atingir metas de lucro trimestrais, ao mesmo tempo que atribuem pouca importância à realização de outros, como desenvolver novas plataformas de crescimento. Segundo, tipicamente, ignoram os custos ambientais e sociais, das decisões dos executivos. E, terceiro, estão mal sintonizados com as coisas que induzem o valor na economia criativa, como o escopo e a escala da inovação inspirada no cliente. Para corrigir essas distorções e limitações, precisamos de novos sistemas de avaliação holísticos.

Disparo à Lua número 21: Superar as opções excludentes tradicionais

Cada vez mais, o sucesso organizacional depende da capacidade dos empregados, em todos os níveis, de gerenciar um conjunto de escolhas aparentemente inconciliáveis: escala *versus* flexibilidade; lucro *versus* crescimento; foco *versus* experimentação; controle *versus* liberdade. Os sistemas gerenciais tradicionais geralmente se baseiam em políticas globais genéricas que sistematicamente favorecem certos objetivos à custa de outros. Em contraste, os sistemas gerenciais do futuro devem facilitar a competição saudável entre objetivos opostos, proporcionando aos empregados de linha de frente as informações e a liberdade de que necessitam para otimizar as opções excludentes em tempo real. O propósito é criar organizações que sejam flexíveis como redes distribuídas e eficientes como hierarquias gerenciadas com coesão.

Disparo à Lua número 22: Ampliar os horizontes temporais e as perspectivas da administração

Os sistemas de remuneração e incentivos geralmente truncam os horizontes temporais dos executivos e distorcem suas prioridades. Por exemplo, as pesquisas sugerem que os executivos não financiarão uma iniciativa viável se a consequência imediata da decisão for reduzir o lucro do período em curso, mesmo quando se espera que o investimento gere valor presente líquido positivo. Construir novos sistemas de incentivos que alinhem melhor os interesses dos CEOs com a criação de riqueza sustentável é prioridade crítica para os inovadores gerenciais.

MUDANÇA DE MENTALIDADE

Disparo à Lua número 23: Fortalecer o lado direito do cérebro

Tradicionalmente, o treinamento gerencial sempre enfatizou o pensamento com o lado esquerdo do cérebro. A ênfase tem recaído sobre o raciocínio dedutivo, sobre os métodos analíticos de solução de problemas e sobre as soluções de engenharia. Em um mundo cada vez mais turbulento, é preciso desenvolver novas habilidades cognitivas. Isso inclui aprendizado reflexivo ou de loop duplo; raciocínio sistêmico; métodos criativos na solução de problemas; e conscientização social. As escolas de negócios e as universidades das empresas precisam reformular o treinamento gerencial de maneira a ajudar os executivos a desenvolver essas novas habilidades.

Disparo à Lua número 24: Reconfigurar a administração para um mundo aberto

Muitos dos modelos de negócios mais bem-sucedidos da atualidade se baseiam em redes de criação de valor e em formas de produção social que transcendem as fronteiras organizacionais. Nesses contextos, as ferramentas gerenciais tradicionais podem ser ineficazes ou mesmo contraproducentes. Por exemplo, numa rede de voluntários e de agentes independentes, o trabalho do "líder" consiste em energizar e capacitar a comunidade, em vez de gerenciá-la de cima. Vencer em um mudo de inovação aberta e de colaboração virtual demandará o desenvolvimento de novas abordagens à mobilização e coordenação do esforço humano.

Disparo à Lua número 25: Reconstruir os alicerces filosóficos da administração

As organizações de amanhã devem ser mais que excelentes em termos operacionais; também devem ser adaptáveis, inovadoras, inspiradoras e responsáveis perante a sociedade. Para imbuir as organizações dessas capacidades, acadêmicos e profissionais devem repensar os fundamentos filosóficos da administração, o que exigirá a busca de novos princípios gerenciais em áreas tão diversificadas quanto antropologia, biologia, design, ciência política, planejamento urbano e teologia. Para desenvolver a Administração 2.0, necessitamos de algo além de engenheiros e contadores. Também precisamos aproveitar as ideias de artistas, filósofos, designers, ecologistas, antropólogos e teólogos.

TRANSPONDO "OU/OU"

O sucesso desses disparos à Lua contribuirá para a desburocratização de nossas organizações e para a libertação das capacidades humanas. O objetivo, contudo, é superar os limites das atuais práticas gerenciais, sem perder seus benefícios.

Por exemplo, não faria sentido algum descobrir a cura do isolamento e da inércia das organizações se os efeitos colaterais forem imprudência e ineficiência. Precisamos de organizações que sejam muito mais adaptáveis, inovadoras e inspiradoras, mas não menos eficientes, disciplinadas ou voltadas para o desempenho.

Para tanto, é preciso distinguir fins e meios. Os executivos em geral defendem práticas gerenciais obsoletas porque não conseguem imaginar maneiras menos burocráticas de realizar alguns objetivos empresariais críticos. Por exemplo, muitas empresas dispõem de normas rigorosas referentes a despesas com viagens. Os empregados devem pedir permissão antes de viajar e devem cumprir regras severas quanto aos gastos. Embora poucos questionem a necessidade de controlar as despesas com viagens, será que não existe uma maneira menos burocrática de atingir esse objetivo? Uma abordagem alternativa talvez seja divulgar pela intranet da empresa os relatórios de despesas de todos os empregados e confiar nas pressões dos pares para inibir os perdulários. Na prática, a transparência é, em geral, tão eficaz quanto um manual de regras implacável, embora seja sempre mais flexível e menos dispendiosa, pois não exige um exército de auditores para garantir a observância.

Voltemos, por um instante, ao ponto de partida deste livro: a crise bancária. Qualquer pessoa que tenha observado, de queixo caído, como as chamas da arrogância e da ganância consumiram alguns dos principais bancos do mundo deve ser perdoada por duvidar que o problema tenha sido provocado por excesso de burocracia, não por falta de burocracia. Afinal, é a máquina da burocracia – regulação abrangente, supervisão rigorosa e auditorias regulares – que mantém o controle sobre os empregados. Sem dúvida, todos estariam em melhores condições hoje se os banqueiros ansiosos por bônus fossem mantidos sob rédeas mais apertadas.

No entanto, em um contexto dinâmico, a autoridade decisória deve ser distribuída; se assim não for, nossas organizações irão se tornar frágeis e inaptas por falta de adaptação. Mesmo no mundo sensível e instável das finanças modernas, centralização e controles draconianos talvez não sejam a melhor maneira de enfrentar a assunção de riscos desatinada. As pessoas nas linhas de frente, os "cientistas malucos" que criam e vendem instrumentos financeiros exóticos, devem ser responsabilizados pelo impacto de suas invenções sobre o risco nos balanços patrimoniais e sobre a lucratividade no médio prazo. Nos anos recentes, contudo, muitos deles foram responsáveis por pouco mais que lançar produtos tóxicos porta afora. Como os empregados de qualquer indústria, também os do setor financeiro precisam de incentivos que os induzam a adotar visão do sucesso de mais longo prazo. Eles devem ver a si mesmos como intendentes, responsáveis pela salvaguarda dos interesses de todos que lhes confiam seus recursos, e não como mercenários, motivados apenas por recompensas desmesuradas. A gestão de riscos deve ser atribuição comum, respaldada em transparência e em revisão pelos pares, em vez de função centralizada. Em um setor que exalta os desempenhos estelares, deve haver propósitos de ordem mais elevada e senso compartilhado de comunidade que protejam as organizações da ganância excessiva.

Controle endógeno, em vez de exógeno, horizontes temporais mais amplos que os próximos 12 meses, paixão por propósitos mais elevados, etos de comunidade; esses disparos à Lua serão componentes essenciais de qualquer solução duradoura para a bulimia dos banqueiros, ou seja, o ciclo ingestão-purgação que caracterizou o setor financeiro durante boa parte do século passado.

Nem todos os disparos à Lua são novos. A maioria trata de problemas endêmicos em grandes organizações. O objetivo de enumerá-los é inspirar novas soluções para problemas que, de há muito, vêm inflamando e supurando. Como você deve saber, a Fundação Gates se dedica à erradicação da malária, propósito de modo algum novo. No entanto, os líderes dessa investida acreditam que novas ideias, novas terapias e novas formas de tratamento acabarão resultando em vitórias históricas. Da mesma maneira, novas mentalidades, desoneradas de velhas crenças e municiadas de novas ferramentas, do tipo daquelas que deflagraram a revolução social na Web, talvez um dia nos ajudem a escapar das limitações de nossas práticas gerenciais plenas de tradição.

O desafio pode parecer assustador, mas anime-se. Aqueles primeiros pioneiros da administração tiveram de converter seres humanos desregrados e libertários em empregados submissos e dogmáticos. Eles combatiam a essência da natureza humana. Nós, por outro lado, estamos empenhados em restabelecer essa humanidade sequestrada. Nosso objetivo é tornar as organizações mais humanas, nada menos que isso. McCallum, Taylor, Ford e todos os outros desbravadores dos primórdios da administração nos invejariam por essa oportunidade.

DANDO A PARTIDA

Talvez você tenha uma ideia de como ser bem-sucedido em um desses disparos à Lua. Quem sabe você já não deparou com alguma prática gerencial heterodoxa que tenha redefinido as fronteiras do possível? Também pode ser que esteja apenas curioso sobre o que outras organizações estão fazendo para superar as restrições da administração rotineira. Se assim for, acredito que queira visitar www.hackmanagement.com, o primeiro projeto inovador aberto destinado a reinventar a administração. Lá, você encontrará centenas de estudos de casos das organizações mais progressistas do mundo e numerosas propostas radicais para reinventar a administração tal como a conhecemos, todas organizadas em torno de algum disparo à Lua em âmbito gerencial.

Se há alguma ideia a ser extraída deste livro, é a seguinte: temos a chance de começar de novo. Não precisamos conviver com organizações aéticas, inflexíveis e desumanas. Podemos construir organizações nobres no próprio âmago, que promovam todos os impulsos criativos, que mudem por si próprias antes de serem obrigadas a mudar e que tenham superado a burocracia. Não será fácil, mas espero que você tenha encontrado nestas páginas inspiração e orientação suficientes para dar a partida.

O que importa agora, mais que nunca, é questionar os pressupostos, descartar os preconceitos, repensar os princípios e divisar horizontes mais longínquos – e motivar os outros a agir da mesma maneira. Sabemos em termos amplos o que fazer para criar organizações aptas a prosperar no futuro. A única questão é: "Quem liderará e quem seguirá?" Sua resposta a essa pergunta é o que mais importa agora.

APÊNDICE: "BRIGADA DE RENEGADOS" DA HALF MOON BAY

Eric Abrahamson, University of Columbia
Chris Argyris, Harvard Business School
Joanna Barsh, MKinsey & Company
Julian Birkinshaw, London Business School
Tim Brown, IDEO
Lowell Bryan, McKinsey & Company
Bhaskar Chakravorti, Harvard Business School
Yves Doz, INSEAD
Alex Ehrlich, UBS
Gary Hamel, Management Lab
Linda Hill, Harvard Business School
Jeffrey Hollender, Seventh Generation
Steve Jurvetson, Draper Fisher Jurvetson
Kevin Kelly, *Wired*
Terri Kelly, W. L. Gore
Ed Lawler, University of Southern California
John Mackey, Whole Foods
Tom Malone, MIT
Marissa Mayer, Google
Andrew McAfee, Harvard Business School
Lenny Mendonça, McKinsey & Company

Henry Mintzberg, McGill University
Vineet Nayar, HCL Technologies
Jeffrey Pfeffer, Stanford University
C. K. Prahalad, University of Michigan
Leighton Read, Seriosity
Keith Sawyer, Washington University
Eric Schmidt, Google
Peter Senge, MIT
Rajendra Sisodia, Bently College
Tom Stewart, Booz & Company
James Surowiecki, *The New Yorker*
Hal Varian, University of California, Berkeley
Steven Weber, University of California, Berkeley
David Wolfe, Wolfe Resources Group
Shoshana Zuboff, Harvard Business School

NOTAS

Capítulo 1.1

1. "Nurses Top Honesty and Ethics List for 11th Year", http://www.gallup.com/poll/145043/Nurses-Top-Honesty-Ethyics-List-11year.aspx.
2. "Report: Socially Responsible Investing Assets in US Top $3 Trillions; Nearly 1 out of Every 8 Dollars Under Professional Management", https://ussif.org/news/releases/pressrelease.cfm?id=168.

Capítulo 1.2

1. "Ex-CEO: 'Market forces' Killed Bear Stearns", http:www.msnbc.msn.com/id/36958429/ns/business-us_business/t/ex-ceo-market-forces-killed-bear-stearns/.
2. 2009 Financial Crimes Report, Federal Bureau of Investigation, http://www.fbi.gov/stats-services/publications/financial-crimes-report-2009/financial-crimes-report-2009/financial crimes-report-2009#mortgage.
3. Gary Rivlin, "The Billion-Dollar Bank Heist", *Newsweek*, 18 de julho de 211, p. 10.
4. How AIG Became Too Big to Fail", http://www.time.com/time/magazine/article/0,9171,1886538,00.html.
5. "World of Work Reports 2008 – Global Income Inequality Gap Is Vast and Growing", http://www.ilo.org/global/about-the-ilo/press-and-mediacentre/news/WCMS_099406/lang–en/index.htm.

Capítulo 1.3

1. Franklin Roosevelt's First Inaugural Address, http://en.wikisource, org/wiki/Franklin_Roosevent%27s_First_Inaugural_Adress.

Capítulo 1.4

1. Shiela M. J. Bonini, Kerrin McKillop e Lenny T. Mendonça, "The Trust Gap Between Consumers and Corporations", *McKinsey Quarterly,* 2007, Número 2, pp. 7-10.
2. "Congress Ranks Last in Confidence in Institutions", http://www.gallup.com/poll/141512/congress-ranks-last-confidence-institutions.laspx.

Capítulo 2.1

1. Dados extraídos de Angus Maddison, *The World Economy: A Millennial Perspective, Organization for Economic Cooperation and Development*, Paris: Organization for Economic Cooperation & Development, 2001.

2. Mihalyi Csikszentmihalyi, *Flow: The Psychology of Optimal Experience*, Nova York: Harper & Row, 1990.
3. Tal-Ben Shahar, *Happier: Learn The Secrets to Joy and Lasting Fulfillment*, Nova York: McGraw-Hill, 2007.

Capítulo 2.2

1. "The World's Most Innovative Companies 2010", http://www.fastcompany.com/mic/2010.
2. "The 50 Most Innovative Companies", http://www.businessweek.com/interactive_reports/innocative_companies_2010.html.
3. "The Journal's Top 10", *The Wall Street Journal*, http://online.wsj.com/public/resources/documents/info-GREATEST08.html.
4. "IFI CLAIMS Announces Top Global Companies Ranked by 2010 U.S. Patents", http://www.ificlaims.com/news/top-patents.html.
5. "Will Intel Finally Crack Smartphones?" http://www.businessweek.com/magazine/content/11_25/b4233041946230.html.
6. IFI CLAIMS Announces Top Global Companies Ranked by 2010 U. S. Patents", http://www.ificlaims.com/news/top-patents.html.
7. Para mais informações sobre a abordagem da IDEO ao pensamento criativo, ver o livro de Tom Kelly, *The Art of Innovation*, Random House, 2001.
8. Conversas por telefone com Nancy Tennant Snyder, 1º de julho de 2010.

Capítulo 2.3

1. Conversa pessoal com Tim Brown, CEO da IDEO, 5 de outubro de 2009.

Capítulo 2.4

1. Ben Hogan, *Five Lessons: The Modern Fundamentals of Golf*, Nova York: Simon & Shuster, 1957.
2. "Your Guide to Cutting the Cord to Cable TV", http://www.pbs.org/mediashift/2010/01your-guide-to-cutting-the-cord-to-cable-tv008.html.
3. "Some Chinese Kids' First English Word: Mickey", http:www.businessweek.com/magazine/content/11_25/b423302474469.htm.

Capítulo 2.5

1. Corporate Financials Online, http://www.cfonews.com/atxa/d092898z.txt.html.
2. "Nine out of 10 Premium-Priced PCs Sold at U. S. Retail Is a Mac", http://www.betanews.com/joewilcox/article/Nine-out-of-10-premiumpriced-PCs-sold-at-US-retail-is-a-Mac/1265047893.
3. "Apple iTunes: 10 Billion Songs Later", http://tech.fortune.cnn.com/2010/02/24/apple-itunes-10-billion-songs-later?
4. Análise do autor.
5. "Android's Pursuit of the Biggest Losers", http://www. Asymco.com/2010/08/17/androids-pursuit-of-the-biggest-losers/.
6. "Financial History of the Apple Retail Store",http://www.macworld.com/article/159499/2011/05/applestoresinancials.html.
7. "Apples for Sale on New York City's Upper West Side", http://abcnews.go.com/technology/Aheadofthe Curve/apple-store-opens-york-citys-upper-west-side/story?id+9074803.
8. http://en.wikipedia.org/wiki/App_Store_(iOS).
9. Apple Events, janeiro de 2010, http://www.applecom/apple-events/january-2010/.

Capítulo 3.2

1. Alexis de Tocqueville (tradução de Arthur Goldhammer), *Tocqueville: Democracy in America*, Nova York: Library of America, 2004, p. 12.
2. Dinesh D'Souza reúne provas para essa afirmação em *What's So Great About Christianity?* Washington, D.C.: Regnery, 2007.
3. John Meacham, "The End of Christian America", *Newsweek*, 4 de abril de 2009. Ver também Capítulo 13, "Religion and Good Neighborliness", em Robert D. Putnam e David E. Campbell, *American Grace: How Religion Divides and Unites Us,* Nova York: Simon Shuster, 2010.
4. John Meacham, "The End of Christian America".
5. Ibid.
6. David T. Olson, *The American Church in Crisis,* Grand Rapids, MI: Zondervan, 2008, p, 36.
7. Ibid, pp. 35-36.
8. David Kinnaman e Gabe Lyons, *Unchristian*, Grand Rapids, MI: Baker Books, 2009, p. 25.
9. ARIS (American Religious Identification Survey) 2008, http://www.americanreligionsurvey-aris.org/reports?ARIS_Report_2008.pdf.
10. Thomas S. Rainer e Sam S. Rainer III, "Surprising Insights", *Outreach,* janeiro-fevereiro de 2007.
11. ARIS (American Religious Identification Survey) 2008, http://www.americanreligionsurvey-aris.org/reports/ARIS_Report_2008.pdf.
12. "Making Sight Affordable", http://www.mitpressjournals.org/doi/pdf/10.1162/itgg.2007.2.4.35.

Capítulo 3.5

1. "Can Google Stay on Top of the Web?" http://http://www.businessweek.com/magazine/content/09_41/b4150044749206.htm.
2. "Toyota Adopts New Flexible Assembly System", http://wardsautoworld.com/ar/auto_toyota_adopts_new?, and "Toyota's Global Body Shop", http:/money.cnn.com/magzines/fortune/fortune_archive/2004/02/09/360102/index.htm.

Capítulo 4.1

1. "Towers Perrin Global Workforce – Global Report, 2007-2008", p. 4, http://www.towersperrin.com/tp/getwebcachedoc?webc=HRS/USA/2008/200803/GWS_Global_Report20072008_31208.pdf.
2. Ibid., p. 5.
3. Para um mergulho profundo na relaçao entre engajamento e desempenho, ler *Firms of Endearment*, de Raj Sisodia, David Wolfe e Jagdish Sheth, Wharton School Publishing, 2007.
4. "Apple Now Bigger Than Nokia in Mobile Biz", http://blogs.computer-world.com/18171/apple_now_bigger_than_nokia_in_mobile_biz.

Capítulo 4.2

1. "Nurses Top Honesty Ethics List for 11th Year", http://www.gallup.com/poll/145043/nurses-top-honesty-ethjics-list-11-year.aspx.
2. "Trust in Business Rises Globally, Driven by Western Economies", http://www.scribd.com/full/262686255?access_key=key-1ovbgbpawooot3hnszeu.
3. "Kraft Rebuked for Broken Pledge on Cadbury FActory", http://www.guardian.co.uk/business/2010/may/26/kraft-censured-over-cadbury-takeover-pledge.
4. "Congressional Performance", http://www.rasmussenreports.com/public_content/politics/mood_of_america/congressional_performance.
5. "The Shape of the Emerging 'Deal': Insights from Towers Watson's 2010 Global Workforce Study", http://www.towerswatson.com/assets/pdf/global-workforce-study/TWGWS_Exec_Summary.pdf.

6. "Challenging Workand Corporate Responsibility Will Lure MBA Grads", http://www.gsb.stanford.edu?NEWS/research/montgomery_mba.html.
7. "Jobless Recovery in the U.S. Leaving Trail of Recession-Weary Employees/press/1365."

Capítulo 4.3

1. "Church of England Sees Greater Decline in Church Attendance", http://www.ekklesia.co.uk/node/11080.
2. "Attendance", http://www.churchsociety.org/issues_new?church/stats/iss_church_stats_attendance.asp.
3. "Churchgoing in the UK", http://news.bbc.co.uk/2/shared/bsp/hi/pdfs/03_04_07_tearfundchurch.pdf.
4. "WhyChurch: Belonging and Believing", http://www.whychurch.org.uk/trends.php.

Capítulo 5.1

1. W. Carus (org.), *Memoirs of the Life of the Reverend Charles Simeon*, Londres: Hatchard and Son, 1847, p. 47.
2. Max Weber, *The Theory of Social and Economic Organization* (org. e traduzido por A. M. Henderson and Talcott Parsons, Nova York: Free Press, 1947, p. 337".
3. Max Weber, discurso na Verein fur Sozialpolitik (Associação para Políticas Sociais), em 1909. De J. P. Mayer, *Max Weber and German Politics*, Apêndice I, Londres: Faber, 1944, pp. 125-131. Seleção citada extraída de: http://www.faculty.rsu.edu/users/f/felwell/www/theorists/Weber/Max1909.html#Max.

Capítulo 5.3

1. Os "conselhos de compra" da Morning Star são um bom exemplo de estrutura de baixo para cima. Embora as compras sejam descentralizadas na Morning Star, os colegas que compram itens semelhantes em grandes quantidades ou do mesmo fornecedor concluíram que poderiam obter melhores condições consolidando o poder de compra e, assim, constituíram os conselhos, que se reúnem periodicamente para coordenar as compras.
2. O que acontece, você poderia indagar, quando a Morning Star fica sem capital? Graças à sua vigorosa geração de caixa, a empresa consegue manter todos os anos níveis expressivos de investimentos de capital e, embora evite dívidas de longo prazo, contrai empréstimos de curto prazo quando os retornos dos projetos são bastante atraentes. Vez por outra, no entanto, há mais projetos que caixa, hipótese em que os investimentos são adiados. No entanto, o papel do pessoal de finanças da Morning Star é levantar capital, não distribuí-lo.

Capítulo 5.4

1. "The World's Most Modern Management – in Índia", http://money.cnn.com/2006/04/13/magazines/fortune/fastforward_fortune/index.htm.
2. "HCL Best Employer in India, Says Hewitt Study", http://www.financial-express.com/news/hcl-best-employer-in-india-says-hewistt-study/442332/.
3. "The WorldBlu List", http://www.worldblu.com/awardee-profiles/2011.php.
4. Vineet Nayar conta a história da transformação da HCLT em *Employees First, Customers Second*, Boston: Harvard Business School Publishing, 2010.

Capítulo 5.5

1. Você pode encontrar a lista inteira em: Grand Challenges for Engineering", http://www.engineeringchallenges.org.

ÍNDICE